Psycho tests

Dr Ben Ambridge

Psycho tests

Découvrez ce que les plus célèbres tests psy disent de vous !

Traduit de l'anglais
par Sébastien Marty

J'ai lu
Bien être

Précédemment paru sous le titre
70 tests pour mieux se connaître

SOMMAIRE

AVANT-PROPOS

LA PSYCHOLOGIE EST PARTOUT

Vous avez déjà entendu parler du quotient intellectuel (QI), qui mesure votre intelligence générale. Mais quelle est votre « intelligence psychologique » ? Dans quelle mesure savez-vous et comprenez-vous ce qui motive vos actes ? Êtes-vous plus ou moins capable de prédire le comportement des autres… ou même le vôtre ?

Cet ouvrage vise à partager les réponses mises au jour par la psychologie afin d'expliquer comment et pourquoi les êtres humains agissent comme ils le font. Mais il ne s'agit aucunement d'un de ces manuels arides et poussiéreux, exposant en détail de longues et ennuyeuses expériences et remplis de théories byzantines. Ce qui est important, c'est de savoir ce que la psychologie peut vous apprendre sur vous-même et sur votre vie. Plutôt que de vous le dire, je vais en réalité vous le montrer, de manière interactive, au travers d'une série de tests, de quiz, d'énigmes, de jeux et d'illusions. Bien entendu, nous ne comprenons pas encore tout. Cependant, au terme de votre lecture, vous disposerez non seulement des meilleures réponses que la science puisse fournir, mais également d'un éclairage approfondi sur votre propre psychologie.

Vous noterez que j'ai utilisé le terme de « science ». En tant que chercheur en psychologie, je suis d'abord et avant tout un scientifique. La psychologie tire toute sa valeur du respect de la méthode scientifique : on élabore des théories puis on les vérifie au moyen d'expériences fiables et contrôlées. Toutes les études que nous croiserons dans ce livre proviennent de publications validées par un comité de lecture. Et s'il arrive rarement que les scientifiques aboutissent à un consensus sur quelque sujet que ce soit, les explications et les conclusions que je présente ici s'appuient néanmoins sur la lecture des meilleures preuves aujourd'hui disponibles, ne laissant place à aucune conjecture extravagante, pas plus qu'à la pseudo-science et certainement pas aux balivernes d'une psychologie de bazar. Dès lors, vous rencontrerez à la fois des études de pointe et quantité de grands classiques, mais très peu seront antérieurs à l'époque où la psychologie s'est imposée comme une science expérimentale, quelque part au cours des années 1950.

Cet ouvrage ne se contente pas cependant de décrire ces études : il propose aussi leur mise en œuvre concrète. Vous évaluerez de la sorte votre personnalité, votre intelligence, vos valeurs morales, votre mode de pensée, votre impulsivité, votre talent pour le dessin, votre capacité de raisonnement logique, vos goûts musicaux, votre aptitude à réaliser plusieurs tâches simultanément, votre susceptibilité aux illusions (tant visuelles que mentales) et vos préférences en matière de relation amoureuse. Vous apprendrez de quelle manière les êtres humains pensent, ressentent, perçoivent les choses et réagissent aux autres. Vous serez tour à tour surpris, ravi, abasourdi, amusé, frustré, horrifié ou totalement déconcerté. Vous vous transformerez vous-même en psychologue et demanderez à vos amis et à vos proches de réaliser les études présentées, afin de comparer vos résultats. Vous vous précipiterez sur votre ordinateur pour exécuter les versions en ligne de ces mêmes études, disponibles pour nombre d'entre elles en anglais sur le site Web d'accompagnement (www.PsyQbook.com). Et une fois parvenu au bout du voyage, vous commencerez, je l'espère, à comprendre que la psychologie est effectivement partout : qu'il n'existe littéralement aucun aspect de l'expérience humaine qui ne puisse être sondé, d'une manière ou d'une autre, par les méthodes de la psychologie expérimentale.

Quant au trajet que vous emprunterez pour parcourir ce livre, il ne tient qu'à vous d'en décider. Bien que je me sois efforcé d'agencer toutes ces études dans un ordre logique, en mélangeant des sections de différentes natures pour conserver un aspect vivant et attrayant, n'hésitez pas à naviguer à votre guise entre les divers travaux référencés ou à dériver au hasard selon votre humeur. Ce livre est votre livre ; c'est de votre cerveau qu'il s'agit, et de votre propre exploration. Alors, levons l'ancre, et embarquement immédiat vers votre « psychodyssée » personnelle !

LE TEST DE RORSCHACH

Commençons par ce qui constitue sans doute le plus célèbre test de psychologie jamais conçu : le test de Rorschach. Pour effectuer ce test, indiquez simplement ce que vous voyez en dessous de chaque image, puis tournez la page pour découvrir ce que vos réponses révèlent sur vous.

1.

2.

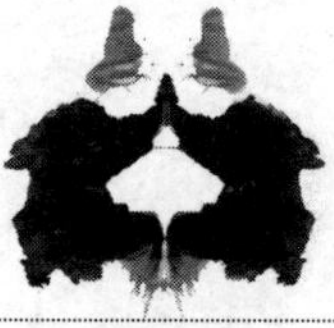

3.

4.

5.

6.

7.

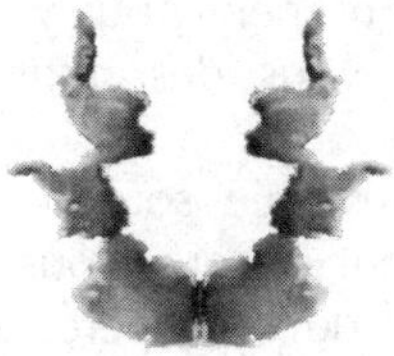

8.

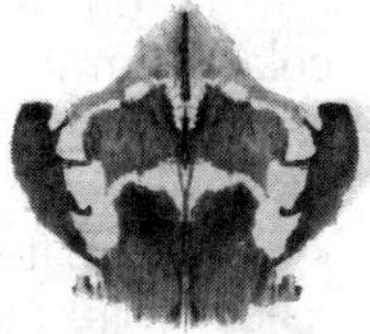

9.

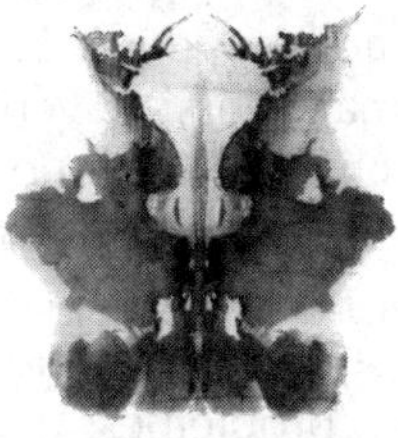

10.

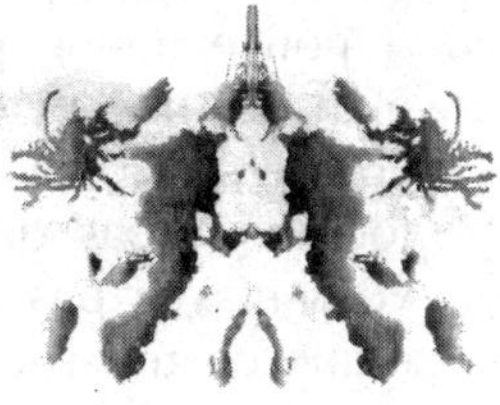

RÉPONSES

1. La première planche n'est en réalité qu'un échauffement, et suscite des réponses assez évidentes qui ne disent en fait pas grand-chose de vous. S'agit-il d'une chauve-souris, d'un papillon ou d'une mite ? Peu importe.
2. On entre maintenant dans le vif du sujet. Pour la plupart des gens, cette image évoque un couple d'individus, ou deux animaux tels que des ours ou des éléphants. Mais pensez-vous qu'ils se battent, qu'ils se tiennent la main ou simplement qu'ils se saluent ? Dans le premier cas, cela pourrait dénoter chez vous des tendances colériques ou agressives.
3. Celle-ci fait assurément penser à deux personnes face à face, n'est-ce pas (avec peut-être des cœurs ou des papillons au milieu) ? Si vous ne les avez pas repérées,

ou s'il vous a fallu un long moment pour y parvenir, cela pourrait signaler chez vous des difficultés en termes d'interactions sociales.

4. Cette planche est souvent désignée sous le nom de « planche paternelle », car tout ce que vous en dites reflète votre attitude à l'égard de votre père. Si vous y voyez par exemple un ours qui vient vous dévorer, il est probable que vous ayez un peu peur de lui (ou de tous les hommes, ou plus généralement des figures d'autorité).
5. À nouveau une planche « facile », destinée à vous ménager une petite pause, mais aussi à vérifier que vous prêtez bien attention à l'exercice et que vous ne fournissez pas des réponses totalement farfelues. Si vous n'avez pas parlé d'une mite, d'un papillon ou d'une chauve-souris (ou du lapin de *Donnie Darko*), c'est que vous avez de sérieux problèmes.
6. La sixième planche est une planche sexuelle. Allons, faites donc preuve d'imagination ! Si vous avez mentionné une peau de bête ou un tapis, c'est que vous essayez peut-être de réprimer votre sexualité.
7. Pendant de la numéro 4, cette planche est souvent qualifiée de « planche maternelle ». Qu'avez-vous vu ? Deux anges ? Bien. Deux sorcières ? C'est plus embêtant. Si vous n'avez pas vu de femme du tout, cela pourrait refléter une certaine difficulté à vous rapprocher de celles qui vous entourent.
8. Les trois dernières planches sont entièrement colorées dans la version initiale du test, et on vous pardonnera donc si vous avez eu un peu de mal. La plupart des gens voient dans celle-ci une sorte d'animal à quatre pattes. Si ce n'est pas votre cas, ce pourrait être le signe d'une difficulté à faire face à des situations ou à des émotions complexes, faisant intervenir comme sur cette planche un grand nombre d'éléments.
9. La plupart des gens peinent à identifier quoi que ce soit ici (peut-être une personne ?). Cependant, si

vous n'avez rien écrit du tout, c'est peut-être parce que vous avez du mal à gérer les situations qui vous imposent de penser par vous-même.

10. Il se passe là encore beaucoup de choses sur cette planche, et il n'existe aucune réponse « type ». Les gens y voient tantôt des crabes, des homards, des araignées, des serpents ou des insectes. Si vous avez réuni ces éléments sous forme d'un tout – en répondant par exemple qu'il s'agissait d'une « scène sous-marine » –, cela laisse entrevoir d'excellentes capacités d'organisation. Néanmoins, comme le sujet soumis au test sait que cette planche est la dernière, les psychologues sont souvent à l'affût d'une tentative consciente ou inconsciente d'envoyer un message « clé » résumant sa situation ou son état mental actuel.

Le test de Rorschach – dont vous venez seulement d'effectuer l'une des versions possibles – fut publié par le psychologue suisse Hermann Rorschach en 1921. Rorschach pourrait s'être inspiré de *Gobolinks*, un livre de poésie pour enfants du XIXe siècle conçu autour de taches d'encre représentant des personnes, des animaux et des monstres[1]. La théorie sous-jacente, c'est qu'en demandant aux patients de décrire des images plutôt que de parler directement d'eux-mêmes, on peut alors accéder à des pensées et à des émotions subconscientes dont ils n'ont pas nécessairement idée, ou qu'ils s'efforcent délibérément ou non de dissimuler (ce que nous approfondirons plus loin dans la section intitulée « L'interprétation des rêves »).

Cela étant, si les « réponses » énoncées ci-dessus vous ont paru un brin désinvoltes, vous avez parfaitement raison. Bien que mes interprétations reposent plus ou moins sur les conceptions communément admises à propos de ce test, les psychologues restent partagés à leur sujet, certains doutent même du fait que ce test nous apprenne quoi que ce soit d'intéressant. Je me suis donc dit que je pouvais raconter à peu près tout ce que je voulais.

Cela ne signifie pas pour autant que les psychologues cliniciens actuels aient abandonné le test de Rorschach. Beaucoup ne jurent encore que par lui, et des manuels de cotation détaillés visent à surmonter l'apparente subjectivité liée à l'interprétation de réponses spécifiques. Ses détracteurs les plus virulents reconnaissent eux-mêmes que ce test peut se montrer utile pour diagnostiquer la schizophrénie (quoiqu'une étude ait établi qu'il diagnostiquait également ce trouble chez près d'un sujet sur six, pourtant apparemment sain). Mais l'utilité du test de Rorschach dans le cadre du but visé ici – évaluer la personnalité de lecteurs que nous espérons normaux – s'avère sans nul doute pour le moins discutable.

VOTRE PROFIL DE PERSONNALITÉ

Si le test de Rorschach ne présente qu'un intérêt contestable pour l'évaluation de la personnalité, les psychologues ont élaboré d'autres tests et questionnaires qui se montrent bien plus utiles. Même s'il existe de nombreuses manières de décrire une personnalité, le modèle des « Big Five », qui s'efforce de la cerner en à peine cinq traits, est sans doute le plus reconnu. Avant de découvrir ce que recouvrent ces cinq traits, pourquoi n'évalueriez-vous pas votre propre personnalité en effectuant le test ci-dessous ?

Une série d'énoncés décrivant le comportement des individus vont vous être présentés. À l'aide de l'échelle de cotation proposée, indiquez dans quelle mesure chaque énoncé vous correspond plus ou moins exactement. Décrivez la personne que vous êtes aujourd'hui, de manière générale, par rapport à des connaissances du même sexe et à peu près du même âge que vous, et non pas celle que vous souhaiteriez devenir dans le futur. Lisez bien attentivement chaque énoncé, puis cochez la case correspondante (ne tenez pas compte des chiffres pour l'instant). L'important est que vous répondiez le plus honnêtement possible – souvenez-vous qu'il n'y a pas de « bonne » ni de « mauvaise » réponse.

De manière générale…	Tout à fait faux	Plutôt faux	Ni vrai, ni faux	Plutôt vrai	Tout à fait vrai
1. Je porte attention aux détails.	1	2	3	4	5
2. Je n'ai pas grand-chose à dire.	5	4	3	2	1
3. Je me sens bien avec moi-même.	5	4	3	2	1
4. Je vote plutôt pour des candidats progressistes.	1	2	3	4	5
5. Je me débarrasse sans tarder des tâches ménagères.	1	2	3	4	5
6. Je ne m'aime pas.	1	2	3	4	5
7. Je remets les choses à plus tard et gaspille mon temps.	5	4	3	2	1
8. Je respecte les autres.	1	2	3	4	5
9. Je me sens à l'aise en compagnie d'autres personnes.	1	2	3	4	5
10. Je suis très satisfait(e) de moi-même.	5	4	3	2	1
11. Je me fais facilement de nouveaux amis.	1	2	3	4	5
12. Je n'aime pas attirer l'attention.	5	4	3	2	1
13. Je suis convaincu(e) de l'importance de l'art.	1	2	3	4	5
14. J'évite les discussions philosophiques.	5	4	3	2	1

De manière générale…	Tout à fait faux	Plutôt faux	Ni vrai, ni faux	Plutôt vrai	Tout à fait vrai
15. J'accepte les gens tels qu'ils sont.	1	2	3	4	5
16. Je ne vais pas au bout des choses.	5	4	3	2	1
17. J'ai de fréquentes sautes d'humeur.	1	2	3	4	5
18. Je me contente de faire le minimum nécessaire.	5	4	3	2	1
19. J'ai souvent le moral à zéro.	1	2	3	4	5
20. J'aime entendre parler de nouvelles idées.	1	2	3	4	5
21. Je suis un(e) vrai(e) boute-en-train.	1	2	3	4	5
22. Je dirais que je mène une vie assez terne.	5	4	3	2	1
23. Je cherche à me venger de ceux qui m'ont blessé(e).	5	4	3	2	1
24. Je vote plutôt pour des candidats conservateurs.	5	4	3	2	1
25. Je tire la conversation vers le haut.	1	2	3	4	5
26. Je reste en retrait.	5	4	3	2	1
27. Je m'agace rarement.	5	4	3	2	1
28. Je ne parle pas beaucoup.	5	4	3	2	1

De manière générale…	Tout à fait faux	Plutôt faux	Ni vrai, ni faux	Plutôt vrai	Tout à fait vrai
29. Je panique facilement.	1	2	3	4	5
30. Je me tiens toujours prêt(e).	1	2	3	4	5
31. J'ai du mal à me mettre au travail.	5	4	3	2	1
32. Je possède une imagination fertile.	1	2	3	4	5
33. Je soupçonne les autres d'avoir des intentions cachées.	5	4	3	2	1
34. Je dis toujours du bien de tout le monde.	1	2	3	4	5
35. Je ne m'intéresse pas aux idées abstraites.	5	4	3	2	1
36. J'ai rarement le cafard.	5	4	3	2	1
37. J'ai la langue bien acérée.	5	4	3	2	1
38. Je n'aime pas visiter les musées.	5	4	3	2	1
39. Je me sens souvent triste.	1	2	3	4	5
40. Je me dérobe souvent à mes obligations.	5	4	3	2	1
41. Je n'apprécie pas l'art.	5	4	3	2	1
42. Je suis doué(e) pour la vie en société.	1	2	3	4	5
43. Je pense que les autres sont bien intentionnés.	1	2	3	4	5

De manière générale...	Tout à fait faux	Plutôt faux	Ni vrai, ni faux	Plutôt vrai	Tout à fait vrai
44. Je fais des projets et je m'y tiens.	1	2	3	4	5
45. Je sais captiver les gens.	1	2	3	4	5
46. Je ne me laisse pas facilement perturber.	5	4	3	2	1
47. Je me montre volontiers insultant(e).	5	4	3	2	1
48. Je mets les gens à l'aise.	1	2	3	4	5
49. Je mène mes projets à bien.	1	2	3	4	5
50. Je rabaisse les autres.	5	4	3	2	1

RÉPONSES

Les cinq traits de personnalité sont l'*ouverture aux expériences*, la *conscienciosité*, l'*extraversion*, l'*agréabilité* et le *névrosisme* (désignés collectivement par l'acronyme OCEAN). Avant de découvrir votre score sur chacun de ces traits, un bref avertissement s'impose. Les psychologues n'ont pas vocation à cataloguer les gens en les classant comme « extravertis » ou « introvertis », « agréables » ou « désagréables » et ainsi de suite. Puisque chaque trait forme un continuum, la seule chose que l'on puisse utilement se demander, c'est si un individu obtient un score supérieur ou inférieur à la moyenne observée pour sa tranche d'âge, dans son métier, sur son secteur géographique, etc. Cela dit, une règle empirique peut être établie en transposant simplement les cinq bandes de notation du questionnaire originel sur les fourchettes de score possibles pour chaque trait : 10-17 = Faible ; 18-25 = Moyen-faible ; 26-33 = Moyen ; 34-41 = Moyen-fort ; 42-50 = Fort.

Pour déterminer votre score d'*ouverture aux expériences,* additionnez vos points pour les items suivants :

4	13	20	25	32	14	24	35	38	41
4	5	5	3	5	4	5	5	5	5

Les gens qui obtiennent un score élevé sur ce critère apprécient particulièrement l'aventure, la nouveauté et la diversité. Ils sont curieux, créatifs, et affichent un goût prononcé pour les arts. Ils sont aussi davantage enclins aux comportements à risque en matière de sexualité et de consommation de drogues. Jimi Hendrix et Kurt Cobain font partie des célébrités qui pourraient obtenir un score élevé sur cette dimension-là.

Pour déterminer votre score de *conscienciosité,* additionnez vos points pour les items suivants :

1	5	30	44	49	7	16	18	31	40
5	4	3	4	4	4	4	4	4	4

Les gens qui obtiennent un score élevé sur ce critère sont organisés et fiables. Ils n'agissent généralement pas de manière impulsive mais élaborent au contraire des projets détaillés et possèdent assez de discipline pour s'y tenir. Le mathématicien et physicien britannique Stephen Hawking ainsi que Barack Obama (comme en fait la plupart des scientifiques et des politiciens) font partie des célébrités qui pourraient obtenir un score élevé pour ce trait de personnalité.

Pour déterminer votre score d'*Extraversion*, additionnez vos points pour les items suivants :

9	11	21	42	45	2	12	22	26	28
3	4	3	3	3	4	1	4	3	3

Les gens qui obtiennent un score élevé sur ce critère sont des boute-en-train. Ils sont volubiles, positifs, sûrs d'eux et pleins d'énergie. Madonna et Oprah Winfrey font partie des célébrités qui pourraient obtenir un score élevé sur cette dimension-là (alors que d'autres – on pense à Michael Jackson ou à Lady Gaga – semblent incarner en public un personnage flamboyant destiné à masquer une personnalité plus introvertie).

Pour déterminer votre score d'*agréabilité*, additionnez vos points pour les items suivants :

8	15	34	43	48	22	33	37	47	50
5	4	3	3	4	4	2	4	5	5

Les gens qui obtiennent un score élevé sur ce critère sont tout simplement de ceux que tout le monde adore. Ils se montrent le plus souvent aimables et coopératifs, plutôt qu'hostiles et suspicieux. Les femmes enregistrent invariablement un score d'agréabilité supérieur aux hommes. De très nombreux sites Web font état des célébrités qui s'avèrent réellement agréables dans la vraie vie. Johnny Depp semble avoir bonne réputation, alors qu'on s'accorde à penser que Jennifer Lopez obtiendrait probablement un score assez faible pour ce trait-là.

Pour déterminer votre score de *névrosisme*, additionnez vos points pour les items suivants :

6	17	19	29	39	3	10	27	36	46
2	4	2	4	2	3	2	4	2	4

Les gens qui obtiennent un score élevé sur ce critère présentent un caractère anxieux et inquiet, et sont volontiers sujets à des émotions négatives comme la dépression ou la colère. Woody Allen a bâti toute sa carrière en se décrivant lui-même comme névrosé.

Mais le but de ce test ne consiste pas simplement à découvrir à quelle célébrité vous ressemblez le plus. Comme nous le verrons dans les chapitres suivants, vos scores d'ouverture aux expériences, de conscienciosité, d'extraversion, d'agréabilité et de névrosisme permettent de prédire quantité de choses à votre sujet, et notamment le genre de musique que vous appréciez (« Stéréo-types »), le fait que vous préfériez accomplir plusieurs tâches simultanément ou traiter chacune l'une après l'autre (« Concentrez-vous sur votre tricot »), le type de vocabulaire que vous utilisez à l'écrit (je vous garde la surprise sur ce point-là), votre éventuelle sensibilité à certaines illusions visuelles (« Le cube de Necker ») et même les niveaux de testostérone et d'œstrogène (hormones sexuelles) auxquels vous avez été exposé dans le ventre de votre mère (« Prescience et chiromancie »). Pas si mal pour une check-list remplie en deux minutes !

POUR MOI, CE N'EST QUE DU CHINOIS : 1re PARTIE

Ne regardez pas encore, mais sachez que la page ci-contre contient dix caractères de l'alphabet chinois. Quand je dirai « allez-y », vous y jetterez un bref coup d'œil, pas plus d'une seconde, puis vous tournerez la page. N'essayez pas d'examiner en détail ces caractères ni de vous en rappeler.

Promis ?

Bien, alors allez-y !

POUR MOI, CE N'EST QUE DU CHINOIS : 2e PARTIE

弓	戈	重	木	手
尸	廿	月	女	疒

Ne trichez pas – regardez la page suivante TOUT DE SUITE !

POUR MOI, CE N'EST QUE DU CHINOIS : 3e PARTIE

Vingt caractères chinois sont représentés ci-dessous. Votre tâche consiste cette fois-ci à noter chacun d'entre eux selon qu'il vous plaît plus ou moins, sur une échelle de 1 (pas du tout) à 5 (énormément). Inscrivez vos notes dans les cases du tableau (repérées de A à T). Même si vous n'éprouvez pas de préférence particulière, efforcez-vous d'utiliser toute l'étendue de l'échelle (autrement dit, ne vous contentez pas d'attribuer un « 3 » à chaque caractère).

手	田	水	廿	山
A 4	B 1	C 4	D 2	E 1
戈	也	木	竹	疒
F 5	G 3	H 5	I 3	J 2
在	重	金	難	女
K 3	L 3	M 4	N 3	O 3
月	弓	扌	卝	尸
P 1	Q 1	R 1	S 2	T 2

A	B	C	D	E	F	G	H	I	J
K	L	M	N	O	P	Q	R	S	T

RÉPONSES

Découvrons maintenant ce que tout cela signifie. Comme vous vous en êtes peut-être rendu compte, certains de ces caractères faisaient partie de ceux que vous aviez aperçus sur la page précédente, tandis que d'autres étaient entièrement nouveaux.

Pour déterminer votre score total concernant les caractères *déjà vus précédemment*, additionnez les notes attribuées à A, D, F, H, J, L, O, P, Q et T.

Pour déterminer votre score total concernant les caractères *encore jamais vus*, additionnez les notes attribuées à B, C, E, G, I, K, M, N, R et S.

Quel est le verdict ?

Vous préférez les caractères connus aux nouveaux, n'est-ce pas ? Si vous ressemblez un tant soit peu aux personnes qui ont participé à la version initiale de cette étude, votre appréciation globale doit tourner autour de 30 pour les anciens caractères, et de 25 pour les inédits.

Contrairement à ce que l'on croit souvent, la familiarité n'engendre pas le mépris mais plutôt le plaisir : on préfère une chose déjà vue à une autre qui nous est inconnue – et jusqu'à un certain point, plus on verra cette chose et plus on l'appréciera. Cela reste vrai même quand les stimuli sont présentés de manière subliminale : dans la version originelle de l'étude, chaque caractère apparaissait sous forme d'un flash d'à peine cinq millièmes de seconde, si bien que les participants n'étaient jamais sûrs d'avoir vu quoi que ce soit, et assurément incapables de conserver un souvenir conscient de chacun d'entre eux. Ce qui ne les empêchait pourtant pas de préférer les caractères déjà vus aux caractères nouveaux.

Cet effet s'observe également chez les bébés, qui préfèrent à la naissance les sonorités déjà entendues *in utero*, qu'il s'agisse de la voix de leur mère ou du générique de sa série télé favorite. Il en va de même avec les rats ou les poulets, auxquels on peut facilement inculquer une préférence pour certaines tonalités musicales, voire pour certains compositeurs.

Les psychologues parlent d'un effet de *simple exposition*. Mais quelle en est la cause ? De nombreux manuels vous expliqueront qu'il résulte de l'intensification d'un sentiment subjectif de familiarité (« Ah oui, je me souviens de cela »), que l'on interpréterait à tort comme une forme d'appréciation. Mais cette hypothèse paraît erronée, puisque ledit effet s'observe même quand les participants ne font état d'aucun sentiment subjectif de familiarité, à l'instar de cette étude où chaque caractère chinois n'était visible que pendant 0,005 seconde.

Restent alors deux autres explications plus prometteuses. La première repose sur la notion d'*aisance perceptuelle* – l'idée selon laquelle le traitement visuel de choses qu'on a déjà vues serait facilité, et que l'on apprécierait particulièrement ce qui nous est facile. Divers éléments de preuve viennent étayer cette théorie, mais elle explique mal cependant une constatation expérimentale connexe : le fait que des sujets exposés de façon répétée aux mêmes stimuli subliminaux signalent ensuite une amélioration générale de leur humeur. Si je vous demandais d'effectuer à plusieurs reprises une autre sorte d'opérations, comme de résoudre encore et encore la même série de problèmes mathématiques, vous vous apercevriez probablement que c'est de plus en plus facile, mais je doute très sincèrement que votre humeur s'en trouve améliorée.

La deuxième explication s'appuie sur le conditionnement classique. Vous connaissez certainement les célèbres expériences de Pavlov, où un chien qui entend tinter une clochette chaque fois que son repas va lui être servi finit par associer ce son à la nourriture, et se met à saliver dès qu'il le perçoit. Robert Zajonc, psychologue à l'université de Stanford en Californie, soutient que les effets de *simple exposition* fonctionnent de manière similaire. La chose qui nous devient familière (en l'occurrence un caractère de l'alphabet chinois) s'apparente à cette clochette, et le « sentiment d'appréciation » à la sécrétion de salive. Qu'est-ce qui tient le rôle de la nourriture ? Le simple fait que tout aille bien et que rien de néfaste ne se produise, répond Zajonc. Ainsi, de même que la clochette finit par signifier « la nourriture arrive » – et provoque de la sorte la salivation –, le caractère chinois en vient à signifier que « tout va bien » et suscite donc un sentiment d'appréciation qui améliore par suite votre humeur générale.

Les publicitaires connaissent bien entendu depuis des années cet effet de simple exposition. Pourquoi croyez-vous que des entreprises soient prêtes à dépenser des millions en sponsoring uniquement pour montrer leur nom ou leur logo, alors que ce type de publicité ne fournit pratiquement aucune information aux consommateurs à propos de la firme ou de ses produits ?

Cependant, si l'explication des effets d'exposition sous l'angle du conditionnement classique, avancée par Zajonc, s'avère correcte, ces accords de sponsoring pourraient facilement devenir contre-productifs. Supposons qu'une marque commence à être associée non pas avec l'idée que tout va bien mais avec ce sentiment d'angoisse qui vous étreint lorsque votre équipe est en train de perdre. Dans ce cas-là, peut-être que le vieil adage se révélerait en fin de compte exact, et que la familiarité – vis-à-vis ici du logo de l'entreprise – engendrerait bel et bien le mépris.

PSYCHOPATHES PROFESSIONNELS

Si un psychologue étudie la psyché et qu'un psychiatre la soigne, qu'est-ce donc qu'un psychopathe ? Puisque le terme grec « *pathos* » signifie « souffrance » et que la pathologie désigne l'étude des maladies, on peut en déduire qu'il s'agit d'une personne dotée d'une psyché souffrante, malade ou dérangée (nous découvrirons dans un instant quels sont exactement les traits de personnalité distinctifs du psychopathe).

Beaucoup de gens utilisent couramment ce mot pour évoquer sur le ton de la plaisanterie quelqu'un d'autoritaire et d'égocentrique – parmi vos connaissances, quelques exemples vous viendront sans doute à l'esprit. Mais ce peut être en réalité bien moins drôle que vous ne l'imaginez : la psychopathie se présente sous la forme d'un continuum, ce qui signifie qu'il existe tout autour de nous des individus qui possèdent au moins certains traits d'une personnalité psychopathique. Vous trouverez ci-dessous une liste de vingt professions (classées par ordre alphabétique). Dix d'entre elles affichent la plus forte proportion de représentants dotés de traits de personnalité psychopathiques ; les dix autres, la plus faible. Votre tâche consiste à ranger chacun de ces métiers dans l'une de ces deux catégories.

Artisan
Artiste créateur
Avocat
Chef cuisinier
Esthéticienne/Coiffeur-visagiste
Fonctionnaire
Infirmier
Journaliste
Médecin
Homme/femme de médias (TV/radio)
Chirurgien
Comptable
Ecclésiastique
Enseignant
PDG
Policier
Thérapeute
Travailleur caritatif
Travailleur social
Vendeur

RÉPONSES

Les dix professions qui enregistrent la plus forte proportion de personnes aux traits de personnalité psychopathiques sont les suivantes : PDG, avocat, homme/femme de médias (TV/radio), vendeur, chirurgien, journaliste, policier, ecclésiastique, chef cuisinier et fonctionnaire. Les dix professions dans lesquelles on en retrouve le moins sont celles de travailleur social, d'infirmier, de thérapeute, d'artisan, d'esthéticienne/visagiste, de travailleur caritatif, d'enseignant, d'artiste créateur, de médecin et de comptable.

Ces constatations résultent d'une vaste enquête en ligne sur le sujet. Les PDG, les avocats et les policiers sont-ils donc réellement en grande partie des psychopathes ? Tout dépend de ce qu'on entend par là. En matière de psychopathie, les choses ne sont ni toutes noires ni toutes blanches ; la plupart des gens parfaitement ordinaires possèdent tous, dans une certaine mesure, certains des traits d'une personnalité psychopathique. Ceux qu'on appelle « psychopathes » ont simplement obtenu un score élevé sur une majorité ou la totalité de ces traits – impulsivité, comportement sexuel chaotique, charme superficiel, haute estime de soi, niveaux de peur, de stress et de dépression réduits, absence de remords ou de culpabilité, caractère manipulateur, besoin d'être stimulé et manque de sens des responsabilités.

La plupart des psychopathes – loin d'être des meurtriers – ne sont en réalité ni fous ni mauvais. Ces mêmes traits de personnalité susceptibles d'entraîner certains individus vers la criminalité conduisent en fait beaucoup d'autres à la plus grande réussite. On imagine sans mal qu'une forte estime de soi doublée d'un caractère intrépide et manipulateur puisse être un atout pour accéder à un poste d'administrateur dans le cas d'une personne non violente, particulièrement intelligente et cultivée, mais puisse aussi mener celui qui ne bénéficie d'aucune de ces qualités derrière les barreaux.

Il est intéressant de noter qu'en raison de la très haute opinion qu'ils ont d'eux-mêmes, les psychopathes ne s'identifient pratiquement jamais comme tels, et n'acceptent d'ailleurs pas qu'on leur attribue cette étiquette. Ils considèrent au contraire certains traits de leur personnalité tels que l'impulsivité, le charme et l'intrépidité comme autant de caractéristiques qui distinguent simplement les individus promis aux plus grands succès.

Vous pouvez donc vous détendre. Si vous craignez d'être un psychopathe, il est à peu près sûr que vous n'en êtes pas un[1].

TROP IMPATIENT POUR ATTENDRE

Félicitations ! Vous venez de gagner 1 000 € à la loterie ! Mais il s'agit d'une loterie peu commune, puisqu'on vous laisse le choix entre recevoir un certain montant tout de suite ou un montant supérieur plus tard (rassurez-vous : cette loterie étant garantie par l'État, il n'y a aucun risque que l'organisateur fasse faillite ou qu'il refuse finalement de payer).

Quel serait votre choix dans chacun des scénarios suivants ?

(a) 100 € maintenant ou 1 000 € dans cinq ans
(b) 500 € maintenant ou 1 000 € dans cinq ans
(c) 750 € maintenant ou 1 000 € dans cinq ans
(d) 500 € maintenant ou 1 000 € dans un an
(e) 750 € maintenant ou 1 000 € dans un an
(f) 900 € maintenant ou 1 000 € dans un an

RÉPONSES

La première alternative **(a)** paraît assez évidente, n'est-ce pas ? Attendre cinq ans pour obtenir dix fois plus d'argent semble sans aucun doute en valoir la peine. Doubler le montant au bout de cinq années **(b)** s'avère encore probablement intéressant, mais arrivé à l'option **(c)**, la plupart des gens préféreront empocher tout de suite leurs gains. Quid d'un délai d'un an ? Là encore, la majorité des gens penseront qu'il vaut mieux attendre afin de doubler son pactole **(d)**, que cela vaut encore à peu près le coup pour toucher 250 € de plus **(e)**, mais que ce n'est plus du tout le cas si l'on doit sacrifier à peine 100 € pour obtenir immédiatement son argent **(f)**.

La tendance à déprécier ou à sous-évaluer une récompense repoussée à une date ultérieure porte le nom de *dépréciation de la récompense différée*. L'étude d'origine – récemment reprise dans le cadre d'une campagne marketing[1] – fut réalisée avec des enfants, invités à choisir entre une seule guimauve tout de suite ou deux guimauves quinze minutes plus tard. Seuls un tiers d'entre eux environ eurent la patience d'attendre.

Que révèlent alors vos réponses ? D'après une synthèse publiée en 2013, plus on est sensible à la dépréciation de la récompense différée (au vu d'un questionnaire comme celui-ci), plus on a de chances de…

- Développer une dépendance à l'alcool, au tabac, à la méthamphétamine et aux opioïdes tels que l'héroïne (comme on le verra plus loin dans la section « Accros aux gâteaux »)
- Devenir obèse (en particulier pour les femmes), et à souffrir de crises de boulimie
- S'adonner de manière excessive aux jeux d'argent
- Souffrir du trouble de déficit de l'attention avec hyperactivité (TDAH), de dépression et de troubles de la personnalité comme la psychopathie (voir « Psychopathes professionnels »)
- Avoir une sexualité précoce
- Tomber dans la délinquance

Et moins on a tendance à…

- Prendre son petit déjeuner
- Utiliser une crème solaire
- Boucler sa ceinture de sécurité

- Faire de l'exercice
- Aller chez le dentiste
- Se faire dépister pour divers types de cancer
- Réussir à l'école

Pouvoir prédire ces multiples comportements à partir d'un simple questionnaire, qui n'interroge directement aucun d'entre eux, paraît absolument remarquable. Pourtant, si l'on y réfléchit une minute, il s'avère que tous ces comportements, en apparence très différents, ont quelque chose d'important en commun : aller chez le dentiste, étudier, faire de l'exercice, prendre soin de son alimentation et de manière générale ne pas faire sienne la maxime « sexe, drogue et rock'n'roll » implique à chaque fois l'abandon d'une récompense immédiate en prévision d'une récompense future plus grande. Tous ces comportements supposent l'acceptation d'une souffrance à court terme (littéralement, dans le cas d'une visite chez le dentiste ou de la pratique d'un exercice physique) pour un gain à long terme, comme le fait de conserver ses dents et de ne pas devenir obèse.

Si les gens sont déprimés, ils se montrent alors d'autant plus enclins à céder et à opter pour une récompense inférieure mais immédiate, dans l'espoir de se remonter le moral. Présenter des photos de personnes séduisantes du sexe opposé provoque le même effet que de priver les fumeurs de cigarette, sans doute parce que les gens consacrent alors toute leur volonté à contrôler leurs pulsions. De manière analogue, la dépréciation de la récompense différée augmente lorsqu'on demande aux gens d'effectuer une tâche complexe en réfléchissant aux différentes options qui s'offrent à eux, car la tâche concurrente mobilise à la fois leur volonté et leurs capacités de traitement.

La bonne nouvelle est qu'il existe aussi des moyens d'aider les gens à jouer la carte du long terme. Une des techniques possibles consiste à stimuler directement une région du cerveau impliquée dans la maîtrise de soi (ce n'est pas aussi drastique qu'il y paraît, puisqu'on peut utiliser pour ce faire une méthode non invasive à base d'électroaimants). Modifier le « cadrage » du problème s'avère également efficace[2]. Si l'on reformule par exemple « 750 € maintenant ou 1 000 € dans un an » en indiquant plutôt « 750 € maintenant et 0 € dans un an ou 0 € maintenant et 1 000 € dans un an », la première option perd alors quelque peu de son attrait, puisqu'il apparaît clairement qu'on abandonne non seulement 250 € d'office mais aussi 1 000 € plus tard. L'annonce d'une date précise (0 € maintenant et 1000 € le 1er septembre 2015, par exemple) ne fait qu'intensifier encore cet effet. Enfin, l'augmentation de la glycémie des participants semble en outre renforcer dans ce jeu de loterie leur capacité à résister à la tentation de court terme, sans doute parce qu'ils se sentent déjà relativement comblés.

Vous vous demandez peut-être si ces techniques pourraient fonctionner dans la pratique, en dehors d'un contexte de laboratoire. Faites donc vous-même le test. Vous pouvez essayer la technique de la fixation de date en pensant à votre retraite. Préféreriez-vous toucher **(a)** 30 000 € par an jusqu'au __/__/__ (inscrivez ici votre date de départ à la retraite) puis 0 € les années suivantes, ou **(b)** 25 000 € par an jusqu'à cette même date puis (grâce à une épargne retraite bien gérée !) 10 000 € les années suivantes ? Si vous répondez **(b)**, mais que votre situation actuelle s'apparente plutôt à **(a)**, vous allez avoir de rudes décisions à prendre. Un exercice plus agréable sera de vérifier la technique du taux de sucre dans le sang la prochaine fois que vous irez faire vos courses. Paradoxalement, vous risquez fort de découvrir que le meilleur moyen de remplir votre chariot d'aliments sains plutôt que de cochonneries consiste à vous régaler d'une barre chocolatée juste avant de vous rendre au supermarché.

À PRENDRE OU À LAISSER

Félicitations ! Vous venez de remporter un autre lot !

Mais là encore, il y a une condition : vous devez partager la somme (10 €) avec un autre gagnant, et c'est lui qui décide de la répartition. Votre seul choix se limite à accepter l'offre – auquel cas l'argent sera divisé entre vous deux selon les termes proposés – ou à la rejeter – et ni lui ni vous ne recevrez alors le moindre centime. L'autre gagnant ne peut faire qu'une unique offre, que vous êtes tenu d'accepter ou de refuser. Aucune négociation possible, et pas de deuxième offre non plus. C'est à prendre ou à laisser.

Parmi les offres suivantes, quelles sont celles que vous accepteriez ou que vous rejetteriez ?

(a) 8 € pour vous, 2 € pour l'autre
(b) 5,01 € pour vous, 4,99 € pour l'autre
(c) 5 € chacun
(d) 4,99 € pour vous, 5,01 € pour l'autre
(e) 3 € pour vous, 7 € pour l'autre
(f) 2 € pour vous, 8 € pour l'autre
(g) 1 € pour vous, 9 € pour l'autre

RÉPONSE

Avant de découvrir ce que la majorité des gens décident, voyons à quoi on pourrait s'attendre si les êtres humains agissaient en règle générale de manière rationnelle, toujours dans le sens de leur propre intérêt financier (comme le supposent la plupart des théories économiques). Ici, la stratégie rationnelle consiste manifestement à accepter toute offre supérieure à zéro. Même la pire d'entre elles revient finalement à choisir entre un gain de 1 € et pas de gain du tout. Il faudrait donc l'accepter, pas vrai ?

En réalité, tout le monde ou presque rejette le partage 1 €/9 €, et une majorité refuse aussi la répartition 2 €/8 €. Autrement dit, la plupart des gens sont prêts à renoncer à 2 €, uniquement pour punir l'autre de sa proposition inéquitable : situation classique où l'on préfère, par dépit, se priver soi-même.

À partir de 3 €, la plupart des gens se résignent à n'importe quel partage inéquitable (sans achoppement particulier autour du 50/50) et acceptent bien entendu de bon cœur tout partage qui tourne en leur faveur. Lorsqu'ils endossent le rôle de « proposant », ils font le plus souvent une offre située entre 40 et 50 % (entre 4 et 5 €), sans qu'on puisse dire si cela résulte plutôt de leur sens du fair-play ou de la crainte de repartir sans rien.

Bien que les offres acceptées ne semblent guère varier d'une société à l'autre (pas plus qu'entre les adultes et les enfants), on observe en revanche des différences intéressantes quant aux offres qui sont émises. Les étudiants d'universités américaines (participants habituels à ce genre d'expérience) comptent parmi les plus généreux au monde et proposent – en moyenne – un partage très proche du 50/50. À l'inverse, les individus issus de sociétés plus petites et plus traditionnelles font généralement des offres moins généreuses – à peine 25 % par exemple chez les Hadza de

Tanzanie ou les Tsimane' de Bolivie. Ce qui vient démentir l'idée romantique selon laquelle les peuples pratiquant un mode de vie plus simple seraient davantage bienveillants et partageurs ; quand les ressources sont rares, tout ce qui passe est bon à prendre.

Si l'on se penche sur d'autres espèces – et en particulier sur nos plus proches cousins, les chimpanzés –, on observe alors d'énormes différences tant sur le plan des offres émises que des offres acceptées. La version simienne du jeu fait intervenir deux planchettes portant chacune dix grains de raisin, répartis en deux tas (5/5 sur la première, par exemple, et 8/2 sur la seconde). Le dispositif est conçu de telle sorte que chaque singe ne peut jamais atteindre qu'un seul tas de raisins. Le proposant commence par faire une « offre » à son partenaire en sélectionnant l'une des deux planchettes et en la tirant à moitié vers eux (il lui est impossible de l'amener plus près). L'autre se trouve face à un choix identique à celui que je vous ai présenté : il peut accepter l'offre, en tirant complètement la planchette, ou la rejeter en laissant la planchette là où elle est, ce qui signifie que personne n'obtient quoi que ce soit.

Dans les versions chimpanzé de l'expérience (tout comme dans certaines versions humaines), on répète généralement le jeu plusieurs fois d'affilée. Lors de la première étude de ce type, les chimpanzés ont pratiquement toujours fait des offres égoïstes, du début à la fin. Dans une étude plus récente, ils ont d'abord fait des offres égoïstes puis se sont montrés de plus en plus équitables (mais peut-être uniquement parce que les individus qui recevaient des offres inéquitables se mettaient à les menacer ou à leur cracher dessus, ce qui ne s'était pas produit dans l'étude précédente).

Cependant, l'aspect le plus intéressant chez les chimpanzés ne tient pas à ce qu'ils proposent mais à ce qu'ils acceptent : les deux études ont en effet établi qu'à l'inverse des humains, les primates acceptaient presque toujours les offres, même très inéquitables (2 raisins contre 8 en faveur du proposant, par exemple), quoique parfois à contrecœur (ils ne tiraient pas les planchettes au hasard, puisqu'ils rejetaient invariablement les offres à 0/10).

Dès lors, bien qu'on puisse se demander si les chimpanzés partagent ou non notre sens de l'équité, il est à peu près certain qu'ils témoignent d'un comportement plus rationnel au jeu de l'ultimatum. Cela voudrait-il dire qu'ils sont plus intelligents que les êtres humains ?...

ÊTES-VOUS PLUS BÊTE QU'UN SINGE ?

… Tâchons de le découvrir. Voici un test de mémoire qu'un singe s'avère capable de réussir[1].

Sur la page ci-contre – ne regardez pas encore ! – les chiffres de 1 à 9 sont imprimés à des emplacements aléatoires, comme on peut le voir ci-dessous à gauche :

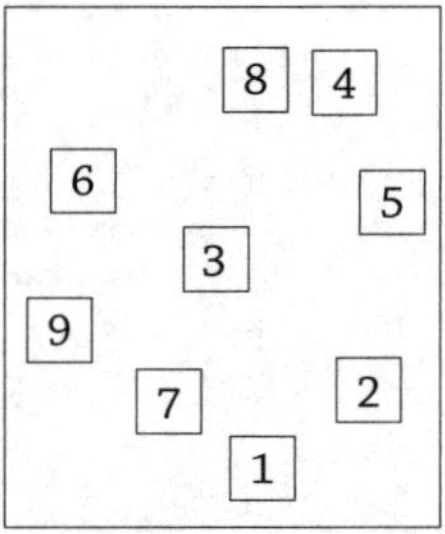

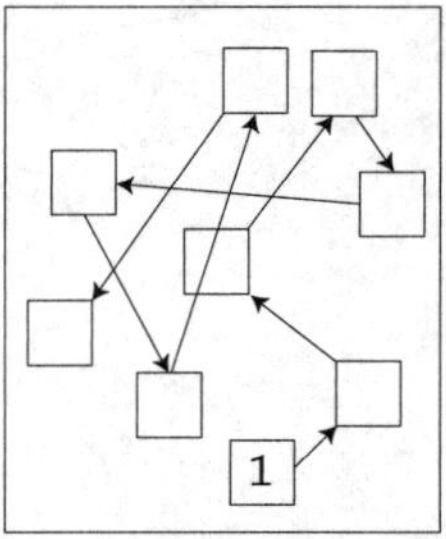

Je vais faire preuve de générosité et vous autoriser à regarder cette page une seconde ou deux (le chimpanzé, lui, n'a besoin que d'un peu plus d'une demi-seconde). Vous passerez ensuite à la page suivante, où toutes ces cases (à l'exception de la première) apparaissent vierges. À l'aide d'un stylo, vous relierez les cases dans l'ordre comme illustré ci-dessus à droite.

Dès que vous serez prêt, jetez les yeux sur la page d'à côté. Accordez-vous deux secondes, pas plus, avant de la tourner.

ÊTES-VOUS PLUS BÊTE QU'UN SINGE ? : PRÉPARATION

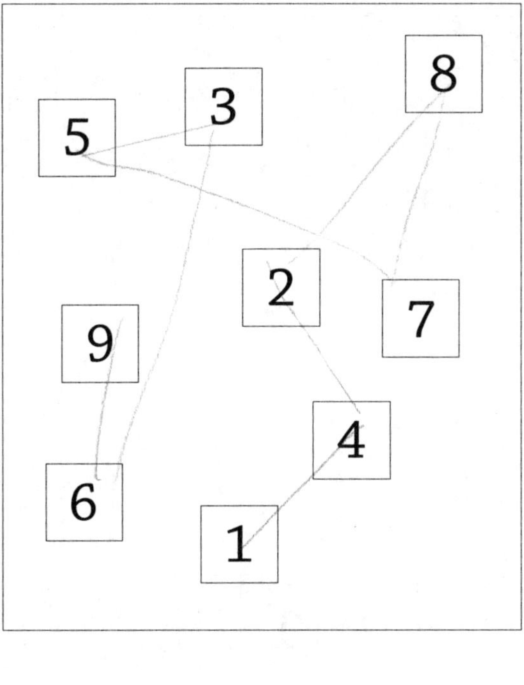

ÊTES-VOUS PLUS BÊTE QU'UN SINGE ? : TEST

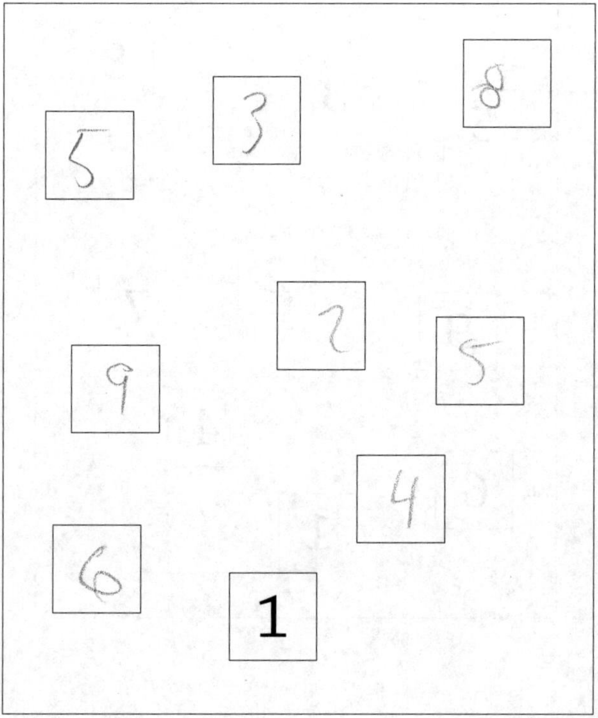

RÉPONSE

Alors, comment vous en êtes-vous sorti ?

Si vous avez échoué, ne vous en faites pas ; l'histoire se termine plutôt bien pour notre espèce. Même si l'expérience d'origine – fortement médiatisée – a montré que les chimpanzés surclassaient sur cet exercice-là les êtres humains, une étude complémentaire, qui fit bien moins de tapage, a révélé que lorsqu'on accordait aux humains et aux chimpanzés une phase de préparation non chronométrée, les premiers parvenaient alors très facilement à battre les seconds.

Les chimpanzés ont donc certes une excellente mémoire, mais rien ne prouve pour l'instant qu'ils soient en mesure de vaincre les humains.

Au fait, quel est mon numéro de téléphone, déjà ?

LA TRAGIQUE HISTOIRE DE KITTY GENOVESE

Gérante d'un bar, Kitty Genovese, vingt-huit ans, habitait le quartier du Queens à New York. Aux premières heures du 13 mars 1964, alors qu'elle rentrait du travail, un homme armé d'un couteau l'agressa à proximité de son immeuble. Kitty cria au secours. Les appartements alentour s'éclairèrent et leurs occupants se précipitèrent aux fenêtres pour voir ce qui se passait. Tous purent observer l'agression en cours, mais personne n'appela la police. Les voisins de Kitty éteignirent même leur lumière et retournèrent se coucher. Son agresseur bondit à nouveau sur elle. Kitty hurla encore, les lumières s'allumèrent et les voisins se précipitèrent aux fenêtres. Un homme lança cette fois : « Laissez donc cette fille tranquille ! » L'agresseur prit peur et s'enfuit en courant. Mais il n'y eut là encore personne pour appeler la police. L'individu revint et frappa Kitty une troisième fois, lui infligeant une blessure fatale. Au total, trente-huit voisins avaient été témoins de l'agression, qui s'était déroulée sur plus de trente minutes, et pas un seul ne s'était porté au secours de la jeune fille ni n'avait alerté les forces de l'ordre.

Du lycée jusqu'à la fin du cycle universitaire, les étudiants en psychologie se voient quasiment tous conter sous une forme ou une autre cette sordide histoire. La version ci-dessus s'inspire d'un cours d'introduction que j'avais suivi en première année. Cette tragique affaire permet typiquement d'illustrer le phénomène d'*apathie du spectateur*, résultat d'une *diffusion de la responsabilité* : c'est parce que les témoins de l'agression étaient extrêmement nombreux, et qu'ils auraient donc tous pu appeler la police, qu'aucun d'entre eux n'a finalement pensé qu'il lui incombait de le faire.

Bien qu'elle constitue un excellent outil pédagogique, le problème est que cette histoire s'avère en grande partie inexacte, en ce qui concerne le nombre de spectateurs et leur prétendue apathie.

Pour commencer, nul ne connaît l'origine du nombre abondamment mentionné de trente-huit témoins. La police n'en a trouvé que six. Sur les trois qui ont été entendus lors du procès, un seul a déclaré qu'il avait vu un homme frapper (et non poignarder) une femme (incident tout à fait susceptible d'avoir été pris pour une « simple » scène de ménage, surtout en 1964). Élément crucial, l'ultime assaut de l'agresseur (il n'y en eut probablement que deux, et non trois comme certains comptes rendus l'affirment[1]) s'était produit dans une cage d'escalier, impossible à voir depuis les fenêtres des appartements adjacents.

Deuxième point, les rares témoins présents étaient bel et bien intervenus. L'un d'eux avait invectivé l'agresseur, l'incitant à prendre la fuite (et pour autant qu'il sache à abandonner l'agression). Plusieurs résidants affirmèrent – y compris sous serment – qu'ils avaient bien alerté le commissariat du quartier, bien que la police accueillît souvent avec hostilité ce genre d'appels (le numéro d'urgence 911 américain n'existait pas encore en 1964). Tout bien considéré, il semble donc qu'il n'y ait eu que peu de spectateurs, et que ceux-ci n'aient guère fait preuve d'apathie.

En dépit des inexactitudes qui parsèment l'histoire de Kitty Genovese, beaucoup d'études expérimentales ont confirmé par la suite la réalité du phénomène d'apathie du spectateur : les gens s'avèrent effectivement moins enclins à aider un inconnu lorsqu'ils forment un groupe nombreux. Mais cela ne résulte pas forcément d'une diffusion de la responsabilité (qui constitue en général la seule et unique explication proposée dans les relectures ultérieures du cas Genovese). Lorsqu'ils se retrouvent au sein d'un groupe important, les individus remarquent tout simplement moins ce genre d'incidents, par exemple. Ils ont aussi tendance à moins percevoir l'urgence de la situation (« s'il s'agit d'une véritable urgence, pourquoi personne n'a l'air de s'inquiéter ? »), redoutent de commettre une erreur et de subir la réprobation des autres, et ont tendance à croire – souvent à juste titre – qu'un autre membre du groupe sera plus qualifié qu'eux ou mieux à même d'aider.

La prochaine fois que vous verrez une personne en difficulté et que vous constaterez que personne ne lui vient en aide, tâchez donc de lui porter secours. Si vous ne le faites pas pour elle, faites-le au moins pour vous. Il s'agira probablement soit d'une authentique urgence, soit d'un psychologue en train d'étudier l'apathie du spectateur : la vôtre.

LE CUBE DE NECKER

Voici un cube de Necker (du nom de son inventeur suisse, Louis Necker).

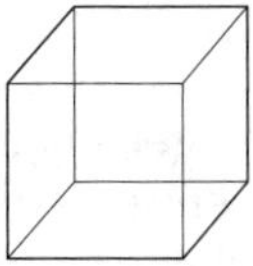

La particularité du cube de Necker, c'est qu'il suffit de l'observer et de l'envisager d'une manière différente pour le « retourner ». En d'autres termes, on peut se le représenter comme si cette face-ci (ombrée) se trouvait devant (le reste du cube se projetant vers l'arrière en direction du coin supérieur droit de la page)...

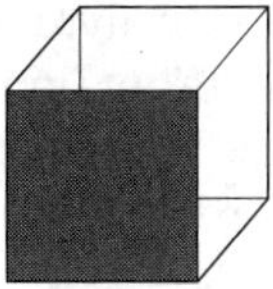

... ou comme si c'était au contraire cette face-là (le reste du cube se projetant alors vers l'arrière en direction du coin inférieur gauche de la page).

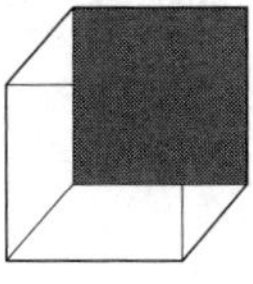

Les gens diffèrent quant à la rapidité avec laquelle ils sont capables de retourner mentalement le cube, et sur le fait que ce pivotement leur paraisse facile ou difficile.

Cachez les deux cubes ombrés ci-dessus, et notez combien de fois vous réussissez à retourner le cube de Necker en l'espace de trente secondes (utilisez un chronomètre – il y en a probablement un sur votre téléphone).

RÉPONSE

Comment vous en êtes-vous sorti ? La plupart des gens parviennent en trente secondes à retourner le cube entre deux et dix fois. Vers quelle extrémité de cette fourchette vous situez-vous ? Et que cela révèle-t-il à votre sujet ?

Bien que l'idée fasse l'objet de controverse, certains psychologues ont affirmé que votre rapidité à retourner le cube permettait de prédire votre type de personnalité. Les individus extravertis – les boute-en-train – auraient ainsi tendance à s'ennuyer très vite et retourneraient rapidement le cube pour avoir quelque chose à faire. À l'opposé, les introvertis – ceux qui préfèrent rester chez eux avec un bon livre – s'ennuieraient beaucoup moins vite et ne retourneraient donc pas le cube aussi rapidement (on rappellera que vous pouvez mesurer votre degré d'extraversion en remplissant « Votre profil de personnalité »).

Si cette théorie semble discutable, des preuves tangibles suggèrent en revanche que votre vitesse de retournement pourrait bien prédire quelque chose de beaucoup plus surprenant, un trait physique que nous évaluerons plus loin (je n'en dis pas plus pour l'instant, afin de ne pas gâcher la surprise).

LEVEZ L'ANCRE !

Hardi, moussaillons ! Voici une expérience que vous pourrez tenter avec tous vos camarades !

Réunissez quelques amis, et demandez-leur de deviner une proportion peu connue, comme par exemple le pourcentage de pays membres de l'ONU situés sur le continent africain, la part de la population allemande capable de jouer du piano, ou celle des élèves brésiliens qui obtiennent la note maximale à l'examen d'anglais du baccalauréat. La question pourra porter sur n'importe quel sujet de votre choix, et vous n'aurez pas besoin de connaître vous-même la réponse exacte (cantonnez-vous cependant à des problèmes de pourcentage, afin que les nombres indiqués se situent entre 0 et 100). Vous obtiendrez probablement un éventail de réponses très large, mais notez-les tout de même.

Trouvez ensuite un autre groupe d'amis et répétez l'opération. Mais cette fois-ci, engagez d'abord une petite discussion à bâtons rompus sur des données factuelles et chiffrées, en introduisant dans la conversation une statistique réelle ou imaginaire présentant un pourcentage élevé. Tout ce que vous voudrez, du moment que cela n'ait aucun rapport avec la question test (peut-être quelque chose comme « D'après un livre sur la psychologie que je viens de lire, 83 % des statistiques seraient inventées de toutes pièces sur le moment »). Notez les réponses, et comparez-les avec celles du premier groupe.

Que constatez-vous ?

RÉPONSE

Le second groupe a-t-il fourni des chiffres plus élevés que le premier ? Si c'est le cas, vous avez alors mis en lumière un *effet d'ancrage*. On a baptisé ainsi le fait qu'après avoir entendu un nombre – même en sachant qu'il n'a absolument rien à voir avec le sujet –, nos estimations viennent ensuite « s'ancrer » sur des valeurs similaires, ou du moins d'un ordre de grandeur à peu près comparable. Notre cerveau semble avoir beaucoup de mal à passer d'un cadre de référence à un autre, même quand ils n'ont strictement aucun rapport. Dans l'étude fondatrice sur les effets d'ancrage, basée sur l'exemple du nombre de pays africains membres de l'ONU, il est apparu ainsi que le jugement des individus était influencé par le lancer d'une roue de la chance : les participants qui tombaient sur 10 donnaient généralement une estimation située autour de 25 %, tandis que ceux qui tombaient sur 65 proposaient autour de 40 % (la réponse exacte étant d'environ 28 %).

Les effets d'ancrage interviennent également dans le domaine des intuitions mathématiques. Les chercheurs responsables de l'expérience avec la roue, Amos Tversky et Daniel Kahneman, ont réalisé une autre étude en demandant à des lycéens d'estimer en cinq secondes la réponse à un problème. Un premier groupe le vit présenté comme suit :

$8 \times 7 \times 6 \times 5 \times 4 \times 3 \times 2 \times 1 =$

Et l'autre groupe de cette manière :

$$1 \times 2 \times 3 \times 4 \times 5 \times 6 \times 7 \times 8 =$$

Le second groupe donna des réponses bien inférieures au premier (alors qu'elles devraient bien entendu être identiques), car les chiffres plus petits placés en début d'opération ancraient leur cadre de référence sur des résultats relativement modestes (accessoirement, la réponse correcte est 40 320).

Restez bien à l'affût des autres biais cognitifs qui surgiront tout au long de cet ouvrage. Pour l'heure, remettons les voiles et poursuivons notre psychodyssée. Levez l'ancre, matelots !

UNE EXPÉRIENCE CHOQUANTE

Mettez-vous dans la peau d'un individu lambda d'âge moyen – un enseignant, un représentant de commerce ou un ouvrier, peut-être –, habitant une petite ville des États-Unis (New Haven dans le Connecticut, si vous connaissez) au début des années 1960.

Vous avez répondu à une annonce parue dans le journal, destinée à recruter des participants pour une étude sur l'apprentissage et la mémoire réalisée au sein de la prestigieuse université de Yale, en échange d'une rémunération de 4,50 dollars (qui équivaudrait sans doute aujourd'hui à environ 35 dollars). À votre arrivée, l'expérimentateur vous tend un chèque et vous indique que cet argent – comme dans toute expérience – vous appartient quoi qu'il advienne, du simple fait que vous soyez venu. Il vous présente ensuite un autre volontaire et vous annonce que vous allez participer ensemble à une étude relative aux effets de la punition sur l'apprentissage. L'un de vous deux jouera le rôle du « professeur » et l'autre celui de l'« élève ». Il vous invite chacun à tirer un morceau de papier d'un chapeau. Sur le vôtre est inscrit « professeur ».

Vous pénétrez alors tous les trois dans une salle adjacente. L'expérimentateur attache l'élève sur une chaise électrifiée et lui applique une pommade « pour éviter les cloques et les brûlures. » Il fixe également une électrode à son poignet, en expliquant qu'elle se trouve reliée à un générateur de chocs électriques situé dans la pièce voisine. L'élève demande, l'air inquiet : « Ces chocs sont-ils dangereux ? » L'expérimentateur le rassure : « Bien qu'ils puissent être extrêmement douloureux, ils n'entraînent aucun dommage permanent au niveau des tissus. »

Abandonnant l'élève sanglé dans sa chaise, l'expérimentateur passe avec vous dans la pièce qui renferme le générateur. Il vous explique qu'on va d'abord vous administrer un premier choc, à titre d'exemple. Il attache l'électrode à votre poignet et presse le troisième bouton afin de générer une décharge de 45 volts. Le voyant rouge à côté du bouton s'allume, l'ampoule bleue marquée « stimulateur » s'éclaire, l'aiguille du voltmètre bondit vers la droite et un signal sonore retentit. OUILLE !

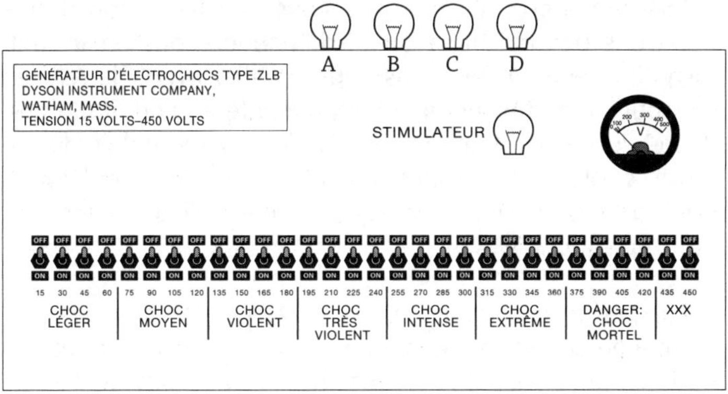

L'expérimentateur vous explique ensuite le déroulement du protocole d'apprentissage et de punition. Vous devrez d'abord énoncer une série de paires de mots (« chat » + « table », « livre » + « carafe » ou « maison » + « sac », par exemple), puis vérifier la capacité de l'élève à se remémorer le deuxième terme de chaque paire (parmi quatre choix possibles) lorsqu'on lui fournit le premier. Si vous dites « chat : [A] livre, [B] maison, [C] table ou [D] carafe », la réponse correcte sera « [C] table », puisque ce terme était associé à « chat ». Étant donné que vous ne pouvez ni voir ni entendre l'élève, ce dernier effectue son choix en appuyant sur un bouton qui illumine alors l'une des quatre ampoules – A, B, C ou D – situées sur le dessus du générateur. L'expérimentateur vous donne ensuite les instructions suivantes : « Administrez un choc à l'élève chaque fois qu'il donne une mauvaise réponse. Augmentez la tension d'un cran chaque fois qu'il se trompe. Annoncez toujours la tension du choc avant de l'administrer. Une fois la liste terminée, reprenez du début et continuez d'administrer des décharges jusqu'à ce que l'élève ait appris correctement toutes les paires de mots. »

Indépendamment de ce que vous en savez – ou de ce que vous pensez en savoir –, demandez-vous un instant jusqu'à quelle tension vous pourriez aller avant de refuser de poursuivre l'expérience. En préalable à cette étude, les chercheurs avaient rapidement sondé un groupe d'étudiants en psychologie, qui estimèrent qu'environ 1 % seulement des participants iraient jusqu'au niveau le plus élevé : 450 volts (ou « XXX »).

L'expérience commence, et l'élève ne s'en sort pas très bien. Il ne donne en fait qu'une réponse correcte sur quatre. Mais comme vous n'entendez rien et que vous ne percevez aucun autre signe de protestation, vous poursuivez la séquence. Après avoir reçu une décharge de 300 volts, l'élève cogne contre la cloison. Vous passez au mot suivant, mais aucune réponse ne s'illumine sur le pupitre. Vous vous retournez vers l'expérimentateur et lui demandez ce qu'il faut faire : « L'absence de réponse équivaut à une réponse fausse. Augmentez la tension d'un cran chaque fois que l'élève échoue. Patientez 5 à 10 secondes avant d'estimer qu'il n'a pas répondu. »

Vous administrez donc un choc de 315 volts, et l'élève frappe à nouveau contre le mur. Vous indiquez à l'expérimentateur que l'autre volontaire ne souhaite manifestement pas continuer. « Que cela lui plaise ou non, réplique-t-il, vous devez poursuivre jusqu'à ce qu'il ait appris correctement toutes les paires de mots. Reprenez, s'il vous plaît. » Vous passez à contrecœur à la paire suivante. De nouveau, aucune réponse n'apparaît sur le pupitre, mais cette fois-ci l'élève ne cogne plus après avoir reçu le choc. Vous demandez à l'expérimentateur si ces décharges sont dangereuses. « Bien qu'elles puissent être douloureuses, répond-il, il n'y a aucun dommage permanent au niveau des tissus. Continuez, je vous prie. »

Vous continuez donc : 330 volts, 345 volts, 360 volts. Toujours aucune réponse. Vous annoncez à l'expérimentateur que vous souhaitez arrêter. « Poursuivez, s'il vous plaît. » Vous lui objectez que vous préférez vraiment en rester là. « L'expérience exige que vous continuiez », insiste-t-il. Vous protestez encore. « Il est absolument essentiel que vous poursuiviez. » Vous refusez. « Vous n'avez pas le choix, vous devez continuer. » Vous refusez. À votre grand soulagement, l'expérimentateur interrompt l'étude. Il vous emmène alors dans la pièce d'à côté, où l'élève s'extirpe de sa « chaise électrique », vous sourit et vous serre la main. Il s'agissait d'un acteur, et les décharges n'étaient qu'un simulacre. Ouf !

Pourquoi des individus bienveillants commettent-ils parfois des actes épouvantables ? « Je ne faisais que suivre les ordres » constitue-t-il une excuse valable ? Comme la plupart des gens n'ont entendu parler de la célèbre étude de Stanley Milgram – conçue précisément pour répondre à ce genre de questions – qu'au travers de commentaires de deuxième ou de troisième main, ce qu'on en « sait » généralement, tant au niveau des résultats eux-mêmes que de ce qu'ils nous enseignent sur la nature humaine, s'avère pour l'essentiel très éloigné de la réalité.

En premier lieu, quand des étudiants en psychologie découvrent cette expérience, on leur explique souvent que la quasi-totalité des participants ont accepté d'infliger des chocs mortels pour la simple raison qu'une personne en blouse blanche (grise, en fait) leur disait de le faire. La conclusion habituelle étant que des individus même pétris de bonnes intentions se soumettraient passivement et sans réfléchir aux ordres de n'importe quelle autorité, aussi cruels soient-ils, et que ce serait cet aspect déprimant de la nature humaine qui aurait ouvert la porte à toutes sortes d'atrocités.

Or ces réécritures populaires des travaux de Milgram négligent en général nombre de détails importants et risquent à ce titre de nous conduire vers une conclusion erronée.

Premièrement, il est tout simplement faux d'affirmer que tous les participants – ou presque – ont obéi à l'expérimentateur. Y compris dans la version de l'expérience décrite ci-dessus, plus d'un tiers ne l'ont pas fait. Et il s'agissait là d'une variante plutôt extrême, destinée à maximiser le degré d'obéissance. Quand l'élève était placé dans la même pièce que le professeur, 60 % des participants refusaient d'obéir. Quand l'élève, le professeur et l'expérimentateur se trouvaient chacun dans une pièce différente, et que ce dernier délivrait ses instructions par téléphone, plus des trois quarts des participants désobéissaient et n'administraient souvent que la décharge la plus faible possible, tout en affirmant respecter à la lettre les instructions.

Deuxièmement, les participants ne pensaient pas infliger de chocs mortels. Tous s'étaient vu indiquer au préalable – et on le leur rappelait, s'ils posaient la question – que les décharges étaient certes douloureuses mais sans danger. Comme le soulignait Milgram lui-même, les participants

« supposaient que les désagréments causés à la victime n'étaient que temporaires, tandis que les acquis scientifiques issus de l'expérience seraient au contraire durablement utiles ».

Ce qui renvoie au troisième point oublié de la plupart des résumés académiques. Les participants n'administraient pas les décharges électriques simplement « parce qu'une personne incarnant l'autorité leur enjoignait de le faire ». La plupart étaient sincèrement convaincus que « l'expérience d'apprentissage par la punition » servait un objectif louable, et que les deux volontaires possédaient une obligation envers l'expérimentateur, puisqu'ils avaient tous deux signé, empoché leur chèque et tiré au sort le rôle d'« élève » ou de « professeur » (tirage au sort truqué, bien entendu).

Tout ceci laisse à penser que les travaux de Milgram ne prouveraient pas que les gens commettent des actes répréhensibles par obéissance aveugle à l'autorité, mais feraient la démonstration de quelque chose d'encore plus difficile à avaler. Pour Alex Haslam, professeur à l'université du Queensland en Australie, ces études suggèrent que les individus qui suivent l'ordre de commettre des atrocités le font parce qu'ils croient à la fois en la légitimité de cette autorité (« nous nous sommes engagés à faire ce que l'expérimentateur nous dit ») et en la poursuite d'une cause supérieure (« je partage les objectifs de l'expérimentateur, qui souhaite développer nos connaissances sur l'apprentissage »). Si Haslam voit juste, alors l'amère vérité serait que les soldats auteurs d'atrocités ne les commettraient pas en dépit du fait que ce sont des « gens bien », mais au contraire parce qu'ils se considèrent précisément comme des « gens bien » – et que les « gens bien » respectent les ordres reçus d'une autorité légitime, surtout quand ils en partagent les buts.

LA CAROTTE OU LE BÂTON ?

Tommy « Top Gun » Taylor et Peter « Ponce » Pilot sont deux instructeurs chevronnés d'une école de pilotage.

La stratégie de Tommy consiste à couvrir d'éloges les apprentis pilotes pour chaque atterrissage réussi et à les sanctionner chaque fois qu'ils en font un mauvais, en les invectivant ou en leur faisant faire plusieurs tours de l'aérodrome au pas de course.

Tommy s'inquiète néanmoins, car ses méthodes d'enseignement ne semblent pas fonctionner. Bien que ses élèves réussissent presque toujours un meilleur atterrissage après avoir été sermonnés, ils atterrissent aussi presque toujours plus mal après qu'on les a félicités.

Tommy en déduit donc que le bâton fonctionne mieux que la carotte, et décide d'arrêter de saluer les bons atterrissages mais de sanctionner davantage les mauvais. Lorsqu'il en informe son collègue, celui-ci se contente cependant de soupirer et lui annonce que « cela ne changera rien ». Peter dit-il vrai, ou se conduit-il simplement comme un vieux cynique ?

RÉPONSE

La réflexion de Peter est très certainement exacte. La raison en est que les atterrissages d'avion – comme la plupart des choses qui présentent un certain degré de variabilité – sont soumis à un phénomène connu sous le nom de *régression vers la moyenne*. Quelques-uns seront lamentables, quelques autres exceptionnels, mais la majorité se situera quelque part entre les deux – autour de la moyenne. Après un atterrissage catastrophique, il est par conséquent pratiquement inévitable que le suivant soit meilleur, pour la simple raison que la quasi-totalité des atterrissages se déroulent mieux. De la même manière, après un excellent atterrissage, le suivant sera généralement plus mauvais, pour la simple raison que la quasi-totalité des atterrissages sont moins réussis.

Le schéma observé par Tommy – amélioration des performances après les mauvais atterrissages, baisse après les bons – ressortirait donc de toute façon, que ce dernier soit présent ou non. Vous n'êtes pas convaincu ? Alors, essayez de lancer des fléchettes sur une cible sans regarder. Si vous ne marquez qu'un ou deux points, le tir suivant sera presque à coup sûr meilleur. Si vous mettez dans le mille ou que vous faites un triple 20, il sera au contraire presque assurément moins bon. Pourtant la carotte et le bâton n'entrent pas en jeu ici, puisque vous produisez ce schéma en lançant simplement les fléchettes à l'aveugle.

La régression vers la moyenne pose un réel problème pour la conception d'expériences psychologiques. On cherche souvent à savoir si un entraînement spécifique permettrait d'améliorer les performances des gens pour une tâche donnée. Or il est possible que nous nous leurrions nous-mêmes, en observant chez les participants les moins bons une amélioration due non pas à un entraînement soigneusement planifié, mais tout simplement à cet effet de régression vers la moyenne.

Le problème ne se limite pas aux écoles de pilotage et aux recherches en psychologie. L'absence de prise en compte de la régression vers la moyenne explique notamment que les gens puissent croire en des traitements manifestement inopérants comme l'homéopathie (une autre raison, le *biais de confirmation*, sera évoquée dans la section « Tour de cartes »). Les maladies apparaissent et disparaissent d'elles-mêmes. Si vous êtes au plus mal le lundi, vous vous sentirez donc sans doute bien mieux le vendredi, indépendamment du fait que vous ayez pris un médicament homéopathique le mardi ou pas. Mais si vous l'avez fait, c'est à lui que vous attribuerez probablement votre regain de forme. En résumé, la régression vers la moyenne se retrouve absolument partout.

CE QUE L'ON CROIT VOIR

Des deux lignes A et B ci-dessous, quelle est la plus longue ?

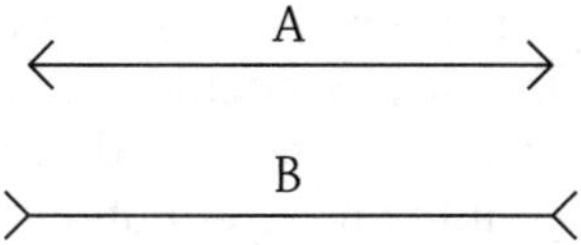

RÉPONSE

Cette fois-ci, vous pouvez trouver la réponse par vous-même : munissez-vous d'une règle et mesurez les deux lignes. Incroyable, n'est-ce pas ?

Bien que cette illusion soit connue depuis plus d'un siècle – elle fut mise en évidence par Franz Müller-Lyer en 1889 –, les psychologues ne sont pas encore sûrs de ce qu'elle signifie précisément. L'un de ses plus fascinants aspects tient au fait qu'on a beau tout essayer, il demeure impossible de s'en défaire. Même après avoir mesuré les lignes, la B semble toujours plus longue.

Songez un instant à l'étrangeté de la chose. C'est votre cerveau qui décide, sur la base des données provenant du système visuel, que la seconde ligne est la plus longue.

Or il sait déjà que les deux lignes sont de longueur égale. Alors pourquoi donc se déjuge-t-il ? Et quel sens cela peut-il bien avoir ?

D'après le philosophe Jerry Fodor, la seule explication plausible serait que cet organe renferme différents « modules » – des systèmes encapsulés, coupés des processus réflexifs supérieurs. Peu importe qu'on sache pertinemment que les deux lignes ont la même longueur, il nous est impossible de transmettre cette information au module visuel, sorte de « boîte noire » hermétique qui tire ses données de nos seuls yeux et s'obstine à proclamer que « la ligne B est plus longue ».

L'hypothèse opposée soutient que la vision ne serait en aucune manière « isolée » du reste de notre cognition. Comme la plupart des processus mentaux, elle serait au contraire sensible à nos attentes préalables, voire aux influences culturelles. Cela semble de prime abord assez fou : comment les influences culturelles pourraient-elles donc impacter quelque chose d'aussi basique que de voir une ligne plus longue qu'une autre ?

Mais peut-être est-ce effectivement le cas. Dans les années 1960, une équipe de psychologues et d'anthropologues a sollicité des volontaires issus de seize populations différentes et mesuré leur sensibilité à l'illusion de Müller-Lyer. Les chercheurs ont imaginé une méthode astucieuse pour chiffrer cette sensibilité : ils ont montré à chaque participant de nombreuses variantes de l'illusion et déterminé de combien la ligne A devait être plus longue que la ligne B pour qu'elle lui paraisse identique. Dans la version ci-dessous, par exemple, la ligne A est en réalité plus longue que la ligne B d'environ trois millimètres, mais les deux lignes semblent avoir à mes yeux – et sans doute aux vôtres – à peu près la même longueur.

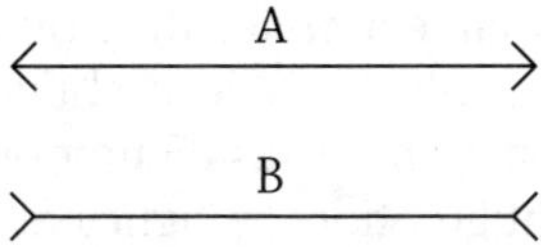

Les résultats furent assez surprenants. Les étudiants américains – population qui avait fourni les participants pour quasiment toutes les démonstrations précédentes de l'illusion de Müller-Lyer (comme du reste pour la plupart des recherches en psychologie, quelles qu'elles soient) – se sont révélés extrêmement atypiques. Ils sont apparus plus sensibles à l'illusion que n'importe quel autre groupe étudié, y compris les Sud-Africains (tant d'origine européenne que Zoulous), les Soukous angolais ou les Bétés de Côte d'Ivoire. Les Sans du désert du Kalahari, peuple de chasseurs-cueilleurs, ont fait exception dans le sens contraire : ils n'ont pas ressenti du tout cette illusion.

Ceci tend à montrer que l'illusion de Müller-Lyer pourrait bien être soumise aux influences culturelles. Mais de quelles sortes d'influences s'agit-il ? Les chercheurs ont suggéré que les différences observées pourraient résulter du fait que l'environnement des sociétés modernes comporte un grand nombre de « coins » façonnés par l'homme, tels que les angles parfaitement droits des immeubles, alors que celui des sociétés plus traditionnelles de chasseurs-cueilleurs n'en contient pas. Aussi, quand nous autres occidentaux apercevons une configuration de type « ligne B », c'est en général en rapport avec le côté opposé d'une pièce.

Face à ce genre de situation, le cerveau se dit : « D'accord, ce mur là-bas paraît plus étroit que celui qui se trouve derrière moi, mais c'est parce qu'il est en fait plus éloigné. Si je veux connaître la véritable longueur de cette ligne, il me faut donc l'étirer mentalement. » Dans le cadre des scénarios en 3D de la vie réelle, il s'agit là d'un mécanisme adéquat. Car autrement, si l'on observait au loin un troupeau de vaches, par exemple, on pourrait penser à tort qu'elles sont minuscules[1]. Or le problème est que le cerveau réalise ce même processus d'étirement mental lorsqu'il rencontre une configuration de lignes et d'angles similaire sur la surface plane d'une feuille de papier.

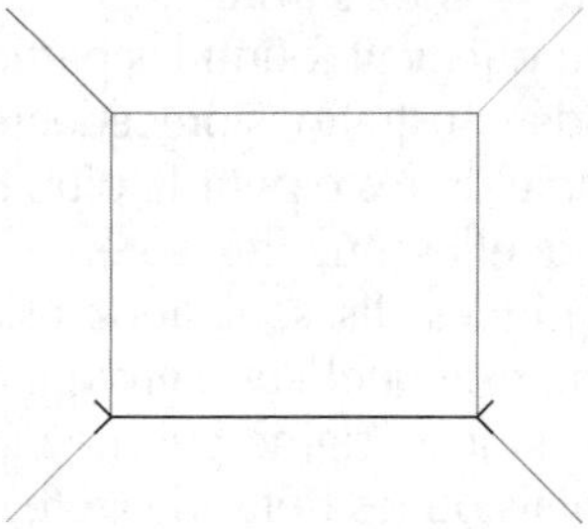

Lorsqu'on aperçoit une configuration de type « ligne A », c'est en général en rapport avec quelque chose de bien plus proche, comme le bord d'un tapis posé dans la pièce en question (cf. ci-dessous). Le cerveau ayant appris du scénario en 3D qu'il n'est pas nécessaire d'allonger mentalement la ligne (ou sinon de très peu), il applique alors la même logique à la représentation en 2D d'une configuration similaire.

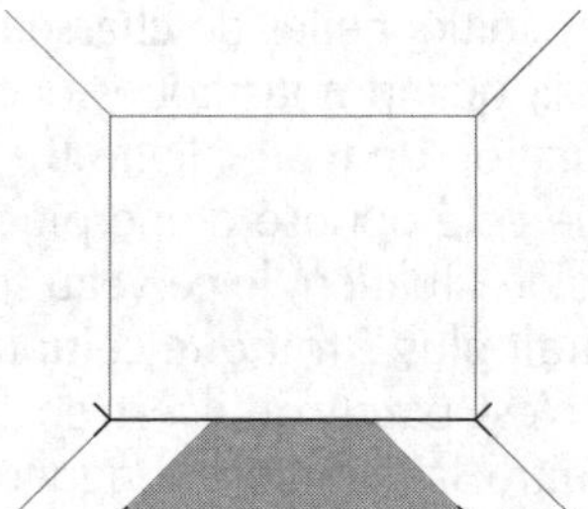

Les tribus de chasseurs-cueilleurs n'ayant guère l'expérience des angles droits de nos pièces et de nos tapis, on suppose que leurs cerveaux ne se laisseraient pas tromper de la même façon.

Mais l'histoire ne s'arrête pas là. Une étude ultérieure a découvert que les participants originaires du Malawi se montraient plus sensibles à l'illusion de Müller-Lyer lorsque les schémas étaient tracés en rouge plutôt qu'en bleu, tandis que la couleur n'avait aucune importance pour les participants écossais. Ce qui suggère qu'une partie au moins de l'apparente variation interculturelle observée dans les années 1960 pourrait découler en réalité de différences biologiques : les gens qui ont la peau plus foncée possèdent généralement une pigmentation rétinienne plus dense, qui réduit la capacité à détecter les arêtes et limite par suite l'intensité de l'illusion.

En matière de psychologie, de nombreux débats se caractérisent par une opposition entre inné et acquis. Certaines personnes sont-elles plus agressives ou plus intelligentes de naissance (inné), ou le deviennent-elles par réaction aux influences de leur environnement (acquis) ? Il s'avère souvent que c'est un peu les deux. Et il en va ainsi de l'illusion de Müller-Lyer, pour laquelle les écarts de sensibilité d'un groupe à l'autre résultent probablement à la fois de différences biologiques et culturelles. Plus largement, la leçon à retenir, c'est que les expériences menées auprès d'étudiants américains ne devraient pas être considérées comme représentatives de l'espèce humaine en général, même lorsqu'on s'intéresse à quelque chose d'aussi fondamental, en apparence, que la perception de la longueur d'une ligne.

Voici d'ailleurs à ce propos une autre illusion du même type.

L'ILLUSION DES LONGUEURS

On a tracé sur cette page une première ligne à gauche et trois autres lignes à droite : A, B et C. Vous devez deviner laquelle de ces trois lignes est aussi longue que la première. Comme cette illusion se révèle encore plus puissante que la précédente, je vais vous fournir un indice : j'ai rapidement interrogé sept étudiants de mon département de psychologie, et tous ont répondu « A ».

RÉPONSE

La bonne réponse est « C ». Je parie que vous l'aviez trouvée, n'est-ce pas ?

Cette « illusion » s'inspire de la célèbre expérience sur le conformisme réalisée en 1951 par Solomon Asch. La version originelle de l'étude mettait en présence neuf participants, dont tous sauf un étaient en réalité de mèche avec l'expérimentateur et avaient pour instruction de choisir la même mauvaise réponse. L'expérimentateur demandait tour à tour à ses « complices » d'énoncer leur choix à voix haute, et interrogeait toujours le vrai participant en avant-dernier. Au moment de prendre sa décision, celui-ci avait donc déjà entendu sept autres personnes donner la même réponse – manifestement inexacte. Pour accroître encore la pression, l'expérimentateur commandait à ses complices de répondre correctement lors de certains essais préalables, si bien que le vrai participant n'avait même pas comme issue de supposer que tous les autres étaient fous, ou que lui-même n'avait peut-être pas entendu qu'il fallait toujours donner une réponse fausse.

La question était de savoir si le participant se rangerait à l'avis de la majorité au point de donner une réponse qu'il savait presque à coup sûr incorrecte. Ce fut globalement le cas : près des trois quarts du temps, les gens s'alignaient sur le verdict majoritaire.

Mais ici encore, vous saviez probablement déjà tout cela. À l'instar de l'illusion de Müller-Lyer, l'étude sur le conformisme d'Asch constitue non seulement un classique des cours de psychologie au lycée et à l'université, mais elle a aussi fait l'objet de multiples documentaires et reconstitutions à la radio ou à la télé[1].

Il y a peut-être en revanche une chose que vous ignorez : si je me doutais que vous ne tomberiez pas dans le piège (en dehors du fait qu'il est difficile de recréer la pression sociale de l'expérience originelle sans la présence de complices en chair et en os), c'est que les niveaux de conformisme mesurés selon l'étude d'Asch se sont effondrés depuis les années 1950. Une étude plus récente effectuée dans les années 1980 n'a dénombré en effet qu'une seule réponse fausse sur près de 400 essais (elle fut cependant réalisée auprès d'étudiants en maths, en ingénierie et en chimie, pour lesquels passer la soirée à mesurer des lignes représente probablement une excellente idée de sortie).

Une autre différence par rapport à l'étude initiale d'Asch tient à ce que cette version ultérieure ait été menée en Grande-Bretagne. L'idée selon laquelle les Britanniques seraient moins conformistes que les Américains reste sujette à débat. Néanmoins, une compilation des résultats de plus de 100 études du même type réalisées dans dix-sept pays a mis en évidence des différences manifestes selon la valeur (mesurée par le biais de questionnaires) que chaque société accorde à l'individualisme ou au contraire au collectivisme. Les pays dans lesquels on attribue beaucoup de valeur au plaisir, à la créativité et à la curiosité (comme les États-Unis, la Grande-Bretagne ou l'Allemagne) laissaient apparaître dans le cadre du test d'Asch de faibles niveaux de conformisme. À l'inverse, les pays où l'on valorise le souci de bien se conduire, de maintenir le statu quo et d'éviter tout ce qui pourrait déranger l'ordre traditionnel (comme le Japon, la Chine ou le Zimbabwe) affichaient des niveaux de conformisme plus élevés.

Du reste, le terme de « conformisme », chargé de connotations plutôt négatives en Occident (« résignation », « suivisme »), ne décrit pas forcément de manière adéquate le comportement des participants issus de sociétés plus collectivistes. Comme le soulignent les auteurs de cette synthèse interculturelle, dans les sociétés qui jugent malpoli de montrer son désaccord en public, on pourra considérer que les participants qui souscrivent à l'opinion majoritaire font preuve de tact et de délicatesse envers les autres, au lieu de chercher à les humilier publiquement pour un motif aussi futile que la longueur de quelques lignes.

L'une des conclusions les plus intéressantes de cette recension fut celle d'une différence significative – quoique modeste – entre les sexes (nous examinerons la question plus vaste des différences psychologiques dans « Les hommes viennent de Mars... »). En laissant de côté les études réalisées avec des groupes mixtes – où les participants pourraient avoir eu d'évidentes arrière-pensées les incitant soit à donner raison à certains membres, soit à se distinguer –, il s'est avéré que les groupes uniquement composés de femmes manifestaient un conformisme bien supérieur aux groupes exclusivement masculins, sans que cet effet ne montre le moindre signe de diminution au fil des années.

Cela signifie-t-il que les femmes seraient plus bêtes, plus faibles ou plus faciles à manipuler que les hommes ? Absolument pas. À l'instar des membres de sociétés collectivistes, peut-être agissent-elles simplement en « adultes », davantage préoccupées par le maintien de l'harmonie au sein du groupe, tandis que les hommes, comme les membres des sociétés individualistes, se comporteraient en gamins de cinq ans voulant toujours avoir raison.

DESSINE-MOI... UN CHIEN !

Dessinez un chien. Rien qu'un chien, c'est bien cela. Rassurez-vous, vous n'allez pas passer au détecteur de mensonge. Contentez-vous de dessiner un chien, le plus réussi possible.

RÉPONSE

Nous allons maintenant noter votre dessin. Accordez-vous un point pour chacune des caractéristiques suivantes.

Échelle de cotation

1. Tête présente
2. Cou présent
3. Cou en deux dimensions – prolongeant la tête ou le corps
4. Yeux présents
5. Détail des yeux – cils
6. Détail des yeux – pupille
7. Regard – yeux fixés sur un point/orientés dans la même direction
8. Truffe présente – toute indication
9. Truffe présente – en deux dimensions
10. Gueule présente
11. Lèvres en deux dimensions
12. Pelage ou taches – toute indication
13. Pelage – griffonnage épousant étroitement le dessin du corps – avec taches
14. Pelage – plus élaboré qu'un simple griffonnage ou qu'un simple contour
15. Oreilles présentes
16. Oreilles bien proportionnées – plus longues que larges
17. Pattes présentes – toute indication
18. Quatre pattes
19. Pattes en activité – ou chien couché
20. Pattes bien proportionnées – plus longues que larges
21. Pattes en deux dimensions
22. Distance entre les membres antérieurs et postérieurs
23. Pattes en perspective
24. Évocation de l'entrejambe
25. Pattes bien proportionnées – affinement progressif à partir de la cuisse

26. Orteils présents
27. Pieds – toute indication
28. Pieds – en deux dimensions
29. Détails des orteils correctement rendus
30. Tronc présent
31. Tronc bien proportionné – plus long que large
32. Largeur de la tête : pas plus de la moitié ni moins d'un dixième de celle du corps
33. Museau plus long que large
34. Queue présente
35. Queue en deux dimensions
36. Queue élaborée
37. Coordination motrice – lignes
38. Coordination motrice – jonctions
39. Tracé de la tête – contour correct
40. Tracé du tronc – s'écarte d'une forme ovale
41. Collier ou laisse

Le test *Draw-A-Dog* (« dessine-moi un chien ») est un véritable test de psychologie, qui sert à mesurer le développement cognitif des enfants. Le score moyen des petits de cinq, six et sept ans s'élève respectivement à 14, 18 et 22 points, avec des résultats similaires pour les filles et les garçons. Si vous n'avez pas fait mieux, il faudra donc vous poser quelques questions.

La logique sous-jacente de ce test – comme celle du *Draw-A-Person* (DAP ; « dessine-moi une personne ») de Goodenough-Harris, plus largement utilisé – consiste à fournir une évaluation relativement pure du développement cognitif, dégagée de l'influence d'autres facteurs. Les tests de QI plus traditionnels basés sur le langage, les maths ou le raisonnement logique subissent par exemple l'influence de certains facteurs tels que la capacité des enfants à lire ou à comprendre des instructions verbales, et mesurent davantage en ce sens le niveau d'instruction que le développement cognitif proprement dit.

Mais le DAP possède aussi un cousin plus obscur – et plus controversé – : la *Draw-A-Person Screening Procedure for Emotional Disturbance* (« procédure de dépistage des troubles affectifs par le DAP »). Comme son nom l'indique, les psychologues cliniciens utilisent ces dessins pour identifier les enfants souffrant de troubles affectifs. Telles ou telles erreurs ou distorsions témoigneraient selon certaines personnes de problèmes particuliers (les enfants qui omettent les yeux seraient par exemple réticents à interagir avec le monde extérieur). Bien qu'il n'existe guère de preuves à l'appui d'affirmations aussi spécifiques, certaines études ont montré que ces dessins – envisagés dans leur ensemble – pouvaient aider à distinguer les enfants sans problème des enfants perturbés. L'un des critères de notation repose par exemple sur la présence de poings, de griffes, d'armes à feu ou de couteaux. Le fait de dessiner des monstres plutôt que des êtres humains ou d'écrire des gros mots constitue dans les deux cas un motif d'inquiétude, au même titre que la représentation d'individus anormalement grands ou petits. Cela étant dit, il ne s'agit pas là d'une science exacte, puisque l'étude qui étaye peut-être le plus la validité du test a elle-même montré que ces dessins ne permettaient de classer correctement comme « normaux » ou « potentiellement perturbés » qu'environ 63 % des enfants.

Si certains dessins de votre enfant sont un peu, comment dire… « hauts en couleur », n'appelez donc pas tout de suite le médecin. S'il dessine en revanche – comme Nelson Muntz, le petit dur des *Simpson* – « un robot avec des flingues à la place des bras qui tire sur un avion fait de flingues qui balance des flingues », mieux vaudrait probablement se mettre à l'abri.

VOTRE PARTENAIRE IDÉAL

Lors du choix d'un partenaire, quelle importance attachez-vous à chacune des caractéristiques suivantes ?

Avant de remplir le questionnaire, posez-vous cette question : les réponses de votre partenaire – si vous en avez un ou une – seraient-elles semblables ou au contraire très différentes ? Si vous voulez le savoir, un deuxième exemplaire se trouve sur la page suivante (merci de ne pas regarder ce que répond l'autre !).

Attribuez à chaque caractéristique une note comprise entre 1 (sans aucune importance) et 4 (très importante).

Vous

1. Sens de l'humour ....
2. Ambitieux(euse) et travailleur(euse) ....
3. Goûts similaires en matière de musique, de films, de livres, etc. ....
4. Beauté ....
5. Avenant(e)/sociable ....
6. Soigneux(euse) et ordonné(e) ....
7. Potentiel salarial élevé ....
8. Désir d'avoir des enfants ....
9. Opinions politiques et religieuses similaires ....
10. Peu de partenaires sexuels antérieurs ....

11. Attitude similaire vis-à-vis du tabac et de l'alcool .....
12. Caractère enjoué.........

Enfin, votre partenaire idéal devrait :
(a) avoir le même âge que vous ....
(b) être plus âgé ....
(c) être plus jeune ....
Pour **(b)** ou **(c)**, de combien d'années ....

Votre partenaire

Attribuez à chaque caractéristique une note comprise entre 1 (sans aucune importance) et 4 (très importante).

1. Sens de l'humour ....
2. Ambitieux(euse) et travailleur(euse) ....
3. Goûts similaires en matière de musique, de films, de livres, etc. ....
4. Beauté ....
5. Avenant(e)/sociable ....
6. Soigneux(euse) et ordonné(e) ....
7. Potentiel salarial élevé ....
8. Désir d'avoir des enfants ....
9. Opinions politiques et religieuses similaires ....
10. Peu de partenaires sexuels antérieurs ....
11. Attitude similaire vis-à-vis du tabac et de l'alcool ......
12. Caractère enjoué ....

Enfin, votre partenaire idéal devrait :
(a) avoir le même âge que vous ....
(b) être plus âgé ....
(c) être plus jeune ....
Pour **(b)** ou **(c)**, de combien d'années ....

RÉPONSES

Si toutes les caractéristiques listées ci-dessus exercent probablement une certaine influence sur le choix d'un partenaire, s'agissant des buts poursuivis dans cette section, la plupart ne visaient qu'à brouiller les pistes. En réalité, cinq questions seulement nous intéressent ici. Vous pourrez comparer l'importance que vous-même et votre partenaire accordez à ces caractéristiques clés en remplissant le tableau ci-dessous. Il conviendra également d'indiquer le sexe de chacun.

	Vous	**Votre partenaire**
Sexe	Homme / Femme	Homme / Femme
Ambitieux(euse) et travailleur(euse)		
Beauté		
Potentiel salarial élevé		
Peu de partenaires sexuels antérieurs		
Différence d'âge idéale	.... ans de plus/ de moins	.... ans de plus/ de moins

Que donne la confrontation de vos notes ? Le cliché veut bien entendu que les hommes choisissent des partenaires plus jeunes, belles et avec peu de relations antérieures, alors que les femmes opteraient pour des partenaires plus âgés, ambitieux et aux revenus élevés[1]. Mais y a-t-il quoi que ce soit de vrai là-dedans ?

Nous répondrons par un « oui » franc et catégorique. Alors que les études psychologiques montrent souvent qu'un grand nombre de nos intuitions, basées sur le « bon sens », sont totalement erronées, ce cliché-là s'avère pour une fois globalement exact. Sur plus d'un millier d'Américains soumis au même type de questionnaires que celui que vous venez de remplir, on a constaté que les hommes attribuaient bel et bien plus d'importance que les femmes à la jeunesse, à la beauté et à la chasteté, tandis que les femmes accordaient davantage d'intérêt que les hommes à l'ambition et aux revenus potentiels, et préféraient en outre un partenaire plus âgé (si vous êtes impatient de découvrir ce qui définit exactement la « beauté », jetez donc un œil à la section « Qu'y a-t-il dans un visage ? »).

Je sais ce que vous pensez : qu'il n'existe sans doute aucun pays au monde où l'on attache autant de valeur au physique des femmes et au potentiel salarial des hommes qu'aux États-Unis ? Qu'il doit forcément se trouver certaines cultures où les femmes plus âgées sont appréciées pour leur sagesse et n'ont que l'embarras du choix parmi de jeunes et beaux éphèbes sans expérience ?

Eh bien ce n'est pas le cas. Ou du moins, si de telles cultures existent, elles n'étaient pas représentées parmi les trente-six autres également réunies lors de cette enquête. Dans tous les groupes sans exception, la beauté a été jugée plus importante par les hommes que par les femmes, et inversement pour le potentiel de revenus. L'écart entre les sexes fut beaucoup moins évident en ce qui concerne l'ambition et l'ardeur au travail, mais néanmoins, trois cultures seulement n'ont pas produit le schéma prévu : l'Espagne, la Colombie et les Zoulous d'Afrique du Sud (peut-être, dans ce dernier cas, parce que ce sont les femmes zouloues qui bâtissent le logement familial et qui assument d'autres tâches pénibles comme les corvées d'eau). Les différences interculturelles compliquent quant à elles la question des partenaires sexuels antérieurs. Dans un grand nombre des sociétés étudiées, on estime important que chacun des deux partenaires reste vierge jusqu'au mariage, souvent pour des raisons religieuses. Cependant, dans tous les pays où l'on a pu observer une différence significative entre les sexes, il est apparu que la virginité d'un partenaire (ce questionnaire demandait l'importance accordée à l'absence de toute expérience sexuelle) comptait davantage pour les hommes que pour les femmes.

Sur le plan de la différence d'âge, les hommes ont indiqué dans tous les pays qu'ils préféraient des femmes plus jeunes qu'eux, le plus grand écart souhaité ayant été observé en Zambie et au Nigeria (entre six et sept ans) et le plus petit, de loin, en Finlande (autour de cinq mois). Quel que soit le pays, les femmes préféraient également les hommes plus âgés, avec un écart maximal en Iran (cinq ans) et minimal au Canada francophone (juste en dessous de deux ans). En moyenne, les hommes aiment les femmes qui ont 2,66 ans de moins qu'eux, tandis que les femmes aiment les hommes qui en ont 3,42 de plus.

Mais pourquoi les hommes apprécient-ils les jeunes pucelles séduisantes et les femmes les ambitieux bosseurs plus âgés ? La plupart des gens ont au moins vaguement connaissance de la *théorie de l'investissement parental et de la sélection sexuelle* avancée par le biologiste Robert Trivers dans les années 1970. L'idée est que la conception d'un enfant se montre très « coûteuse » pour les femmes, qui doivent non seulement y consacrer neuf mois de leur vie mais accepter aussi tous les efforts, tous les désagréments et toutes les occasions manquées qui vont avec. Si l'enfant ne survit pas, tout cet investissement se retrouve perdu. Aussi s'avère-t-il extrêmement important, du point de vue de la femme, de choisir un partenaire sexuel capable et désireux de protéger, de nourrir et plus généralement de subvenir aux besoins de l'enfant, de manière à assurer sa survie. Dans le monde moderne, ces qualités correspondent fondamentalement à quelqu'un d'ambitieux doté d'un potentiel salarial élevé, ce qui signifie d'ordinaire quelqu'un de plus âgé.

Pour les hommes, la conception d'un enfant ne réclame que quelques minutes d'efforts, le plus souvent parfaitement agréables. Sur le seul plan de l'évolution, si un enfant donné ne survit pas, l'investissement perdu reste dès lors très faible. D'où le fait qu'il n'existe pour les hommes aucune motivation particulière à rechercher des femmes capables de protéger et de pourvoir aux besoins de leur progéniture. Une meilleure stratégie (là encore uniquement en termes d'évolution) consiste plutôt à s'accoupler avec un grand nombre de femmes jeunes et fertiles. Comment les hommes peuvent-ils les repérer ? En traquant les traits physiques associés à la jeunesse – peau lisse, cheveux brillants, lèvres pulpeuses, etc. Et selon la théorie, les hommes trouveraient donc ces traits-là attirants pour l'unique raison qu'ils constituent des indices de jeunesse et de fertilité.

Mais pourquoi ont-ils de tout temps valorisé non seulement la jeunesse mais aussi la virginité ? C'est que de manière générale, l'investissement des hommes vis-à-vis de leurs enfants ne se cantonne pas à l'acte de procréation ; la plupart sacrifient du temps et des ressources pour en prendre soin après leur naissance. Or le désastre absolu, en termes d'évolution, serait de s'investir à ce point dans la descendance d'un autre plutôt que dans la sienne. Avant l'avènement des tests de paternité, le seul moyen pour un homme de s'assurer qu'un enfant était bien de lui consistait à ne s'accoupler qu'avec des femmes manifestement vierges.

On pourrait penser que tout ceci n'était valable qu'à l'époque lointaine de Fred et de Wilma Pierrafeu. De nos jours, si une femme travaille et gagne bien sa vie, pourquoi aurait-elle besoin d'un homme au salaire élevé pour entretenir ses enfants ? Et si elle utilise un moyen de contraception, la capacité de son partenaire à être un bon père devient de fait sans importance – à tout prendre, autant coucher avec l'homme le plus beau possible. De la même manière, si un homme utilise un moyen de contraception, pourquoi devrait-il être attiré par les femmes qui présentent des signes de fertilité ?

Ces objections méconnaissent le fonctionnement de l'évolution. Il ne s'agit pas de dire que les hommes recherchent aujourd'hui consciemment les femmes les plus fertiles. Ils courtisent les femmes qu'ils trouvent physiquement attirantes. Et il se trouve simplement – du fait de l'évolution – que les femmes qui leur plaisent sont celles qui ont l'air jeunes et fertiles.

Mais sommes-nous réellement à ce point esclaves de l'évolution, incapables de contrer nos pulsions génétiques ? Sommes-nous restés bloqués à l'âge des cavernes ? Oui et non. D'un côté, de récentes enquêtes du même type montrent que les femmes accordent plus d'importance qu'avant au physique, et les hommes au potentiel salarial. D'un autre côté, certaines différences perdurent. Une grande enquête en ligne publiée en 2007 a révélé que les hommes jugeaient encore la « beauté » et l'« attrait du visage » plus importants que les femmes, tandis que pour ces dernières, la fiabilité, l'honnêteté et la gentillesse (sans oublier l'humour) comptaient davantage. « Plus ça change, plus c'est la même chose. »

Terminons néanmoins par un constat réconfortant issu de la même enquête. En dépit de ces différences, tous les groupes – hommes et femmes, homosexuels et hétérosexuels – ont classé l'intelligence, l'humour, l'honnêteté et la gentillesse parmi les six traits les plus importants. N'est-ce pas tout à fait adorable ?

LE MASSACRE DE LA SAINT-VALENTIN

Lisez la description ci-dessous (en l'adaptant à votre sexe), puis répondez aux questions qui suivent.

Nicolas/Nicole, âgé(e) de vingt ans, étudie l'anglais dans votre université et envisage également de suivre une option en histoire. Il/elle vit en colocation dans une maison de quatre chambres à proximité de l'université. Il/elle travaille à temps partiel au bureau d'accueil de l'établissement, et l'un de ses hobbies consiste à découvrir de nouvelles gastronomies. Il/elle aime aussi regarder la télé, s'efforce de fréquenter la salle de sport deux fois par semaine et adore aller voir ses groupes préférés en concert. Nicolas/Nicole est célibataire. Nous sommes le jour de la Saint-Valentin.

1. D'après vous, que va faire Nicolas/Nicole ce soir ? Prenez quelques minutes pour rédiger une brève description de sa soirée. Tâchez de remplir au moins cinq lignes.

....

....

....

....

....

....

....

....

....

2. Cette personne est-elle épanouie (entourez l'un des chiffres de 1 à 7 ci-dessous) ?

Pas du tout 1 2 3 4 5 6 7 Extrêmement

3. Cette personne est-elle heureuse ?

Pas du tout 1 2 3 4 5 6 7 Extrêmement

RÉPONSE

Bien entendu, puisque Nicole et Nicolas sont des personnages fictifs, vos réponses ne nous apprennent rien sur eux. Mais elles nous en disent beaucoup sur vous.

Les *célibataires* qui considèrent leur statut comme relativement permanent trouvent en général le/la célibataire Nicolas/Nicole plus heureux(se) et plus épanoui(e) (notes autour de 5 sur 7) que ceux qui l'envisagent comme une situation temporaire (autour de 4 sur 7), et sont davantage enclins à décrire une soirée amusante. Les *couples* qui considèrent leur statut comme relativement permanent trouvent en général le/la célibataire Nicolas/Nicole moins heureux(se) et moins épanoui(e) (environ 4 sur 7) que ceux qui l'envisagent comme une situation temporaire (autour de 5 sur 7), et sont davantage enclins à décrire une soirée déprimante.

Si l'on modifie l'histoire de telle sorte que notre héros (héroïne) soit engagé dans une relation amoureuse, les résultats s'inversent. Les couples permanents et les célibataires temporaires décrivent désormais Nicolas/Nicole comme plus heureux(se) que les couples temporaires et les célibataires permanents. En résumé, qu'ils soient célibataires ou en couple, les gens qui estiment que leur statut actuel est permanent et immuable l'envisagent généralement comme quelque chose de souhaitable pour les autres. Inversement, ceux qui prévoient d'en changer rapidement le considèrent en général peu souhaitable pour autrui. En d'autres termes, comme l'expriment les auteurs de l'étude : « La manière dont je vis [où dont je vais bientôt vivre] devrait aussi être la vôtre. »

Dès qu'une personne s'achète un nouveau téléphone, un nouvel ordinateur ou une nouvelle voiture, n'avez-vous jamais remarqué qu'elle essaie invariablement de persuader tout un chacun d'acquérir exactement le même modèle, sans se soucier qu'il corresponde ou non à ses besoins ou à son budget ? Et l'acheteur en puissance d'objecter alors que l'autre n'est qu'un idiot parce qu'il n'a pas su dénicher l'affaire dont il prévoit, lui, de profiter. Nous y sommes : la manière dont je vis devrait aussi être la vôtre. Voilà qui peut s'avérer très agaçant. Alors pourquoi nous comportons-nous ainsi ? Dans de nombreux cas, la raison en est que le coupable éprouve ce qu'on appelle une *dissonance cognitive*, et s'efforce de se convaincre lui-même que sa décision – qu'il s'agisse de poursuivre une relation ou d'acheter tel téléphone en particulier – est effectivement la meilleure.

Le terme de « dissonance cognitive » a été introduit par Leon Festinger, qui réalisa en 1959 une célèbre démonstration du phénomène. Les participants devaient accomplir des tâches extrêmement fastidieuses (comme visser des crochets sur un panneau perforé) et recevaient alors de 1 à 20 dollars pour convaincre un nouveau sujet potentiel que le travail était amusant et intéressant. L'idée était d'amener les participants initiaux à ressentir cet état d'inconfort qui apparaît quand notre situation, nos actes ou nos affirmations publiques (dire par exemple « cette tâche est amusante ») viennent contredire nos convictions (« cette tâche est ennuyeuse ») : un état de *dissonance cognitive*. On leur demanda ensuite d'attribuer une note à la tâche effectuée. Ceux qui avaient reçu 1 dollar pour mentir l'estimèrent moins ennuyeuse que ceux qui en avaient reçu 20. Festinger expliqua que les participants du groupe à 1 dollar réduisaient leur dissonance cognitive (« la tâche était ennuyeuse, mais j'ai dit qu'elle était amusante ») en se convainquant eux-mêmes que la tâche n'était en fait pas si pénible que cela. Le groupe à 20 dollars disposait quant à lui d'un moyen bien plus simple d'échapper à la dissonance cognitive (« la tâche était ennuyeuse, j'ai dit qu'elle était amusante... mais uniquement parce qu'on m'a payé cher pour le faire ! »).

Une dissonance cognitive survient donc chaque fois que notre situation, nos actes ou nos affirmations publiques (« je suis en couple et c'est fantastique », par exemple) entrent d'une manière ou d'une autre en conflit avec nos convictions profondes (« être célibataire le jour de la Saint-Valentin, ce doit être amusant »). L'effet Nicole/Nicolas – autrement dit, le fait pour les gens de juger leur propre situation maritale, actuelle ou prévue, comme étant la meilleure – se produit parce qu'il s'avère bien plus facile de modifier nos convictions (« finalement, se retrouver seul à la Saint-Valentin doit sans doute être déprimant ») que de changer de situation (« mon amour, je te quitte »). Si la situation vécue ne peut être changée (on vient par exemple d'acheter un iPhone) et que l'on finit par développer une conviction contradictoire (« ce Samsung m'a l'air d'être une bien meilleure affaire »), la seule alternative possible consiste à modifier cette conviction (« en fait, les modèles Samsung ne sont pas si bons ») ou à s'accommoder de notre dissonance cognitive.

Voilà pourquoi les questionnaires de satisfaction me rendent fou. Si vous avez déjà dépensé beaucoup de temps et d'argent pour sortir dîner, suivre une formation ou obtenir un diplôme universitaire, et que vous commencez à éprouver une conviction contradictoire (« ce n'était vraiment pas terrible »), vous serez bien plus enclin à modifier cette conviction (« finalement, tout bien pesé, c'était plutôt pas mal ») qu'à supporter la dissonance cognitive et à donner de mauvaises évaluations. Si votre restaurant reçoit des commentaires négatifs, vous pourrez donc toujours essayer de gonfler les prix : peu de gens seront prêts à admettre qu'ils ont payé 200 € pour un repas minable.

LE TEST DU THÉ

Les nouveaux étudiants en psychologie sont souvent saisis d'effroi lorsqu'ils découvrent qu'ils doivent suivre un cours de statistiques et apprendre à réaliser eux-mêmes des tests. Pourquoi donc leur fait-on subir cela ? Quel est l'intérêt des tests statistiques ? Et d'ailleurs, de quoi s'agit-il vraiment ?

Pour tâcher de l'expliquer, j'aimerais vous ramener à l'époque de mon enfance. Quand j'étais petit, dans le sud-est de l'Angleterre, j'entendais régulièrement à la maison cette même rengaine : « Une tasse de thé, Ben, je te prie ; avec le lait d'abord. » Aujourd'hui encore, ma mère jure ses grands dieux que le thé est meilleur si on verse le lait en premier et continue de goûter du bout des lèvres la moindre tasse qu'on lui offre pour vérifier que la règle a bien été respectée. Même si mes tentatives pour la duper et lui faire accepter un thé préparé dans l'autre sens échouaient la plupart du temps (peut-être en raison de mon air coupable), je restais d'ordinaire plutôt sceptique quand elle affirmait pouvoir faire réellement la différence.

Un biologiste renommé, Sir Ronald Fisher (1890-1962), avait vécu une expérience similaire avec l'une de ses collègues, le Dr Muriel Bristol-Roach, et s'était montré pareillement dubitatif. Au lieu de grommeler entre ses dents et de refuser de préparer le thé, il s'était assis à son bureau et avait imaginé un test statistique qui permettrait de trancher la question une bonne fois pour toutes : le « test exact de Fisher[1] ». Il servit à Muriel Bristol-Roach huit tasses de thé, en lui indiquant que le lait avait été versé avant dans quatre d'entre elles et après dans les quatre autres, et lui demanda de les distinguer.

Tout cela est bien joli, mais à quel moment les statistiques interviennent-elles là-dedans ? Eh bien imaginons que notre goûteuse tombe juste pour quatre tasses et se trompe pour les quatre restantes (soit un taux de réussite de 50 %). En déduiriez-vous qu'elle sait faire la différence entre un thé où le lait a été versé avant et un thé où le lait a été versé après ? Bien sûr que non ; on voit bien qu'il suffirait de tirer chaque tasse à pile ou face pour espérer tomber juste la moitié du temps, par le seul effet du hasard. Qu'en serait-il si elle trouvait cinq tasses et se trompait pour trois ? Là non plus, nous n'irions pas jusqu'à dire qu'elle sait faire la différence, car il suffirait d'avoir à peine un peu plus de chance que la moyenne à pile ou face pour obtenir le même résultat. Et si elle donnait six bonnes réponses et deux mauvaises ? Ou sept bonnes réponses et une seule mauvaise ? Ou huit bonnes réponses sans aucune erreur ? Combien de tasses notre goûteuse devrait-elle identifier correctement avant que nous en déduisions qu'elle est réellement capable de les différencier et qu'il ne s'agit pas simplement d'un coup de chance ?

Le test de Fisher[2] a pour but de répondre à cette question. Il s'avère que la probabilité d'obtenir par pur hasard huit bonnes réponses sur huit, en tirant à pile ou face, est de 1 sur 70, soit 0,014 (c'est-à-dire 1 divisé par 70)[3]. Les scientifiques utilisent pour désigner cette probabilité le nom de « *valeur-p* » (« p » comme « probabilité »). Cela étant, on ne peut jamais totalement exclure la possibilité qu'un résultat donné – comme celui de tomber juste pour les huit tasses – ne soit dû qu'à un simple hasard ; la personne qui tire à pile ou face peut fort bien avoir été extrêmement chanceuse. Les scientifiques ont donc préféré convenir d'une règle empirique, connue sous le nom de $p < 0,05$: si la probabilité d'obtenir un résultat donné par pur hasard (trouver correctement les huit tasses) est inférieure à 1 sur 20 (soit 0,05) et que ce résultat se produit néanmoins, on admet alors comme une quasi-certitude qu'il n'est pas seulement le fruit du hasard. On le considère en d'autres termes comme *statistiquement significatif*.

Venons-en donc à la conclusion de notre exemple de dégustation de thé. L'histoire raconte que le Dr Bristol-Roach identifia bel et bien correctement les huit tasses. Étant donné que la probabilité de les trouver toutes les huit par pur hasard – 1 chance sur 70 ($p = 0,014$) – était manifestement inférieure à notre seuil de 1 sur 20 (soit $p < 0,05$), on admet que ce résultat ne fut pas uniquement le fruit du hasard et que le Dr Bristol-Roach... roulements de tambours, s'il vous plaît... était véritablement capable de détecter si l'on avait versé le lait en premier dans la tasse ou pas[4]. Score final : 1 à 0 pour ma maman.

Maintenant que vous savez tout cela, vous pouvez organiser chez vous votre propre concours de dégustation. Vous n'aimez pas le thé ? Eh bien vous aurez peut-être envie de découvrir si vous êtes en mesure de distinguer le Pepsi du Coca-Cola, les boissons allégées des boissons ordinaires, les produits alimentaires de grandes marques de leurs équivalents de supermarché, ou même – à réserver aux adultes – le vin rouge du vin blanc (ce qui se révèle étonnamment difficile si les deux sont bien frais). Rappelez-vous simplement ceci : avec huit verres, il vous faudra tous les identifier correctement pour battre le hasard de manière significative. Si vous avez très soif et que vous portez le nombre de verres à dix, vous n'aurez besoin d'en deviner que neuf (mais il vous faudra aussi beaucoup de cola et une vessie solide).

Au bout du compte, il faut être bien conscient que cette idée de vérifier si, d'un groupe à l'autre, des différences apparemment révélatrices pourraient résulter du seul hasard – pratique qui va de soi dans toutes les sciences – n'est pas encore entrée dans l'esprit du public. Les journaux présentent toujours comme probantes de minuscules différences qui ont toutes les chances de n'être que pur hasard. Pire encore, j'ai vu des articles dans lesquels les propos d'un chercheur, affirmant par exemple qu'une augmentation minime des taux de criminalité n'était pas « statistiquement significative », se trouvaient dépeints comme le plaidoyer pro domo d'un expert bien décidé à cacher la vérité. Or la vérité, c'est que si l'augmentation des taux de criminalité n'est pas statistiquement significative, il n'y a aucune raison de penser qu'ils aient en réalité connu la moindre variation.

Alors oui – comme le veut le cliché –, il y a les mensonges, les gros mensonges et puis il y a les statistiques[5]. Cependant ce n'est pas quand on utilise les statistiques que l'on profère les plus gros mensonges, mais quand on les ignore.

LIRE ET RECTIFIER

Vite, que dit ce panneau ?!

Comment se fiat-il qu'on piusse lrie un mot snas torp de mal qaund tutoes les letrtes à l'ietniérur snot menélagés ?

RÉPONSE

Si vous avez eu beaucoup de mal à lire cette phrase, c'est probablement que vous la « surlisez ». Si vous la décortiquez lentement en prononçant chaque mot lettre à lettre, vous n'obtiendrez qu'un vaste salmigondis. Si au contraire vous la parcourez très vite, en ne jetant qu'un bref coup d'œil à chaque mot, vous pourrez la lire avec une étonnante facilité.

Que se passe-t-il ici ? Lorsqu'on lit, une majorité de gens pensent qu'on prononce mentalement chaque lettre – c, h, a, t – avant de relier tous ces sons pour reconnaître le mot (chat). Même si c'est effectivement ainsi que les lecteurs débutnats apprennent en général à lire, la plupart des adultes ont depuis longtemps abandonné cette stratégie, du moins dans leurs lectures quotidiennes oridnaires (on la garde en réserve pour les mots étrangers, nouveaux ou peu connus). Elle se trouve remplacée par un processus d'identification des mots entiers, hautement automatisé et extrêmement rapide. Il nous faut généralement moins d'un cinquième de seconde pour reconnaître un mot. Comment peut-on aller aussi vite ? La réponse semble être qu'on ne procède pas, comme on pourrait l'imaginer, en rapprochant le mot imprimé sur la page d'une représentation parfaite qui serait stockée dans notre cerveau :

Mot imprimé **Représentation**

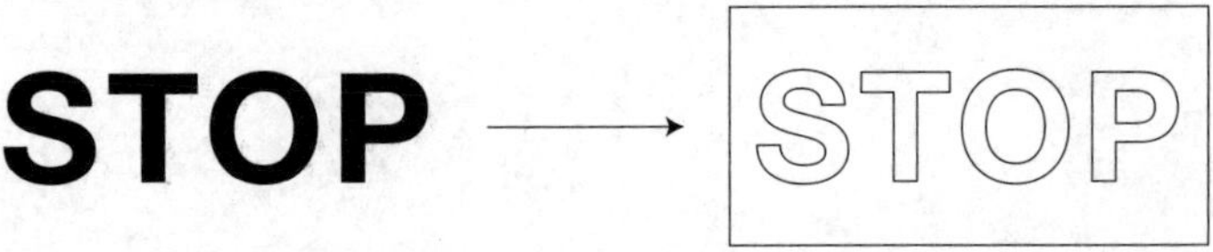

Il semblerait plutôt que cette représentation contienne uniquement (a) les lettres pertinentes et (b) des repères indiquant leurs positions approximatives[1].

Mot imprimé **Représentation**

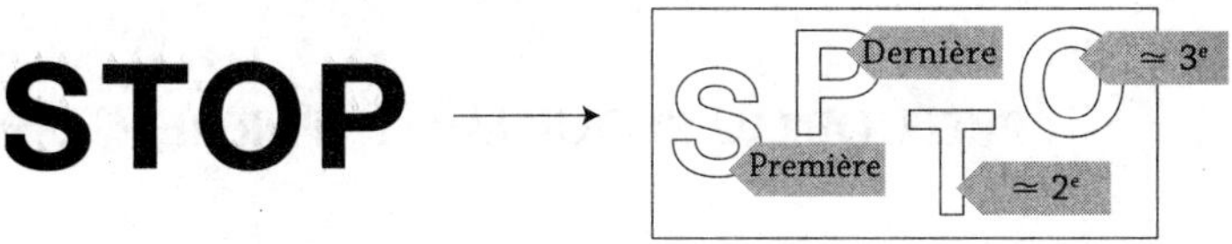

Cela paraît de prime abord un peu étrange. Ne serait-il pas plus logique de stocker la représentation exacte de chauqe mot ? Peut-être bien, mais bonne chance pour y parvenir. Prenons un mot relativement long comme « satisfaction ». Même s'il n'est, toutes proportions gardées, pas si long que cela (rien à voir avec « anticonstitutionnellement »), vous n'avez pratiquement aucnue chance de mémoriser la position exacte de chaque lettre (essayez donc de dire très vite à quelle place se trouve le « c »). Tout ce que vous pouvez stocker, ce ne sont que de vagues informations de positionnement (« il se situe vers la fin du mot »). Quand vous rencontrez un mot en désordre comme « sotp », il en résulte qu'il correspond plutôt bien à votre représentation mentale « stop » et que son identification s'effectue par suite relativement facilement, surtout si vous disposez d'éléments de contexte tels qu'une phrase ou – par exemple – un panneau routier à la forme caractéristique.

À titre de preuve : avez-vous repéré dans ce passage les quatre mots dont les lettres étaient mélangées[2] ?

—

FNI

PRÉLUDE OU REQUIEM ? (1re PARTIE)

Q : Pourquoi Mozart va-t-il ouvrir la porte ?
R : Parce que Mendelssohn.

Désolé. Une autre :

Q : Que fait Mozart de nos jours ?
R : Il décompose.

Bon d'accord, excusez-moi. Il m'est impossible d'introduire cette section en vous expliquant ce dont il s'agit, sinon ça ne fonctionnera pas. Vous devrez donc vous satisfaire de ces plaisanteries lamentables.

Trêve de blabla. Pour cette section, vous aurez besoin d'un enregistrement de la sonate pour deux pianos en ré majeur de Mozart (K.448). Il en existe une multitude de versions sur Internet, mais tâchez si possible d'en trouver une qui comprenne les deux mouvements. Bien que ce ne soit pas indispensable, il serait également bon de récupérer l'enregistrement d'un exercice de relaxation. Là encore, on en déniche assez facilement en ligne, mais l'important est qu'il ne contienne aucune musique – uniquement des paroles apaisantes (« concentrez-vous sur votre respiration, sentez votre corps s'enfoncer profondément dans votre fauteuil »… vous voyez le genre).

Écoutez pour commencer la pièce de Mozart pendant dix minutes. Ne lisez pas, ne consultez pas vos e-mails et ne regardez pas non plus la vidéo qui accompagne éventuellement la musique ; contentez-vous de rester tranquille et d'écouter. Une fois les dix minutes écoulées, regardez la page suivante et réalisez le test proposé.

PRÉLUDE OU REQUIEM ? (2e PARTIE)

Ce test consiste à imaginer l'aspect final, une fois déplié, d'un morceau de papier qu'on aura d'abord plié puis découpé. Étudiez l'exemple ci-dessous pour vous entraîner.

Entraînement n° 1

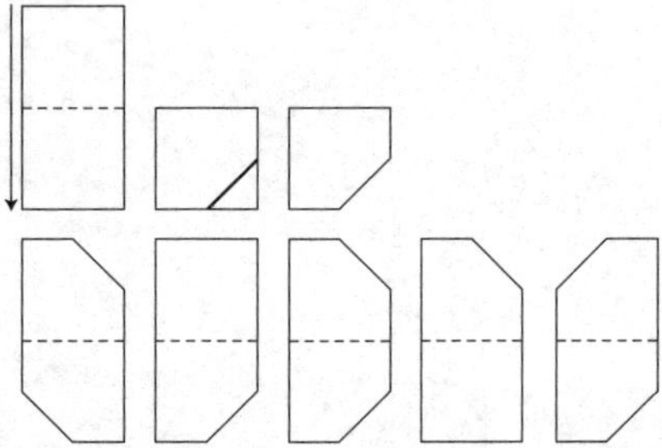

A B C D E

La moitié supérieure de l'illustration décrit la méthode de pliage et de découpage suivie. On commence, comme le montre la flèche, par *plier* en deux un rectangle de papier long et étroit. On *découpe* ensuite ce papier plié, en éliminant dans le cas présent le coin inférieur droit, comme indiqué sur le deuxième schéma (les lignes de coupe sont représentées en gras). Le dernier schéma en haut à droite montre l'apparence définitive du morceau de papier plié et découpé. Votre tâche consiste à imaginer à quoi il ressemble si on le déplie, et à choisir la réponse correcte parmi celles (de A à E) proposées dans la moitié inférieure de l'illustration (les lignes en pointillé figurent la marque du pliage). Pour cet exemple, la bonne réponse est la « C ». Si vous vous demandez pourquoi, vous devriez relire les explications. Quand vous aurez bien compris comment le test fonctionne, attelez-vous au deuxième entraînement.

Entraînement n° 2

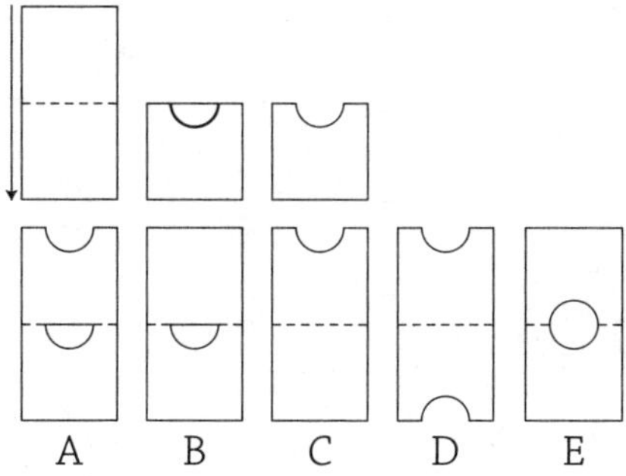

Celui-ci est un peu plus ardu, car la découpe se trouve sur la pliure. Mais il ne devrait pas être trop difficile pour vous de voir que la bonne réponse correspond à la figure « E ».

Maintenant que vous savez comment cela fonctionne, passez s'il vous plaît au test proprement dit, composé de six problèmes. Vous remarquerez qu'à la différence des exemples d'entraînement, certains comportent deux voire trois pliures. Pensez bien à noter pour chacun la réponse que vous aurez choisie, en l'entourant sur le livre ou en l'écrivant quelque part.

Test

1.

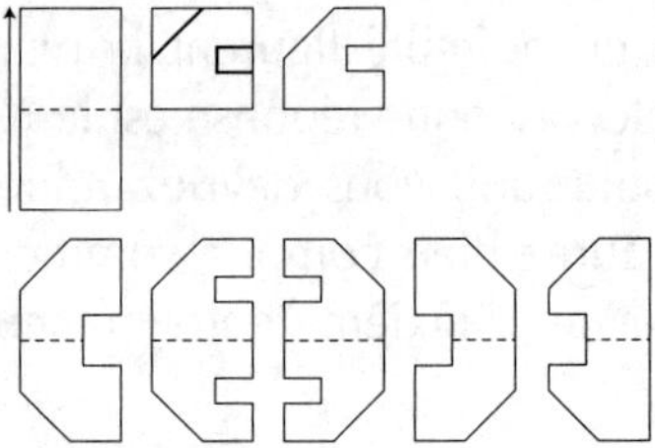

A B C D E

2.

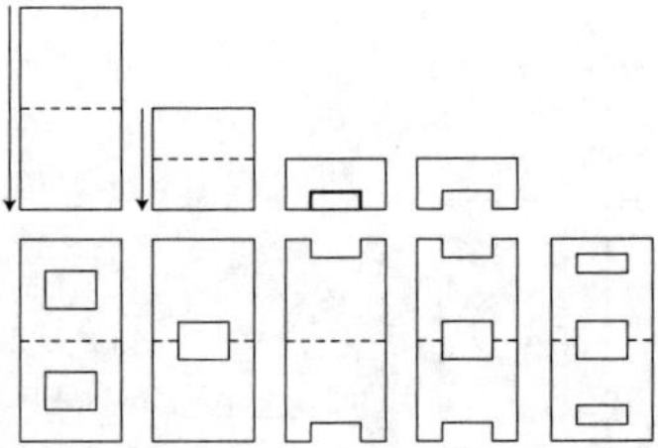

A B C D E

3.

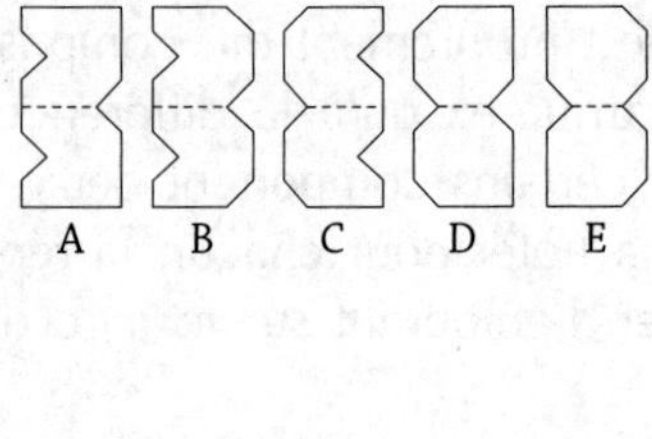

A B C D E

4.

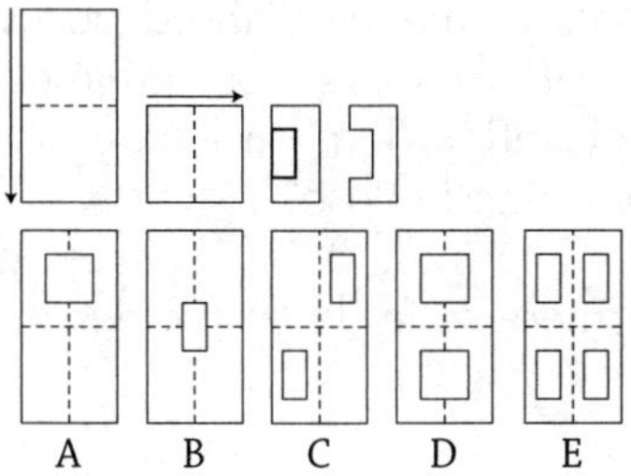

5.

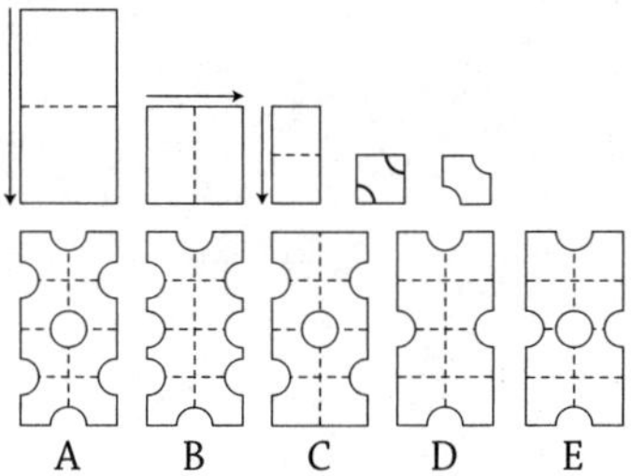

6.

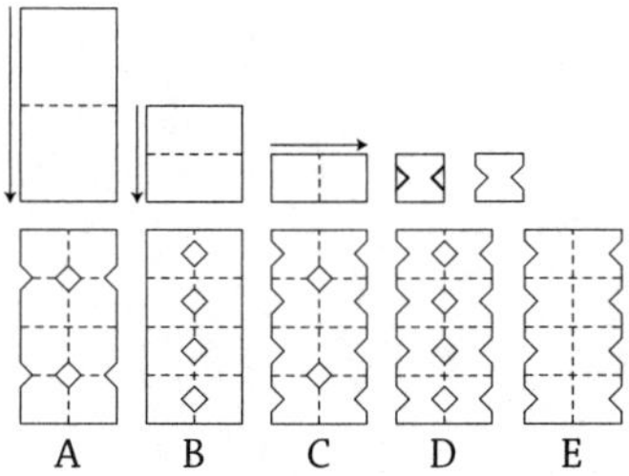

Ouf ! Difficile, n'est-ce pas ?

Avant de voir comment vous vous en êtes tiré, nous allons en essayer six de plus. Mais j'aimerais d'abord que vous restiez dix minutes assis en silence ou, si vous préférez, en écoutant un exercice de relaxation (l'un ou l'autre à votre guise, cela ne changera pas grand-chose).

C'est fait ? Alors, passez à présent à la 3e partie, pour résoudre la seconde et dernière série de problèmes.

PRÉLUDE OU REQUIEM ? (3e PARTIE)

1.

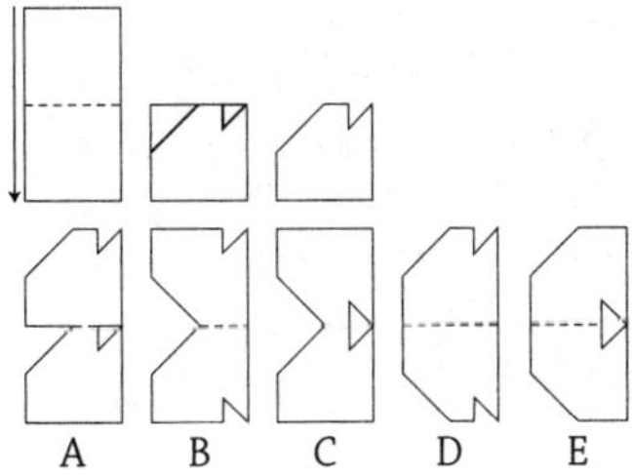

2.

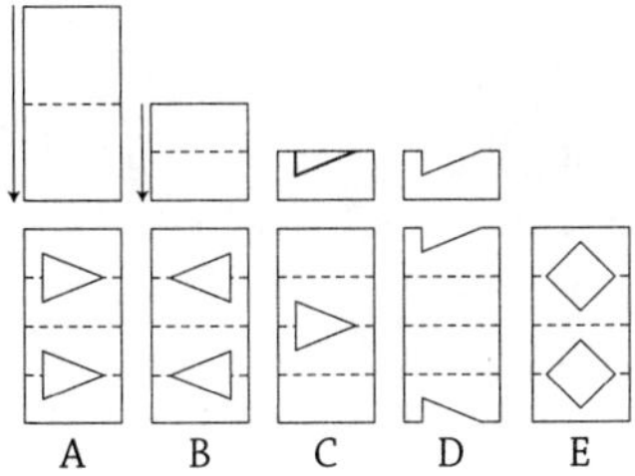

3.

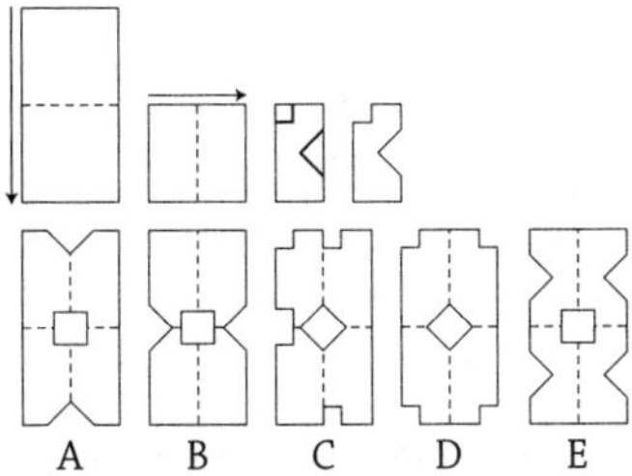

4.

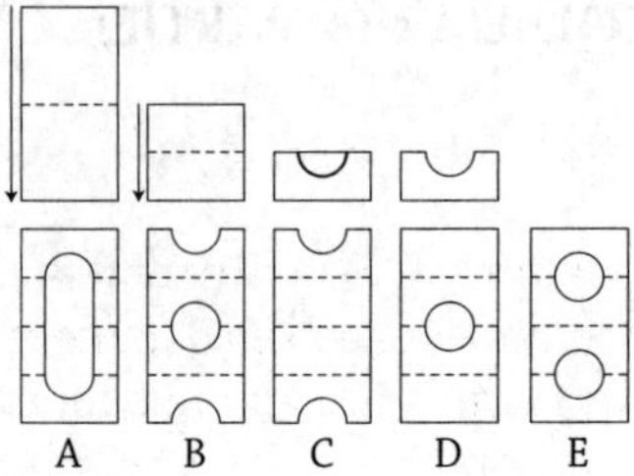

5.

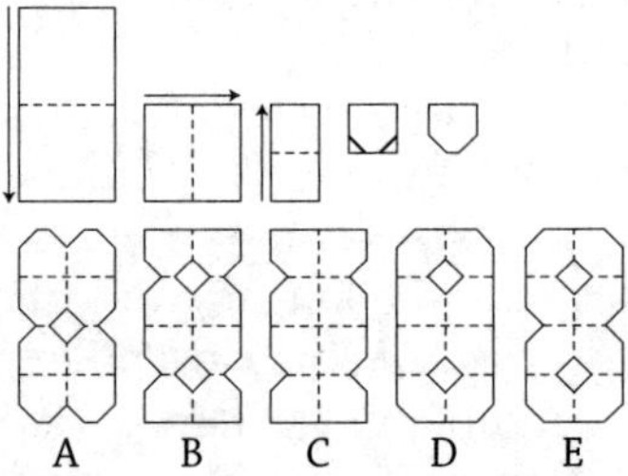

6.

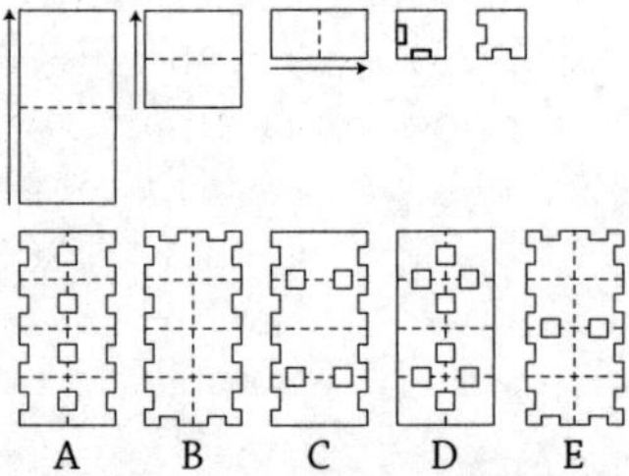

Regardez maintenant la page suivante pour découvrir comment vous vous en êtes sorti.

RÉPONSES

Série « Mozart » : B, A, C, D, A, D.
Série « silence/relaxation » : C, A, E, E, B, D.

Menée dans le cadre de conditions expérimentales (avec des problèmes de pliage et de découpage sensiblement plus nombreux, ainsi que quelques autres tests de raisonnement dans l'espace), cette étude a montré que les mêmes participants affichaient des performances bien meilleures après avoir écouté la pièce de Mozart qu'après être resté assis en silence ou en écoutant un exercice de relaxation (aucune différence entre ces deux options)[1].

Quand cette étude a été publiée, les choses ont pris des proportions un peu folles. Bien que l'expérience ait été réalisée sur des adultes (des étudiants d'université, en fait), et que ses auteurs n'aient fait aucune allégation à propos des bébés ou des enfants, le gouverneur de l'État de Géorgie, un certain Zell Miller, a décrété qu'il fallait distribuer gratuitement des CD de musique classique aux parents de chaque nouveau-né géorgien, dans l'optique de stimuler l'intelligence des petits. Un gourou autoproclamé de l'*Effet Mozart*™ nommé Don Campbell[2] a empoché des millions en éditant des CD à l'intention des enfants, des nourrissons et même des fœtus, mais aussi grâce à son livre : *The Mozart Effect: Tapping the Power of Music to Heal the Body, Strengthen the Mind, and Unlock the Creative Spirit* (littéralement *L'Effet Mozart : Exploiter le pouvoir de la musique pour guérir le corps, fortifier l'esprit et libérer la créativité*)[3]. Comme le suggère le titre, les prétentions de Campbell dépassaient de beaucoup la simple résolution de problèmes visio-spatiaux (ironiquement, l'écoute des œuvres de Mozart ne semble pas avoir guéri le propre corps du compositeur, qui souffrit tout au long de sa vie de multiples affections – petite vérole, bronchite, pneumonie ou encore rhumatismes).

D'autres sont allés encore plus loin. Un article publié dans un journal britannique a recensé d'innombrables tentatives destinées à mettre en évidence un effet Mozart, notamment afin – tenez-vous bien – d'améliorer le comportement en classe, de diminuer les bousculades entre piétons, de débarrasser les rues des revendeurs de drogues, de réduire la violence et le vandalisme dans les gares, de calmer les chiens et d'augmenter la production de lait et d'œufs dans les exploitations agricoles. À part la dernière, toutes furent apparemment couronnées de succès.

L'effet Mozart s'est propagé dans la culture populaire et la plupart des gens se sont rangés dans l'un des deux camps suivants : celui qui estime qu'il a été largement démontré, ou celui qui pense au contraire qu'il a été totalement démenti. Comme c'est souvent le cas, la vérité est un peu plus intéressante et se situe quelque part entre les deux.

La découverte d'un effet Mozart (s'agissant en tout cas des exercices mentaux de pliage et de découpage chez les adultes) est en général bien étayée par les études ultérieures. Et ce n'est pas comme si n'importe quelle œuvre de musique classique pouvait faire l'affaire ; si l'on remplace le petit air enjoué de Mozart par le triste adagio d'Albinoni, l'effet disparaît. Pour autant, l'idée que la musique de Mozart posséderait quelque chose de particulier susceptible de rendre les gens plus intelligents reste presque assurément fausse. La même étude a révélé que l'effet Mozart s'observait uniquement chez les gens qui appréciaient le morceau, et que celui-ci les mettait en éveil et les rendait joyeux. Si vous n'êtes pas fan de Mozart, désolé : il n'y aura pas d'effet Mozart pour vous. Une autre étude menée par la même équipe a montré que cet effet bénéfique restait présent si l'on remplaçait la sonate de Mozart par une autre pièce entraînante (la *Fantaisie* pour piano de Schubert) ou même par une nouvelle de Stephen King (*Le Dernier Barreau de l'échelle*). D'ailleurs, les participants qui préféraient la nouvelle à la sonate présentaient avec la première une amélioration plus marquée de leurs résultats qu'avec la seconde.

Donc, pour reprendre le titre d'une synthèse résumant les principales études sur le sujet : prélude ou requiem pour l'effet Mozart ? Tout dépend. Écouter une œuvre qui vous plaît – du Mozart si vous aimez Mozart, une nouvelle de Stephen King si vous aimez les nouvelles de Stephen King – vous apporte un bref coup de fouet et stimule ainsi temporairement votre cerveau, du moins pour cette gamme de tâches assez étroite axée sur le raisonnement dans l'espace. Mais il n'y a aucune raison de croire que cela puisse vous rendre plus intelligent.

Ou – si vous êtes une poule – vous faire pondre davantage d'œufs.

LE PATIENT

Alerte ! Les scientifiques ont découvert qu'une nouvelle maladie était en train de se répandre à travers le pays. La mauvaise nouvelle, c'est qu'elle provoque divers types de cancer. La bonne nouvelle, c'est qu'elle est plutôt rare : elle ne touche qu'une personne sur 10 000. Comme la maladie ne s'accompagne d'aucun symptôme, les autorités sanitaires ont élaboré un test de dépistage. Il n'est certes pas parfait, mais il donne un résultat exact pour 99 personnes testées sur 100 (soit un taux de fiabilité de 99 %).

Un million d'individus s'y soumettent dès la première semaine, vous y compris. Catastrophe ! Le test indique que vous êtes malade. Mais rappelez-vous qu'il n'est pas parfait. Compte tenu de ce résultat, quelle est votre probabilité d'être effectivement atteint ?

(a) 99 chances sur 100 (soit 99 %)
(b) 98 chances sur 100 (soit 98 %)
(c) 10 chances sur 100 (soit 1 sur 10, soit 10 %)
(d) 1 chance sur 102 (soit 0,98 % – un peu moins de 1 %)

RÉPONSE

Tout le monde ou presque choisit la première réponse, car les gens s'arrêtent simplement au fait que le test donne un résultat exact dans 99 % des cas, et ne voient pas plus loin. Or ils sont dans l'erreur, puisqu'il faut non seulement tenir compte de l'exactitude du test, mais aussi du risque que vous avez au départ d'être infecté. Si vous avez choisi (d), peut-être parce que c'était la réponse qui semblait la moins plausible et que vous suspectiez un coup de bluff, félicitations : vous êtes tombé juste !

Avant de plonger tête baissée dans les calculs mathématiques (qui sont en réalité assez simples, bien que contraires à l'intuition), efforçons-nous de comprendre – en termes clairs – pourquoi la probabilité d'être malade s'avère bien inférieure aux 99 % que la plupart des gens choisissent.

Ce qu'il faut garder à l'esprit par-dessus tout, c'est que la maladie est au départ extrêmement rare. Avant même de penser au test, la probabilité que vous soyez infecté n'est donc que de 1 sur 10 000. Dès lors, même s'il y a très peu de chances que le résultat du test soit erroné (1 risque sur 100), cette éventualité demeure beaucoup plus probable que celle d'être effectivement malade (1 risque sur 10 000). À titre d'analogie (inspirée d'un *comic strip* connu[1]), imaginez que vous disposiez d'une machine capable de vous dire avec 99 % de certitude si le soleil va se lever demain. Et qu'elle vous indique aujourd'hui le contraire. Quel est le plus probable – que le soleil ne se lève pas demain, ou qu'il s'agisse de l'unique fois sur 100 où la machine s'est trompée ?

Pour en revenir à notre maladie, détaillons maintenant les calculs successifs qui permettront de voir que le ratio apparemment improbable de 1 sur 102 constitue bien la bonne réponse.

Sur un million de personnes soumises au test, seules 100 sont effectivement infectées (car la maladie ne touche qu'une personne sur 10 000, et qu'un million divisé par 10 000 égale 100). Puisque le test donne 99 % de résultats exacts, et donc 1 % de résultats erronés :

- 99 personnes INFECTÉES seront à juste titre déclarées MALADES (100 × 99 % = 99)
- 1 personne INFECTÉE sera déclarée à tort NON MALADE (100 × 1 % = 1)

Ce qui nous laisse 999 900 personnes non infectées (1 000 000 – 100). Puisque le test donne 99 % de résultats exacts :

- 989 901 personnes NON INFECTÉES seront à juste titre déclarées NON MALADES (999 900 × 99 % = 989 901)
- 9 999 personnes NON INFECTÉES seront déclarées à tort MALADES (999 900 × 1 % = 9 999)

Au total, combien de personnes sont donc déclarées malades ? La réponse est de 10 098 (99 qui le sont vraiment, auxquelles s'ajoutent 9 999 qui en réalité ne le sont pas). Et combien d'entre elles sont réellement infectées ? 99.

La probabilité qu'une personne déclarée malade le soit effectivement est donc de 99/10 098 = 0,0098 = 0,98 % = 1 chance sur 102.

Si vous trouvez cela déroutant, ne vous en faites pas : la plupart des psychologues aussi. En fait, l'immense majorité des tests statistiques utilisés en psychologie, comme d'ailleurs dans presque toutes les disciplines scientifiques, s'appuient très exactement sur ce raisonnement fautif qui conduit la plupart des gens à choisir comme réponse correcte 99 %[2]. Souvenez-vous par exemple du « Test du thé ». Le test mis en œuvre nous indiquait si vous étiez réellement capable de distinguer que le lait avait été versé avant ou après le thé, ou s'il ne s'agissait que d'un coup de chance. Nous avons vu que si vous identifiez correctement les huit tasses, il était fort peu probable qu'on ne le doive qu'à la chance.

Ce que nous avons cependant négligé, c'est la probabilité, au départ, qu'une personne sache discerner le lait versé avant du lait versé après (équivalente à la probabilité d'être infecté). S'il y a, en amont, des raisons de croire qu'une seule personne sur un million puisse faire la distinction, on exigera alors beaucoup plus que huit bonnes réponses consécutives avant d'admettre que vous n'avez pas simplement eu de la chance, mais que vous êtes bien l'un de ces très rares maîtres absolus du thé.

Alors pourquoi les études psychologiques (et plus inquiétant encore, la plupart des recherches médicales) utilisent-elles le mauvais type de tests ? L'une des raisons est qu'on dispose rarement des informations nécessaires pour appliquer les bons (savoir par exemple à l'avance combien de personnes peuvent distinguer le lait versé avant du lait versé après, ou le nombre de personnes infectées par une maladie – de fait, c'est souvent précisément ce que l'on cherche à découvrir). Une autre raison est que nous sommes simplement, nous autres psychologues, extrêmement figés dans nos habitudes, et que nous n'aimons pas le changement.

LE RADIOLOGUE

Un autre patient a contracté la maladie et se voit transporté à l'hôpital. On soupçonne un cancer des poumons. Une radio est effectuée, puis remise au radiologue : vous-même, comme vous l'aurez deviné. Vous devez fournir un diagnostic. Les taches de petite taille (autour de 3 cm de diamètre) sont en général des « nodules » bénins, mais toute tache de taille supérieure peut en revanche correspondre à une « masse pulmonaire » potentiellement cancéreuse. En gardant à l'esprit qu'il a ici fallu réduire le cliché, inspectez l'image et faites le compte des taches susceptibles d'être cancéreuses.

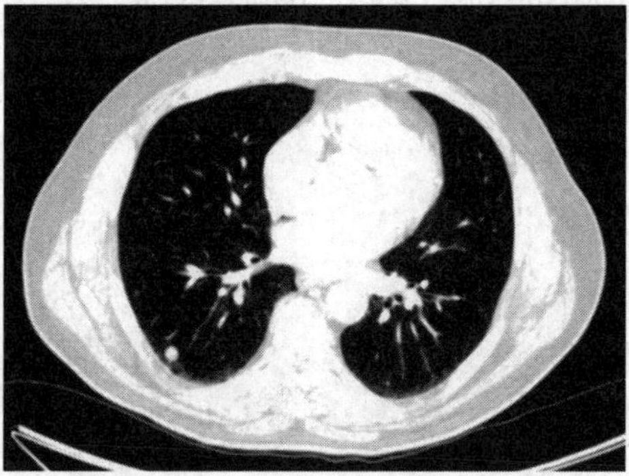

Vous avez terminé ? Regardez la page suivante pour vérifier votre diagnostic.

RÉPONSE

Oubliez le cancer : avez-vous vu le gorille ?

Sous l'influence des livres de Richard Wiseman et de Christopher Chabris et Daniel Simons[1], cette expression (« avez-vous vu le gorille ? ») est aujourd'hui entrée dans la conscience collective, notamment dans le monde anglo-saxon. Mais si l'invention du « gorille invisible » revient à Chabris et Simons, ce phénomène culturel date en réalité des années 1970. Il a été mis en évidence dans une étude méconnue du psychologue Ulric Neisser. Les participants visionnaient une vidéo montrant six personnes – trois vêtues d'un tee-shirt noir, les trois autres d'un tee-shirt blanc – en train de se faire des passes sur un terrain de basket, et devaient compter le nombre de passes effectuées par l'équipe blanche. Quelques secondes après le début de la vidéo, une femme munie d'un parapluie traversait tranquillement l'écran, en plein milieu de la partie. Or les participants étaient tellement pris par leur tâche que la plupart ne la remarquaient pas du tout. On a du mal à l'imaginer en le lisant, mais si vous regardez la vidéo[2], vous vous rendrez compte à quel point cette femme passe facilement inaperçue lorsqu'on se concentre sur les joueurs.

Le plus célèbre film de gorille invisible a été créé presque par accident. Chabris et Simons commencèrent par reproduire la version originelle de la femme au parapluie (avec néanmoins une réalisation un peu plus qualitative que les surimpressions fantomatiques de Neisser), en la remplaçant pour certaines prises par un gorille. En fin de tournage, comme il leur restait un peu de temps et de bande vierge, ils décidèrent de voir jusqu'où l'on pouvait pousser la chose en demandant au gorille de s'arrêter au milieu de la scène et de se frapper la poitrine, au lieu de traverser le plateau d'un trait. À leur grande stupéfaction, ils découvrirent que cela ne changeait pas grand-chose. La plupart des gens ne remarquaient toujours pas le gorille, même lorsqu'il s'arrêtait pour se cogner le poitrail devant la caméra, en restant neuf bonnes secondes à l'écran. De nos jours, beaucoup de gens ont entendu parler du gorille invisible. Mais si vous trouvez quelqu'un qui ne le connaît pas encore, pourquoi n'essaieriez-vous pas de lui montrer le film de Chabris et Simons[3] ? L'une des raisons pour lesquelles cette version modernisée fonctionne si bien, c'est que la focalisation sur l'équipe blanche pousse les participants à « éliminer » les personnages en noir – c'est-à-dire à la fois l'équipe adverse et le gorille « invisible ».

Si vous avez déjà vu le gorille invisible, avez-vous entendu le gorille silencieux ? Les participants d'une étude, qui devaient suivre une conversation entre deux femmes et ignorer celle de deux hommes qui se déroulait simultanément, parvinrent tellement bien à « éliminer » les voix masculines que la plupart d'entre eux ne remarquèrent à aucun moment l'intervention d'un troisième homme, répétant pendant dix-neuf secondes : « Je suis un gorille[4]. »

Ces études démontrent l'existence d'un phénomène dit de *cécité d'inattention* (ou peut-être dans le dernier cas de « surdité d'inattention »). Lorsque notre attention se focalise tout spécialement sur un aspect particulier d'une scène visuelle ou auditive, des éléments qui seraient autrement parfaitement flagrants nous échappent (comme vous pourrez le constater par vous-même si vous montrez à un ami aussi bien la vidéo du gorille invisible que du gorille silencieux). La cécité d'inattention présente de nets inconvénients : un conducteur occupé à surveiller l'arrivée d'autres véhicules à un croisement risque par exemple de ne pas remarquer la présence d'un cycliste ou d'un piéton. Ses avantages sont moins évidents, mais l'emportent tout bien pesé presque à coup sûr.

Imaginez par exemple qu'il soit impossible de se concentrer sur une conversation précise, en l'isolant de toutes les autres. Cette lacune empêcherait la plupart des gens de vaquer à leurs occupations quotidiennes, et a fortiori de participer à quelque fête que ce soit. Imaginez encore, pour envisager une situation moins futile, que vous soyez opéré par un chirurgien constamment distrait par le moindre bruit, le moindre mouvement ou la moindre odeur autour de lui. À titre personnel, j'opterais systématiquement pour un praticien « souffrant » de la cécité d'inattention la plus extrême.

Ce qui nous ramène à notre radio des poumons. Avez-vous repéré le gorille ? Si ce n'est pas le cas, rassurez-vous, vous êtes en bonne compagnie : 83 % des vrais radiologues ne l'ont pas vu non plus.

LE CHIRURGIEN

Qu'est-ce qui ne va pas dans le passage suivant ?

Un garçon et son père ont été exposés à la maladie. Le père développe hélas très vite une tumeur et décède. Le garçon survit, mais il doit à tout prix être opéré et on l'emmène donc d'urgence à l'hôpital. On appelle un chirurgien. En pénétrant dans le bloc, ce dernier aperçoit le patient et s'exclame alors : « Oh non ! Je ne peux pas opérer. C'est mon fils ! »

Si vous n'avez jamais rencontré cette énigme auparavant, efforcez-vous de comprendre ce qui se passe avant de tourner la page pour lire la réponse.

Si vous la connaissez déjà, tournez la page pour découvrir ce que la solution nous enseigne sur nos processus réflexifs. Un indice : ce n'est pas ce que vous croyez.

RÉPONSE

Il n'y a aucun problème avec ce texte : le chirurgien est en fait la mère du garçon.

Si vous n'aviez jamais rencontré cette énigme et que vous avez deviné la réponse, félicitations ! Sinon, pas d'inquiétude, les gens qui y parviennent sont incroyablement peu nombreux.

Une des versions de cette énigme circule depuis au moins les années 1970. On la présente d'ordinaire comme la démonstration d'un sexisme inhérent à l'ensemble de nos processus réflexifs. Cependant, les psychologues spécialisés dans l'étude du langage affirment qu'elle nous apprend en fait quelque chose d'intéressant sur notre représentation du sens des mots.

L'une des manières possibles de représenter le sens des mots consiste en une sorte de check-list énumérant certaines caractéristiques obligatoires. Notre signification du mot « grand-mère », par exemple, pourrait prendre la forme suivante :

- Possède deux chromosomes X (donc individu génétiquement femelle)
- Possède un fils ou une fille biologique qui possède également un fils ou une fille biologique.

Une autre façon de représenter la signification d'un mot consiste à passer par un prototype : une idée générale du « type de chose » que ce mot représente. Notre signification du mot « grand-mère » ressemblerait alors davantage à quelque chose comme : « une aimable vieille femme aux cheveux gris, possédant des petits-enfants qui la considèrent comme leur grand-mère ». Notre parabole féministe s'appuie sur la première de ces deux visions (être un homme ne fait pas partie de la « check-list » pour être chirurgien). Mais la seconde semble en réalité plus juste. Ainsi, la plupart des gens emploieront plus volontiers le terme de « grand-mère » pour désigner (a) une vieille femme dont la fille a ensuite eu recours à l'adoption, que pour parler (b) d'une donneuse d'ovules de trente-cinq ans qui ne sait même pas si elle possède des petits-enfants.

Le fait que la plupart des gens butent sur cette énigme ne signifie donc pas que nous soyons tous sexistes, mais simplement que nous avons tendance à interpréter les mots par référence à des prototypes, plutôt qu'à l'aide de définitions basées sur des check-lists (après tout, les chirurgiens sont bel et bien en grande majorité des hommes).

Cette histoire pourrait connaître en quelque sorte un dénouement heureux. Bien qu'encore extrêmement faible, la proportion de femmes chirurgiens (autour de 26 % en France) est en effet aujourd'hui très supérieure à ce qu'elle était lorsque l'énigme ci-dessus a commencé à circuler dans les années 1970, et elle enregistre une progression rapide. Dès lors, peut-être les générations futures répondront-elles sans sourciller : « mais bien sûr, cette femme refuse d'opérer son propre fils ! »

LE MÉDECIN

Une autre personne a contracté la maladie et développé une tumeur cancéreuse dans la région de l'estomac. On transporte d'urgence ce patient chez un médecin : vous.

Si l'on ne retire pas la tumeur, il n'en a plus pour très longtemps. Or il est impossible de l'atteindre, ou d'y injecter quelque produit que ce soit. Il existe un certain type de rayons capables de la détruire depuis l'extérieur du corps. Problème : si l'intensité requise est utilisée, tous les tissus sains traversés seront eux aussi détruits, provoquant en définitive le décès du patient. Quelle est la solution ?

RÉPONSE

Il s'agit là d'un problème très difficile, et rares sont ceux qui parviennent à le résoudre. Je vais vous donner la réponse, mais j'aimerais d'abord vous raconter une petite histoire.

Il était une fois un méchant roi qui vivait dans un gigantesque château. Tous les habitants du royaume le détestaient. Ils réunirent une armée d'une centaine de preux chevaliers, qui décidèrent d'attaquer le château pour occire le souverain. Bien que la bâtisse fût solidement protégée, les chevaliers savaient qu'en attaquant tous ensemble exactement au même moment, ils pourraient briser ses défenses et pénétrer à l'intérieur. Toutefois, ils avaient un problème. Beaucoup de routes menaient au château, mais elles étaient si étroites que vingt hommes seulement pouvaient les emprunter chacune en même temps. Le chef des chevaliers était très intelligent. Il divisa ses hommes en cinq groupes et commanda à chacun d'aborder le château par un chemin différent. Dès qu'il eut donné le signal, les cent chevaliers montèrent à l'assaut, et arrivèrent exactement au même moment. Ils brisèrent sans mal les défenses du château, tuèrent le méchant roi, et tout le monde vécut heureux jusqu'à la fin des temps.

Bien. Revenons-en maintenant à notre problème de tumeur. Ou plutôt non, attendez un peu : vous l'avez désormais résolu, pas vrai ?

Les psychologues utilisent parfois ces deux histoires pour étudier le rôle des *analogies* dans la résolution de problèmes. Bien que le dilemme du médecin et le conte du méchant roi n'aient apparemment rien à voir (un château ne ressemble pas à une tumeur, ni un chevalier à un rayon anti-cancer), les deux problèmes partagent une structure sous-jacente identique. De même que les chevaliers convergent vers le château en nombre suffisant pour vaincre ses défenses, des rayons anti-tumeur provenant de sources différentes peuvent converger avec suffisamment de force pour éliminer le cancer. C'est cette structure sous-jacente, plutôt qu'une similitude d'apparence, qui se révèle utile dans une analogie. Si, par exemple, au lieu de l'histoire du roi, je vous avais raconté celle d'un patient souffrant d'une tumeur de taille similaire au bras, que les médecins parvenaient facilement à éliminer en poussant le même rayonnement à pleine puissance, cela ne vous aurait apporté aucune aide.

Alors la prochaine fois que vous serez confronté à un épineux dilemme, tâchez de voir si vous ne connaissez pas une situation un tant soit peu analogue (ce que je m'efforcerai précisément de faire dans une section ultérieure, « La psychologie peut-elle sauver le monde ? », à propos du désastre écologique mondial). Deux autres sections, « Le problème de la bougie » et « Sous pression », esquisseront quelques stratégies supplémentaires pour stimuler ce type de raisonnement sortant des sentiers battus.

LE MINISTRE DE LA SANTÉ

Les statisticiens et les épidémiologistes de l'administration sanitaire ont travaillé d'arrache-pied et ont calculé que la maladie devrait faire 600 victimes. Les chercheurs eux non plus n'ont pas ménagé leur peine et sont parvenus à mettre au point deux programmes de traitement possibles, qu'ils viennent présenter au ministre de la Santé – encore vous, mais oui.

Un seul de ces deux programmes peut être mis en œuvre. Lequel choisissez-vous ?

- Si vous choisissez le traitement A, 200 personnes seront sauvées.
- Si vous choisissez le traitement B, il y a une probabilité d'1/3 pour que les 600 victimes potentielles soient sauvées, et une probabilité de 2/3 qu'aucune ne le soit.

RÉPONSE

Vous avez choisi le traitement A, n'est-ce pas ? Tout le monde conviendra je pense qu'il vaut mieux s'assurer de sauver 200 personnes que de tenter le pari plutôt improbable d'en sauver 600. Confrontés à ce dilemme, 70 % des gens choisissent de fait le traitement A.

Mais attendez une minute... Figurez-vous que les chercheurs se sont emmêlés dans leurs calculs ! Passablement embarrassés, ils vous présentent les rectifications suivantes :

- Si vous choisissez le traitement A, 400 personnes vont mourir.
- Si vous choisissez le traitement B, il y a une probabilité d'1/3 pour que personne ne meure, et une probabilité de 2/3 d'avoir 600 victimes.

Il est peut-être temps de faire un nouveau choix ?

RÉPONSE

L'option du traitement B paraît cette fois-ci bien meilleure, pas vrai ? Comment pourrait-on condamner 400 innocents à une mort certaine quand on a une chance de sauver l'ensemble des 600 victimes potentielles ?

Mais vous savez quoi ? Les chercheurs de l'administration ne se sont pas du tout emmêlés dans leurs calculs. Ils ont juste essayé de vous embrouiller le cerveau. L'option alternative qui vous a été présentée était à chaque fois exactement la même ; la seule différence résidait dans le « cadrage » des deux résultats (nous avons rencontré plus haut un effet de cadrage d'un autre genre dans « Trop impatient pour attendre »).

Examinons à nouveau les choses. Qu'il s'agisse du traitement A ou du traitement B, le texte en gras montre que le premier cadrage peut être inversé pour obtenir le second, et réciproquement.

Cadrage 1	Si vous choisissez le traitement A, 200 personnes seront sauvées **(donc 400 personnes vont mourir)**.	Si vous choisissez le traitement B, il y a une probabilité d'1/3 pour que les 600 victimes potentielles soient sauvées **(donc une probabilité d'1/3 pour que personne ne meure)**, et une probabilité de 2/3 qu'aucune ne soit sauvée **(donc une probabilité de 2/3 d'avoir 600 victimes)**.

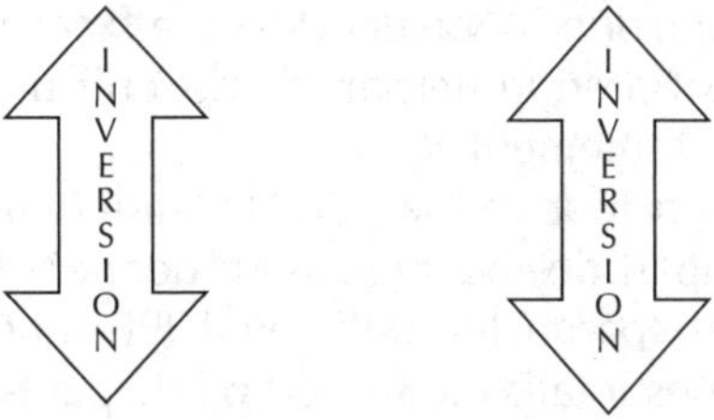

Cadrage 2	Si vous choisissez le traitement A, 400 personnes vont mourir **(donc 200 personnes seront sauvées)**.	Si vous choisissez le traitement B, il y a une probabilité d'1/3 pour que personne ne meure **(donc une probabilité d'1/3 que les 600 victimes potentielles soient sauvées)**, et une probabilité de 2/3 d'avoir 600 victimes **(donc une probabilité de 2/3 qu'aucune ne soit sauvée)**.

Avec le premier cadrage, les deux plans d'action sont présentés sous l'angle du *sauvetage* d'un certain nombre de personnes, autrement dit comme un gain potentiel. Face à un gain potentiel, nous devenons *réfractaires au risque*, extrêmement réticents à l'idée de perdre ce gain qui se trouve à notre portée (voir la section « Une perte insupportable », qui montre que nous détestons perdre quelque chose plus encore que nous n'aimons le gagner). Plutôt que de parier, nous choisissons en conséquence l'option qui semble la plus sûre – sauver de façon certaine 200 personnes.

Avec le second cadrage, les deux plans d'action sont présentés sous l'angle du *décès* d'un certain nombre de personnes, autrement dit comme une perte potentielle. Face à une perte potentielle, nous développons un *goût pour le risque*. « Après tout, tant pis ! pensons-nous alors. Si 400 personnes doivent de toute façon mourir (traitement A), autant prendre le pari de devenir un héros en sauvant les 600 (traitement B). »

C'est en tout cas la version traditionnelle de l'histoire, et la plupart des ouvrages s'en tiennent là. Or des travaux ultérieurs (parmi lesquels, en 1998, une méta-analyse de 136 études totalisant 30 000 participants) laissent à penser que l'effet observé découlerait au moins en partie non pas de l'opposition entre aversion et goût pour le risque, mais d'une formulation ambiguë de la question. Dans le premier cadrage du traitement A (« 200 personnes seront sauvées »), il n'est pas explicitement dit que 400 autres sont appelées à mourir. En un sens, l'énoncé est absolument exact. Cependant, le fait de ne pas mentionner ces personnes-là peut avoir conduit certains participants à s'imaginer qu'on ne savait pas trop ce qu'elles devenaient – peut-être qu'une partie d'entre elles allaient malgré tout survivre. Si l'on formule le problème de manière plus explicite (par exemple : « si vous choisissez le traitement A, 200 personnes seront à coup sûr sauvées, mais 400 autres sont tout aussi sûres de mourir »), les participants se répartissent alors presque équitablement entre le traitement A et le traitement B[1].

Rien de tout ceci n'aurait la moindre importance s'il ne s'agissait que d'un simple jeu. Or ce qui s'avère terrifiant, c'est que les médecins aussi bien que les patients témoignent d'effets de cadrage dans leurs décisions de traitement. Fort heureusement, l'étude sur la reformulation évoquée ci-dessus nous fournit un moyen efficace de les surmonter. Cela peut paraître évident, mais la prochaine fois que vous entendrez parler d'un contraceptif efficace à 95 %, d'un traitement sûr à 95 %, ou d'un dessert allégé à 95 %, prenez donc le temps d'énoncer explicitement l'envers de la médaille : il y a 5 % de chances (1 sur 20) de tomber enceinte, ou d'avoir un souci avec le traitement.

Et ce gâteau si tentant contient 5 % de pure matière grasse.

ROUGE OU NOIR ?

Vos lamentables performances vous ont malheureusement valu d'être renvoyé de vos emplois successifs comme radiologue (comment avez-vous pu passer à côté de ce gorille ?), médecin, puis ministre de la Santé (je me demande d'ailleurs encore comment vous êtes parvenu à décrocher ce dernier poste).

Mais les choses semblent s'arranger, et vous avez trouvé un nouveau travail – pas aussi bien payé, mais non dépourvu d'un certain prestige : il s'agit d'inspecter les roulettes dans les casinos et les salles de jeux afin de vérifier qu'elles soient justes.

Votre patron vous rappelle les rudiments de ce jeu : on lance une bille dans une cuvette pivotante et les clients misent sur le rouge ou sur le noir (et/ou sur tels ou tels numéros), selon l'encoche où ils espèrent la voir s'arrêter. Sous réserve d'être bien entretenues, les roulettes traditionnelles en bois sont toujours parfaitement justes. Il n'en va pas de même pour les roulettes électroniques : le risque qu'un audacieux pirate ait trafiqué le logiciel reste toujours présent…

C'est là que vous intervenez. On vous a signalé un casino où certaines machines se comportent de façon suspecte. Vous en choisissez quatre, effectuez vingt lancers sur chacune et notez les résultats. Deux d'entre elles paraissent bonnes, mais les deux autres vous inquiètent. Quelles sont les deux machines qu'il vous faudrait examiner plus en détail ?

Machine A	**Machine B**	**Machine C**	**Machine D**
Rouge	Rouge	Rouge	Rouge
Noir	Noir	Rouge	Noir
Noir	Noir	Noir	Rouge
Rouge	Noir	Rouge	Rouge
Noir	Rouge	Noir	Rouge
Noir	Noir	Rouge	Rouge
Rouge	Noir	Noir	Rouge
Rouge	Noir	Rouge	Noir
Noir	Noir	Rouge	Noir
Noir	Noir	Noir	Noir
Rouge	Noir	Rouge	Noir
Noir	Rouge	Rouge	Rouge
Rouge	Rouge	Noir	Rouge
Noir	Rouge	Noir	Noir
Rouge	Rouge	Rouge	Noir
Rouge	Noir	Noir	Noir
Noir	Rouge	Rouge	Noir
Rouge	Rouge	Noir	Rouge
Rouge	Rouge	Noir	Rouge
Noir	Rouge	Rouge	Noir

RÉPONSE

Les machines B et D paraissent suspectes, n'est-ce pas ? La B a sorti une série de six noirs d'affilée et termine sur une succession de huit rouges interrompue par un seul et unique noir en plein milieu. La D affiche une série de cinq rouges, et deux de quatre noirs. On dirait presque que la machine a été programmée pour endormir les joueurs, les mettre faussement en confiance, et puis vlan ! Au moment précis où on attend un noir… c'est un rouge qui sort !

Les machines A et C ont l'air beaucoup plus honnête, pas vrai ? Un mélange équilibré de noirs et de rouges, sans aucune série douteuse.

Bref, si vous avez répondu qu'il fallait examiner les machines B et D… vous avez tout faux !

En réalité, les colonnes B et D ont été générées aléatoirement, tandis que j'ai moi-même créé manuellement les listes A et C pour donner *l'impression* d'un tirage aléatoire.

Pourquoi la plupart des gens se trompent-ils ? Parce que le cerveau humain semble être conçu pour rechercher des motifs prévisibles, si bien qu'il en détecte même lorsqu'il n'y en a pas. Les configurations réellement aléatoires présentent bel et bien un aspect « sériel ». À moins que quelque chose ne l'empêche, une séquence aléatoire comportera en général toujours une ou deux séries identiques, par le simple effet du hasard. Une roulette ne possède après tout aucune mémoire. Aussi, le fait que le noir soit déjà sorti trois fois de suite n'influence en rien la probabilité que le prochain lancer soit également noir. Les listes en apparence aléatoires ont été délibérément conçues pour éviter d'avoir plus de deux rouges ou plus de deux noirs consécutifs. Bien que ce soit précisément cette caractéristique-là qui les fait paraître aléatoires, c'est en réalité le signe qu'elles ne le sont pas : dans une succession de lancers réellement aléatoires, il est fort peu probable qu'une série d'au moins trois résultats identiques n'apparaisse jamais nulle part.

Pour deviner quelles sont les machines qui semblent fonctionner de manière aléatoire, les gens mettent en œuvre un type d'*heuristiques* particulier. Les heuristiques sont des raccourcis mentaux qui permettent de porter un jugement lorsqu'on ne dispose pas de toutes les informations nécessaires (ou lorsqu'on ne sait pas comment les utiliser). Par exemple, s'il faut deviner, entre deux personnes, et en se basant uniquement sur leur apparence physique, laquelle exerce le métier de bibliothécaire, on choisira plutôt celle qui porte des lunettes. Il s'agit ici d'une *heuristique de représentativité*. La personne qui porte des lunettes s'avère davantage représentative de l'image mentale que l'on se fait d'un bibliothécaire. C'est la même heuristique qui nous pousse à choisir la mauvaise réponse sur le problème des roulettes. Une série du type rouge, noir, noir, rouge, noir correspond mieux à notre image mentale d'un motif aléatoire qu'une série de cinq rouges, alors qu'elle n'a pourtant pas plus de chance d'apparaître.

Ce même genre de perception erronée se manifeste un peu partout. Lorsqu'un joueur donne l'impression de ne rater aucun panier, les amateurs et commentateurs de basket disent ainsi souvent qu'il a la « main chaude ». Or, après avoir analysé les performances de plusieurs équipes, un groupe de psychologues a constaté que ces apparentes séries de tirs réussis ne découlaient en réalité – exactement comme à la roulette – que d'une variation aléatoire des résultats.

Chose intéressante, certaines personnes ont affirmé – bien qu'Apple l'ait toujours nié – que le mode « shuffle » des iPod et des iPhone n'était en fait pas totalement aléatoire. La théorie « conspirationniste » (que je ne défends en aucun cas) prétend qu'Apple ferait délibérément jouer plus souvent les titres à succès dans l'espoir que d'autres personnes autour les entendent et qu'elles aillent ensuite les acheter. Les recherches évoquées ici suggèrent une possibilité plus intéressante : selon toute hypothèse, un fabricant de baladeurs pourrait en effet s'abstenir d'offrir une fonction de lecture véritablement aléatoire, car les acheteurs lui reprocheraient alors paradoxalement – lorsque plusieurs morceaux du même groupe viendraient inévitablement à se succéder – de ne pas l'être assez.

Parlons pour finir des transports en commun. Vous savez bien, quand vous attendez un bus pendant une demi-heure et qu'il en arrive trois d'un coup ! Compte tenu de ce que vous venez d'apprendre, vous pourriez supposer qu'il ne s'agit là encore que d'une illusion, et que l'apparition d'une série de plusieurs bus n'est en réalité pas plus courante que le simple hasard ne le laisserait prévoir. Eh bien en fait pas du tout ; ils arrivent réellement par vagues. La raison en est que lorsqu'un bus s'arrête à une station particulièrement fréquentée, il doit attendre une éternité que tous les passagers soient montés à bord, ce qui laisse tout le temps au bus suivant pour le rattraper. La seule solution serait que chaque bus quitte son arrêt au terme d'une durée d'embarquement prédéterminée, même si des gens essaient encore de monter. Sans grande surprise, rares sont les compagnies à avoir jamais testé cette méthode, par crainte sans doute de provoquer la fureur des clients.

Alors la prochaine fois que vous attendrez le bus, pourquoi ne pas tuer le temps en essayant de repérer des exemples de « séries » apparentes, résultant en fait d'un comportement aléatoire ? Quid de la file d'attente elle-même : ne comporterait-elle pas des successions de personnes du même sexe, avec la même couleur de cheveux, ou qui portent le même type de chaussures ? Si vous regardez bien, vous pouvez être sûr d'en trouver au moins une.

TRAQUER L'AGRESSEUR

Les *psychologues légaux* étudient les comportements criminels, ce qui les amène souvent à aider la police à localiser des suspects. Voyons comment vous vous débrouilleriez dans cette profession-là. La carte ci-dessous pointe plusieurs agressions violentes (indiquées par des points noirs), que la police attribue à une seule et même personne. Tracez une croix sur la carte pour repérer la zone où vous pensez que l'agresseur réside.

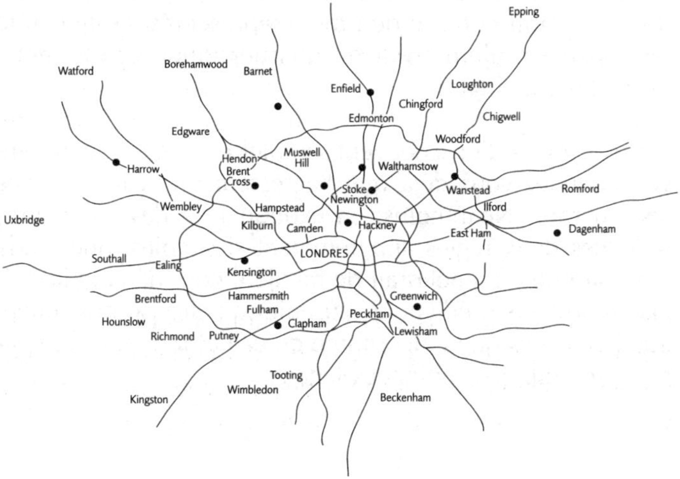

RÉPONSE

L'agresseur habite probablement le quartier de Stoke Newington.

Pour aboutir à cette conclusion, vous devez connaître les deux règles d'or du comportement d'un agresseur. D'abord la *règle du cercle* : les délinquants violents résident en général quelque part à l'intérieur d'un cercle reliant leurs deux crimes les plus éloignés. Pour resserrer le périmètre, il faut faire appel à la deuxième règle d'or : les agresseurs ne se déplacent d'ordinaire jamais très loin pour commettre leurs forfaits. On pourrait penser qu'il serait plus logique pour eux de s'éloigner considérablement de leur domicile, à la fois pour réduire le risque d'être reconnu mais aussi pour enrayer ces techniques de profilage géographique. Cependant, la plupart des délinquants violents sont par nature impulsifs et ne songent même pas qu'ils pourraient être arrêtés – ils envisagent donc d'autant moins de planifier en détail leurs agressions afin de l'éviter. Pour suivre cette seconde règle d'or, il vous suffit de placer votre croix aussi près que possible du plus grand nombre de points représentés, ce qui situe le suspect en plein cœur du quartier londonien branché de Stoke Newington.

Ces « règles d'or » peuvent sembler évidentes – peut-être vous doutiez-vous déjà que l'agresseur vivait là, ou dans les environs. Néanmoins, en expliquant à des volontaires naïfs ces deux règles apparemment si simples, une étude a montré qu'on améliorait de manière considérable la précision de leurs prédictions, au point qu'elles se montraient aussi efficaces que l'algorithme de calcul formel utilisé par de nombreux psychologues légaux.

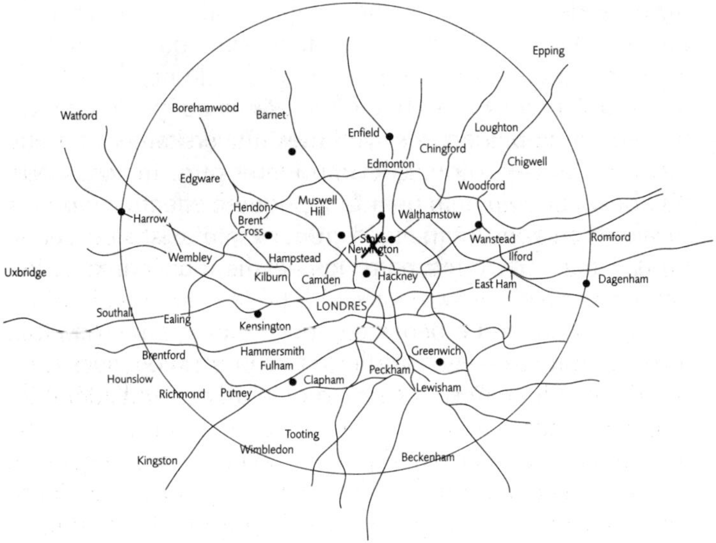

Bien qu'indéniablement utile, le profilage géographique n'est sans doute pas ce qui vient spontanément à l'esprit lorsqu'on se représente un psychologue à l'œuvre pour aider la police à localiser un meurtrier. Reconnaissez-le : vous imaginez plutôt un détective doté d'une compréhension tellement instinctive de la mentalité criminelle qu'il lui suffit de quelques faits en apparence insignifiants pour composer une description parfaite du suspect (« Nous recherchons un individu âgé de trente-trois ans et demi, conduisant une Ford Mondeo de 2007 et dont l'ex-épouse était employée de banque, probablement chez Barclays »). Bien entendu, c'est le genre de fiction qu'on ne voit qu'à la télé. Ou dans les dossiers du FBI. Beaucoup d'agents au sein de son unité de science comportementale se considèrent en effet comme des experts capables d'établir le profil détaillé d'un tueur à partir des indices recueillis sur la scène de crime. Dans une célèbre affaire, le journaliste anglais Malcolm Gladwell souligne ainsi qu'un *profileur* avait indiqué à juste titre que le poseur de bombe portait un complet croisé… et boutonné ! Mais coups de chance mis à part, la plupart des synthèses universitaires finissent par conclure que tout ceci n'est que pure fiction. Bien que beaucoup de délinquants appliquent effectivement un *modus operandi* toujours identique, il n'existe en général aucune corrélation entre les détails d'un crime et les caractéristiques de son auteur.

Alors même si j'espère que vous vous êtes bien amusé à localiser l'agresseur, désolé, mais pour savoir quel type de costume il préfère, vous allez d'abord devoir l'attraper[1].

MORALITÉ

Je pense que nous serons tous d'accord pour dire que les agresseurs en série ne sont pas des individus particulièrement moraux. Pourtant, la plupart de nos jugements en matière de moralité se montrent plus nuancés. Pour évaluer vos propres valeurs morales, répondez au questionnaire ci-dessous.

Huit principes moraux fondamentaux s'y trouvent énoncés. Votre tâche consiste à déterminer si vous êtes plus ou moins d'accord avec chacun d'entre eux. Indiquez à chaque fois votre réponse (pas du tout d'accord, pas d'accord, d'accord ou tout à fait d'accord) en cochant la case correspondante sur la page ci-après.

(a) Si un acte donné risque de porter atteinte à un innocent, il n'est jamais moralement acceptable de le commettre.

(b) Le bien et le mal ne sont pas des notions absolues, mais varient au contraire en fonction de la situation et peuvent différer d'une personne à l'autre.

(c) Le meilleur moyen de décider si une action est moralement bonne ou mauvaise, c'est d'en soupeser les conséquences probables, positives et négatives.

(d) Certains actes sont intrinsèquement immoraux, qu'ils aboutissent ou non à un préjudice physique ou psychologique.

(e) Il est moralement opportun de respecter les lois de son pays, qu'on les approuve ou pas à titre personnel.

(f) Il est immoral de mener une action qui fasse courir le moindre risque à d'autres personnes, même si tout le monde est susceptible d'en tirer un bénéfice important.

(g) D'un point de vue moral, il importe davantage pour une société d'assurer la sécurité des individus que d'être « juste ».

(h) Le mensonge est toujours immoral, quelles que soient les circonstances.

Grille de réponse

Question	Pas du tout d'accord	Pas d'accord	D'accord	Tout à fait d'accord
a				
b				
c				
d				
e				
f				
g				
h				

Pour savoir comment évaluer vos réponses, suivez les instructions ci-dessous.

Si vous avez coché « d'accord » ou « tout à fait d'accord » à la question (a), rendez-vous à la page 152.

Si vous avez coché « pas d'accord » ou « pas du tout d'accord » à la question (a), rendez-vous à la page 166.

RÉPONSE

Désolé, le reste du questionnaire ne visait qu'à brouiller les pistes. Votre réponse à la question (a) est la seule qui nous intéresse.

Avez-vous remarqué l'inversion ?

On vous a d'abord demandé si vous étiez d'accord ou non avec l'affirmation suivante : « Si un acte donné risque de porter atteinte à un innocent, il n'est *jamais* moralement acceptable de le commettre. » Puis on vous a demandé de justifier votre accord ou votre désaccord vis-à-vis de l'énoncé strictement contraire : « Même si un acte donné risque de porter atteinte à un innocent, il est *parfois* moralement acceptable de le commettre. »

Vous avez peut-être repéré cette inversion et supposé qu'il s'agissait d'une faute de frappe. Ou peut-être que vous avez survolé la seconde partie en pensant qu'on vous demandait de jouer l'avocat du diable et de fournir des arguments à l'encontre de votre propre position. Si c'est le cas, vous faites partie d'une minorité. Dans une version un peu plus sophistiquée de cette étude menée à l'université de Lund en Suède, plus des deux tiers des participants n'ont pas su repérer au moins une inversion de ce type. En règle générale, ils ont avancé de surcroît des arguments convaincants et apparemment sincères en faveur d'une position pourtant rejetée à peine quelques instants plus tôt.

Avaient-ils mal compris ce qu'il fallait faire, ou bien avaient-ils détecté l'inversion mais décidé de jouer le jeu ? Il semblerait que non. Même après que les expérimentateurs eurent dévoilé la supercherie et demandé aux participants s'ils avaient rétrospectivement remarqué quoi que ce soit d'étrange dans cette étude, la majorité d'entre eux ont admis qu'ils n'avaient rien vu (à tout prendre, la proportion indiquée ci-dessus serait d'ailleurs plutôt sous-estimée, puisqu'elle ne tient pas compte de ceux qui ont prétendu après coup ne pas avoir été dupes – alors même qu'ils avaient allègrement plaidé contre leur propre position sans émettre la moindre objection).

Comme le soulignent ses auteurs, cette étude soulève un dilemme philosophique intéressant. Quelle est finalement la « véritable » opinion des participants qui n'ont pas repéré l'inversion ? On serait tenté de dire qu'il s'agit de celle cochée au départ, avant toutes ces manipulations expérimentales. Mais le problème ici, puisque ces participants ont généralement fini par plaider avec une si grande éloquence à l'opposé de leur position initiale, c'est qu'il faudrait mobiliser une solide argumentation pour les convaincre de la justesse de leur « véritable » opinion. Or dans quelle mesure l'opinion d'un individu représente-t-elle sa « véritable » opinion s'il devient nécessaire de l'en convaincre face à ses propres contre-arguments ? Il ne paraît pas non plus très satisfaisant d'affirmer que la « véritable » opinion des participants est celle qu'ils ont défendue à la fin de l'étude. Cela signifierait, soit (a) qu'une personne qui coche la case « tout à fait d'accord » veut en réalité dire qu'elle n'est « pas d'accord du tout », et vice-versa ; soit (b) que l'on peut réellement, sur un sujet d'une importance fondamentale, changer l'opinion de quelqu'un au seul moyen d'un médiocre tour de passe-passe.

Pour sortir de ce paradoxe, l'une des possibilités consiste à supposer que les gens forment en général leurs jugements moraux en s'appuyant sur l'intuition ou sur une émotion instinctive, et que les arguments ou les raisons soi-disant logiques présentés après coup ne sont que de belles paroles destinées à se justifier (on a d'ailleurs vu dans « Le massacre de la Saint-Valentin » qu'il existe souvent un décalage entre nos convictions intimes et celles qu'on énonce publiquement). La plupart des gens condamnent ainsi fermement les rapports sexuels entre frère et sœur, mais ont en fait un peu de mal à fournir des arguments logiques pour étayer cette position (dans l'hypothèse, disons, où le frère et la sœur seraient tous deux stériles et où personne d'autre n'en saurait jamais rien). Ce postulat pose néanmoins problème : si nous possédons réellement une sorte de « sixième sens » moral, s'interrogent les auteurs, ne devrait-il pas nous titiller dès que l'inversion apparaît ?

Un second moyen de démêler le paradoxe consiste à s'intéresser au goût naturel de l'être humain pour l'argumentation contradictoire. Nous adorons littéralement cela. Combien de fois vous est-il arrivé de vous disputer avec un proche sur un sujet futile tel que votre prochaine destination de vacances, puis de vous arrêter en cours de route et de vous apercevoir que vous argumentiez tous deux uniquement pour emporter le morceau et que vous auriez pu tout aussi bien – dans quelque univers parallèle – avoir exactement le même débat en défendant chacun la position contraire. La même chose pourrait se produire dans cette étude. Quand on leur indique « leur » position et qu'on leur demande de la défendre, les gens ne se font pas prier. Voilà sans doute une partie de l'histoire, mais qui ne semble pas encore tout à fait suffire à expliquer pourquoi ils ne remarquent pas l'inversion.

Nous en arrivons donc à une troisième issue possible, peut-être la plus satisfaisante, pour sortir de notre paradoxe. À l'exception des avocats (et peut-être des scientifiques), nous autres humains n'avons tout simplement pas coutume de manier des notions absolues, qu'il s'agisse de morale ou d'autre chose. Lorsqu'on utilise des termes comme « jamais », cela signifie plutôt en temps normal « dans la plus faible mesure possible, extrêmement rarement, ou seulement dans des circonstances très inhabituelles », que « dans aucune situation théoriquement concevable ». Je n'hésiterai guère par exemple à affirmer que je ne mange jamais de champignons (tellement visqueux, pouah !), alors même qu'il s'en glisse sans doute parfois un dans mon assiette sans que je m'en aperçoive, et que j'en avalerais assurément un plein plat sous la menace d'un fusil. Dès lors, défendre l'idée qu'il n'est « jamais » moralement acceptable (au sens premier du terme) de porter atteinte à un enfant innocent, mais qu'il serait juste de le faire dans le contexte d'un scénario alambiqué où l'on en sauverait de la sorte beaucoup plus, n'est peut-être pas aussi contradictoire que cela. Le questionnaire à cases exploite peut-être des emplois plus courants de certains absolus comme « jamais » ou « conforme à la morale », tandis que le caractère discursif de la seconde partie de l'étude inciterait les participants à réfléchir à des circonstances plus singulières, susceptibles de renverser ce que nous considérons en temps normal comme des absolus moraux.

S'il y a une leçon à tirer ici, c'est probablement qu'un dogmatisme excessif sur les questions de moralité ne sert pas à grand-chose. Quelles que soient la fermeté ou la cohérence (à vos yeux) de votre point de vue, il existe sans doute des arguments tout aussi valables pour appuyer une position strictement contraire – arguments qui pourraient, dans des circonstances différentes, devenir les vôtres.

LE CRITIQUE D'ART

Plusieurs œuvres artistiques sont présentées ci-dessous. Votre tâche consiste à noter de 1 à 7 la créativité de chacune (1 = pas créative du tout ; 7 = extrêmement créative).

Peintures

Anne Simon

Léa Deuvane

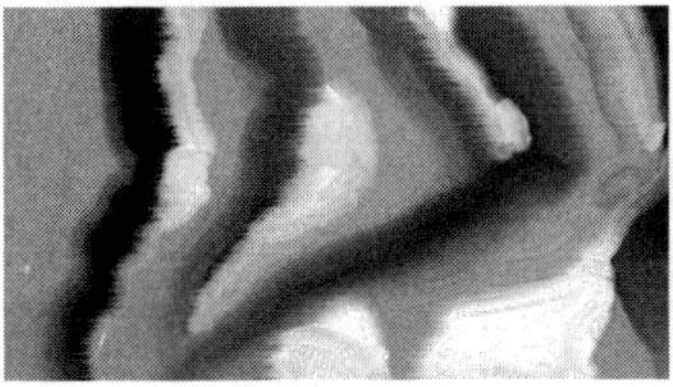
David Jean

Elliot Le Feuvre

Haïkus

Tout est de poussière
Le fleuve brun rugissant
Une route large et plate
Adna Kadi

Fantômes d'usines
Une femme dans les branches
Plumes bleues, cachées
Jeanne Clément

Musique instrumentale[1]

Morceau nº 1 (© *Emma Morin*)
Morceau nº 2 (© *Jonah Dissanayake*)

RÉPONSES

Si vous réagissez comme la plupart des gens, vous avez sans doute attribué les notes les plus élevées au tableau de Léa Deuvane, au poème d'Adna Kadi et à la musique de Jonah Dissanayake.

Comment l'ai-je deviné ? Parce qu'il nous est pratiquement impossible, lorsqu'on évalue de l'art, de dissocier l'œuvre et l'artiste, et tout aussi difficile de mettre de côté nos préjugés concernant les types de personnes généralement considérées comme créatives. Nous avons du mal en particulier à nous affranchir des stéréotypes relatifs d'une part au sexe et d'autre part au caractère insolite ou courant d'un nom.

En matière de musique, le stéréotype habituel veut que les hommes soient plus créatifs que les femmes, et que les personnes ayant un nom singulier le soient également davantage que celles qui portent un nom banal. Ces deux points aboutissent à ce que la composition de « Jonah Dissanayake » soit jugée plus créative que celle d'« Emma Morin ». Si vous ne l'avez pas encore compris, précisons qu'il s'agit là de noms fictifs ; les deux morceaux sont l'œuvre des mêmes « compositeurs » (à savoir, moi-même et quelques amis). Dans une étude où, d'un participant à l'autre, un nom différent se trouvait associé au même morceau de musique, la créativité du morceau a été notée 6 sur 7 quand il était attribué à un compositeur homme au nom plutôt rare, mais seulement 4 sur 7 quand il s'agissait d'une femme avec un nom courant.

Pour la poésie, le stéréotype du sexe disparaît mais celui de l'originalité du nom demeure – d'où ma prédiction que vous préféreriez le haïku d'Adna Kadi à celui de Jeanne Clément. En réalité, ces deux poèmes, ayant été produits par un générateur aléatoire de haïku sur Internet[2], sont tout aussi créatifs l'un que l'autre[3].

Avec la peinture, le sexe et le nom paraissent interagir d'une façon bizarre, que nul ne comprend tout à fait. Les peintres femmes qui portent un nom assez rare (Léa Deuvane, par exemple) sont jugées plus créatives que celles dotées d'un nom plus courant (comme Anne Simon). Pour les hommes, le schéma s'inverse : les peintres qui possèdent un nom courant (tel que David Jean) sont jugés plus créatifs que ceux qui ont un nom plus rare (comme Elliot Le Feuvre). Les chercheurs responsables de l'étude qualifient cette observation de totalement inattendue et n'avancent aucune explication.

TOUR DE CARTES N° 1

Observez les quatre cartes ci-dessous. On sait de façon certaine qu'elles portent toutes une lettre d'un côté et un chiffre de l'autre.

D	K	3	7

Henri L'Honnête vous explique : « Toute carte qui porte un D d'un côté possède un 3 sur l'autre face. »

Quel est le plus petit nombre de cartes qu'il vous faudra retourner pour découvrir si Henri L'Honnête dit bien la vérité ? Et desquelles s'agit-il ?

RÉPONSE

D et 7. Très peu de personnes font le bon choix. Vous avez sans doute répondu D et 3, pas vrai ? Passons chaque carte en revue afin de comprendre pourquoi la bonne réponse consiste à retourner D et 7. Rappelez-vous bien l'énoncé que l'on cherche à vérifier : « Toute carte qui porte un D d'un côté possède un 3 sur l'autre face. »

D : Il faut de toute évidence retourner cette carte pour contrôler la présence d'un 3 de l'autre côté (personne ne se trompe ici).

K : De manière tout aussi évidente, il est inutile de retourner cette carte. Étant donné que la lettre n'est pas un D, peu importe que le nombre au dos soit 1, 3 ou 333 (là non plus, personne ne se trompe).

3 : Pour celle-ci, il y a un piège. La plupart des gens pensent qu'il faut retourner cette carte pour voir s'il y a un D de l'autre côté. Ce serait en effet nécessaire si Henri avait annoncé : « Toute carte qui porte un D d'un côté possède un 3 sur l'autre face, *et vice versa*. » Or Henri n'a pas ajouté « et vice versa. » Supposons donc que l'on retourne la carte et que la lettre au dos soit un Z. Puisqu'Henri n'a jamais dit qu'une carte portant un Z d'un côté ne pouvait pas posséder un 3 sur l'autre face, elle sera alors compatible avec son affirmation. Supposons maintenant que la lettre au dos soit effectivement un D. La carte sera là encore conforme. Ces deux exemples montrent que cette carte reste compatible avec l'affirmation d'Henri quelle que soit la lettre inscrite au dos, et qu'il est par conséquent inutile de la retourner.

7 : C'est l'autre carte-piège. La plupart des gens ne réalisent pas qu'il faut la retourner pour vérifier que la lettre au dos n'est pas un D. Dans le cas contraire, l'affirmation d'Henri – « Toute carte qui porte un D d'un côté possède un 3 sur l'autre face. » – sera manifestement mensongère :

cette carte porte un D d'un côté, mais un 7 (et non un 3) sur l'autre face.

Pourquoi ce tour de cartes est-il si difficile ? Il y a deux raisons à cela.

La première est que nous manifestons ce qu'on appelle un *biais de confirmation*. La plupart des gens, plutôt charitables de nature, ont envie de retourner le 3, de découvrir un D sur l'autre face et de féliciter Henri (en d'autres termes, de confirmer ainsi qu'il dit vrai). Or paradoxalement, le seul moyen de vérifier la véracité de son affirmation, c'est de s'efforcer de l'infirmer : autrement dit, d'essayer de prouver qu'il ment (par la présence d'un D sur l'autre face de la carte 7). Ce n'est qu'en montrant que l'affirmation d'Henri résiste à tous les contre-exemples possibles que l'on pourra s'assurer qu'il dit la vérité.

Le biais de confirmation ne s'observe pas seulement au travers de ces exercices abstraits ; on en trouve des illustrations absolument partout dans notre vie quotidienne[1]. Pourquoi tant de gens croient-ils par exemple à l'homéopathie, dont d'innombrables études ont pourtant démontré l'inefficacité ? Le biais de confirmation en est responsable, au moins en partie. Les personnes qui croient en l'efficacité de l'homéopathie recherchent activement de quoi confirmer cette croyance (des cas de malades qui se seraient rétablis après un traitement homéopathique, par exemple) et ne tiennent aucun compte des preuves susceptibles de l'infirmer (telles que les recensions détaillées d'études contre placebo).

Voilà donc l'une des raisons pour lesquelles ce tour de cartes s'avère si difficile à résoudre. Pour découvrir la seconde, il faut en essayer une version légèrement différente…

MORALITÉ : D'ACCORD/TOUT À FAIT D'ACCORD (SUITE DE LA PAGE 139)

Vous avez indiqué être d'accord (ou tout à fait d'accord) avec l'affirmation selon laquelle « même si un acte donné risque de porter atteinte à un innocent, il est parfois moralement acceptable de le commettre. »

Dans l'espace vierge ci-dessous, énumérez jusqu'à cinq exemples de situation où il s'avère parfois moralement acceptable de commettre un acte susceptible de porter atteinte à un innocent.

1. ....
....

2. ....
....

3. ....
....

4. ....
....

5. ....
....

Rendez-vous maintenant à la page 141 pour découvrir ce que vos autres réponses révèlent à votre sujet.

TOUR DE CARTES N° 2

Les quatre cartes représentent cette fois quatre clients dans un bar. Chacune porte l'âge d'une de ces personnes sur un côté et ce qu'elle boit sur l'autre face. Vous occupez le poste de barman (une régression, il est vrai, par rapport à celui de ministre de la Santé, mais probablement un meilleur emploi que vérificateur de roulettes dans un casino).

Le gérant du bar surgit soudain, l'air inquiet. Il a eu vent du fait que la police s'apprêtait à visiter l'établissement et vous demande de revérifier que tous ceux qui consomment de l'alcool ont effectivement plus de dix-huit ans. Bien entendu, vous ne voulez pas déranger plus de clients que nécessaire. Quel est donc le nombre minimum de personnes qu'il vous suffit de contrôler ? Et desquelles s'agit-il ?

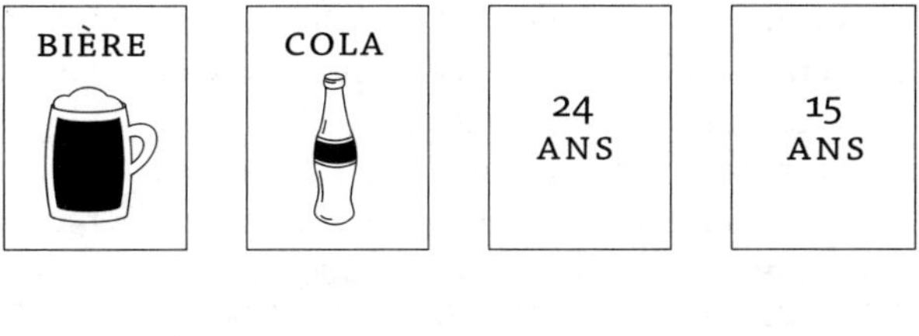

RÉPONSE

Cette fois-ci, la réponse est parfaitement évidente. Il faut « retourner » le buveur de bière pour vérifier s'il a au moins dix-huit ans, et le jeune de quinze ans pour vérifier qu'il ne consomme pas une boisson alcoolisée. Mais cette énigme présente un format exactement identique à la précédente ; la seule différence, c'est que l'on a remplacé les lettres et les chiffres par des boissons et des indications d'âge. Alors pourquoi celle-ci est-elle si simple à résoudre alors que l'autre était si difficile ?

L'une des raisons en est que ce recadrage de la question évite le problème du biais de confirmation. Quand l'affirmation prend la forme d'une règle dont nul n'ignore qu'elle fait parfois l'objet d'infractions (« Vous devez avoir plus de dix-huit ans pour consommer de l'alcool »), on sait qu'il faut, pour la vérifier, chercher à l'infirmer en contrôlant tout contrevenant potentiel – en l'occurrence, le jeune de quinze ans. Il ne nous viendrait jamais à l'idée de « vérifier » que le client de vingt-quatre ans consomme bien de l'alcool, et cependant la plupart des gens se livrent à une vérification strictement équivalente dans la version originelle de l'énigme, avec les lettres et les chiffres.

Je vous ai promis dans la section précédente d'exposer une seconde raison expliquant la difficulté de l'énigme initiale. La comparaison des deux versions devrait vous mettre sur la voie. Vous avez deviné ?...

Songez à ce qui les différencie. La seconde version est facile à résoudre car elle permet d'utiliser un raccourci mental – une heuristique (voir « Rouge ou noir ? ») – basé sur notre expérience des bars et des boissons (« Vérifier que tout consommateur d'alcool a plus de dix-huit ans »). À l'inverse, la première s'avère difficile parce qu'on ne dispose dans son cas d'aucun raccourci utile. L'unique moyen de la résoudre consiste donc à l'analyser en détail de façon logique.

Or ceux qui s'y essaient échouent pour la plupart lamentablement. Cet exercice nous enseigne ainsi quelque chose de très profond sur le raisonnement humain : bien que nous aimions nous considérer comme des esprits logiques, au bout du compte, la plupart des gens se montrent en réalité incapables de suivre un raisonnement logique, même élémentaire, et mènent leur barque en se fiant à des raccourcis et à leurs intuitions. Nous avons déjà vu, au travers de plusieurs exemples, comment ces raccourcis, ces intuitions et ces erreurs de raisonnement pouvaient nous amener à des conclusions erronées (« Levez l'ancre ! », « La carotte ou le bâton », « Le patient », « Le ministre de la Santé », « Rouge ou noir ? »). Bien d'autres sont encore à venir.

« JE N'AI QU'UNE CHOSE À FAIRE : RÊVER »

« *All I Have To Do Is Dream* », c'est ce que chantaient les Everly Brothers, repris plus tard par Roy Orbison et par Kermit la Grenouille. S'ils avaient parlé de ce qu'il faut faire pour apprendre (ce qui n'est pas le cas), ils auraient eu raison.

Car, en effet, on apprend en dormant. Pour le constater par vous-même, faites donc ce simple exercice, dans l'idéal juste avant de vous coucher. Placez les quatre doigts de votre main non dominante (la gauche si vous êtes droitier et vice-versa) sur les touches D, F, G et H du clavier imprimé ci-dessous.

En déplaçant uniquement vos doigts, sans lever la main de la page, tapez la séquence « H D G F H » autant de fois que possible en l'espace de trente secondes. Demandez à un ami de vous chronométrer et de compter le nombre de séquences correctes. Si vous avez un vrai clavier d'ordinateur sous la main (ou une tablette, ou encore un téléphone), vous pouvez aussi taper la séquence dans un logiciel de traitement de texte ou une application de prise de notes, afin d'enregistrer votre frappe, et comptabiliser après coup le nombre de séquences correctes.

Maintenant, allez vous coucher.

Le lendemain matin, refaites à nouveau le même exercice. Que remarquez-vous ?

RÉPONSE

Eh oui ! Vous avez amélioré comme par magie votre frappe au clavier !

Les participants ayant réalisé l'expérience dans des conditions contrôlées (à 22 heures le soir puis à 10 heures le lendemain matin) ont vu leur vitesse d'exécution croître de 20 % sans rien perdre en précision. C'est le sommeil, et non pas simplement l'écart de douze heures, qui constitue ici l'élément crucial ; on en a la certitude, car les participants qui ont effectué l'exercice d'abord à 10 heures le matin puis à 22 heures le soir n'ont pas présenté la même amélioration.

Comment se fait-il que l'on puisse apprendre durant son sommeil ? Le cerveau emmagasine les informations – qu'il s'agisse de souvenirs, de faits ou, dans le cas présent, d'une configuration de mouvements musculaires – en modifiant la puissance des connexions interneuronales. Quand deux neurones s'activent au même moment, leur lien se trouve renforcé. L'apprentissage de la séquence de touches en situation éveillée entraîne donc le renforcement de certaines connexions spécifiques. Une fois qu'on est endormi, il semblerait que le cerveau rejoue les motifs d'activation neuronale apparus dans la journée. Ce qui signifie en fait que vous vous entraînez durant le sommeil – au niveau des cellules concernées –, tout aussi sûrement que si vous étiez réveillé et que vous exécutiez l'exercice pour de vrai[1].

D'où une prédiction intéressante : si vous rejouez de façon consciente la séquence de touches dans votre tête (c'est-à-dire en vous contentant d'y penser, sans l'exécuter réellement), vos performances – comme lorsque le cerveau rejoue cette séquence pendant votre sommeil – devraient alors s'améliorer. Plusieurs études ont montré que c'était effectivement le cas, non seulement pour des séquences de touches, mais aussi pour d'autres tâches motrices telles que le dessin de figures complexes.

Si vous êtes musicien et que les occasions de répéter se trouvent limitées par un voisinage sensible au bruit, inutile donc de vous inquiéter : vous pouvez en réalité vous exercer de manière assez efficace en visualisant mentalement les mouvements de doigts nécessaires pour jouer votre morceau.

Bon, où ai-je bien pu ranger ma guitare imaginaire ?

L'INTERPRÉTATION DES RÊVES

Ce titre est celui de l'ouvrage fondateur de Sigmund Freud sur l'analyse des rêves, paru en 1899. Vous trouverez ci-dessous, à gauche, quelques-uns des rêves étudiés par Freud et, à droite, les interprétations qu'il en a données. Votre tâche consiste à faire correspondre chaque rêve avec la bonne interprétation. Je dois vous avertir que cela n'a rien à voir avec les fadaises réconfortantes de la plupart des dictionnaires modernes sur l'interprétation des rêves (« les arcs-en-ciel représentent l'espoir et le succès ») ; Freud était avant tout préoccupé par le sexe et la mort. Les lecteurs sensibles sont donc invités à détourner les yeux.

Rêves

Vous souhaitez inviter des gens à dîner, mais vous n'avez rien d'autre que du saumon fumé. Tous les magasins sont fermés.

Interprétations

Vous êtes contrarié(e) de ne pas avoir réalisé votre ambition de devenir médecin.

L'enfant d'un(e) ami(e) est décédé.

Quand vous étiez petit(e), votre père ou votre mère vous réveillait souvent pour vous emmener aux toilettes, afin de ne pas mouiller votre lit.

Votre propre enfant est décédé et repose dans une boîte.

Vous désirez avoir des relations sexuelles avec votre mère.

Vous êtes arrêté(e) pour le meurtre d'un nouveau-né.

Vous êtes jaloux d'un(e) ami(e) dont vous pensez qu'il/elle plaît à votre partenaire, mais qui est un peu fluet(te) par rapport à ses goûts habituels.

Vous recevez une pénalité de l'administration fiscale pour n'avoir pas déclaré une partie de vos revenus.

Vous avez le béguin pour un(e) des ami(e)s d'un(e) de vos ami(e)s, et vous espérez qu'il/elle sera présent(e) aux funérailles.

Vous apercevez deux palais séparés par une petite maison. Votre époux/épouse vous conduit par un petit chemin jusqu'à la maison et ouvre la porte.

Vous avez une liaison avec quelqu'un, et craignez que les précautions prises des deux côtés pour éviter une grossesse n'aient pas fonctionné.

Vous – un homme – vous trouvez dans un lieu inconnu, mais avec la forte impression d'y avoir déjà été.

Vous avez vécu une grossesse non désirée.

Vous êtes debout au bord d'un lac dans le noir ; la lune pâle se reflète dans l'eau. Vous vous jetez dans le lac.

Vous souhaitez avoir des relations anales.

Vous êtes pourchassé(e) par des cambrioleurs ou par des fantômes.

Vous voulez un enfant.

RÉPONSES

Les interprétations de Freud sont indiquées ci-dessous. La plupart se passent assez bien d'explication, mais des notes sont ajoutées pour celles qui nécessitent une compréhension du symbolisme freudien.

Vous souhaitez inviter des gens à dîner, mais vous n'avez rien d'autre que du saumon fumé. Tous les magasins sont fermés.

Vous êtes jaloux d'un(e) ami(e) dont vous pensez qu'il/elle plaît à votre partenaire, mais qui est un peu fluet(te) par rapport à ses goûts habituels (*et que vous n'avez aucunement l'intention d'« engraisser » en l'invitant à dîner*).

L'enfant d'un(e) ami(e) est décédé.

Vous avez le béguin pour un(e) des ami(e)s d'un(e) de vos ami(e)s, et vous espérez qu'il/elle sera présent(e) aux funérailles.

Votre propre enfant est décédé et repose dans une boîte.

Vous avez vécu une grossesse non désirée. *La « boîte » n'est pas un cercueil ; en allemand, c'est un terme d'argot qui désigne le vagin de la femme.*

Vous êtes arrêté(e) pour le meurtre d'un nouveau-né.

Vous avez une liaison avec quelqu'un, et craignez que les précautions prises des deux côtés pour éviter une grossesse n'aient pas fonctionné.

Vous recevez une pénalité de l'administration fiscale pour n'avoir pas déclaré une partie de vos revenus.

Vous êtes contrarié(e) de ne pas avoir réalisé votre ambition de devenir médecin. *Les médecins possèdent généralement des revenus élevés.*

Vous apercevez deux palais séparés par une petite maison. Votre époux/épouse vous conduit par un petit chemin jusqu'à la maison et ouvre la porte.

Vous souhaitez avoir des relations anales. *Le symbolisme est ici plutôt évident.*

Vous – un homme – vous trouvez dans un lieu inconnu, mais avec la forte impression d'y avoir déjà été.

Vous désirez avoir des relations sexuelles avec votre mère. *Le fameux « complexe d'Œdipe » de Freud ; le lieu familier représente le vagin de la mère.*

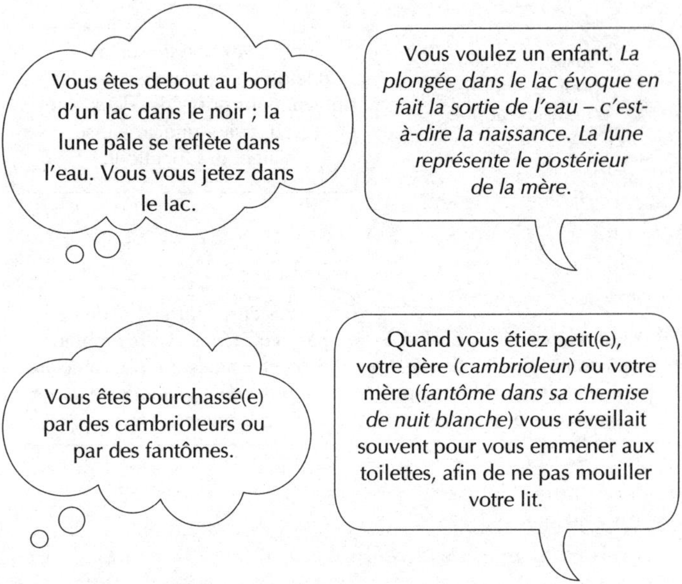

Quel est le point de commun entre toutes ces interprétations ? Selon Freud, tous les rêves se rapportent à l'accomplissement d'un désir. La plupart des gens ont déjà plus ou moins entendu parler de cette idée et se sentent donc un peu coupables lorsqu'ils rêvent – par exemple – de la mort d'un proche ou d'un ami. Une part importante de la théorie freudienne soutient cependant que les rêves sont souvent associés à l'accomplissement d'un désir « déguisé ». Ce que vous souhaitez vraiment, ce n'est donc pas tant, par exemple, que l'enfant de votre ami(e) décède, mais de voir la personne désirée venir aux funérailles. Souvent, les rêves représentent en outre non pas des désirs actuels mais des désirs issus de l'enfance. Nombre d'entre eux – comme celui d'avoir des relations sexuelles avec sa mère – ont été réprimés : écartés de la pensée consciente et maintenus dans l'inconscient.

Dans la psychanalyse freudienne, le thérapeute propose au patient une interprétation de ses rêves, de ses fantasmes et de ses associations libres (celles par exemple du test de Rorschach). Le but est de lui permettre de faire la lumière sur ses propres problèmes, et d'aboutir par la suite à des solutions possibles. Bien entendu, personne n'a le moindre moyen de savoir si les interprétations fournies par le thérapeute sont exactes ou révélatrices – et encore moins le patient lui-même, dont on attend non seulement qu'il ait réprimé ses pensées et ses désirs les plus importants, mais aussi qu'il mette en place des mécanismes de défense.

C'est précisément le problème que pose la démarche de Freud. Sa focalisation sur des interprétations subjectives impossibles aussi bien à confirmer qu'à réfuter la rend invérifiable ; or si elle n'est pas vérifiable, une théorie scientifique devient vaine. Celle selon laquelle « fumer provoque le cancer » peut être vérifiée en étudiant l'une des prédictions qui découlent de cette affirmation : le fait, notamment, toutes choses étant par ailleurs égales, que les fumeurs présentent un taux de cancer supérieur aux non-fumeurs. La théorie qui prétend que les rêves évoquent l'accomplissement déguisé de désirs souvent réprimés ne peut être vérifiée de la sorte. Afin de comprendre pourquoi, reprenons l'hypothèse que le rêve d'un lieu familier refléterait le désir infantile réprimé d'un inceste maternel. Impossible de la vérifier en demandant simplement aux personnes qui font ce rêve si elles possèdent aussi ce désir : puisqu'il est réprimé, comment pourraient-elles le savoir[1] ?

La théorie de Freud – pour emprunter une citation du physicien Wolfgang Pauli – n'est par conséquent « même pas fausse ». Celle qui dit que le soleil tourne autour de la terre, quoique parfaitement erronée, présente au moins le mérite d'être vérifiable. La théorie de Freud[2], elle, ne pourrait même pas aspirer à être fausse, puisqu'il lui faudrait émettre pour cela une prédiction susceptible d'être vérifiée.

MORALITÉ : PAS D'ACCORD/PAS DU TOUT D'ACCORD (SUITE DE LA PAGE 139)

Vous n'êtes pas d'accord (ou pas du tout d'accord) avec l'affirmation selon laquelle « même si un acte donné risque de porter atteinte à un innocent, il est parfois moralement acceptable de le commettre ».

Dans l'espace vierge ci-dessous, énumérez jusqu'à cinq raisons justifiant qu'il n'est jamais moralement acceptable de commettre un acte susceptible de porter atteinte à un innocent.

1. ....
....

2. ....
....

3. ....
....

4. ....
....

5. ....
....

Rendez-vous maintenant à la page 141 pour découvrir ce que vos réponses révèlent à votre sujet.

LA MARCHE DU TEMPS (1re PARTIE)

Dans *Nouvelle réfutation du temps*, l'essayiste argentin Jorge Luis Borges caractérise le temps comme un fleuve, comme un tigre et comme un feu dévorant, tout cela en l'espace d'une seule phrase. Lorsqu'on parle du temps, peut-être s'agit-il d'un concept tellement abstrait qu'on ne peut s'empêcher d'user de métaphores : le temps est un océan, un voleur, un pingre, une prison, un maître, un baume qui apaise ; le temps, c'est de l'argent. Mais les métaphores qu'on utilise pour en parler seraient-elles si puissantes qu'elles façonneraient notre manière de le « penser » ?

Afin de le découvrir, munissez-vous d'un chronomètre et mesurez le temps qu'il vous faut pour répondre aux séries de triptyques « vrai ou faux » proposés à partir de la page suivante. Voyez l'exemple ci-dessous.

○ ● Le cercle noir est en dessous du cercle blanc	■ □ Le carré blanc est au-dessus du carré noir	Mars vient après avril

Les réponses sont ici, de gauche à droite : vrai, faux, faux.

Pour les questions sur les mois, nous nous plaçons au sein d'une année calendaire donnée. Ainsi, même si l'on pense normalement que janvier vient après décembre (en d'autres termes, que le jour de l'an arrive juste après Noël), dans le cadre de notre exercice le mois de janvier ne suit pas celui de décembre mais le précède (janvier 2015 vient avant décembre 2015).

Ces questions sont de toute évidence extrêmement simples, et la plupart des gens y répondent correctement (je ne prendrai pas la peine de vous donner les solutions !). Le facteur important, c'est la vitesse ; passez de l'une à l'autre aussi vite que possible, en déclamant vos réponses au fur et à mesure. Si vous commettez une erreur ici ou là, ne vous arrêtez pas pour corriger ; contentez-vous de poursuivre.

LA MARCHE DU TEMPS (2e PARTIE)

 Le chat noir est devant le chat blanc	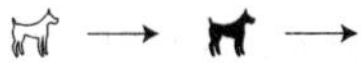 Le chien blanc est derrière le chien noir	Février vient après avril
 Le chien blanc est derrière le chien noir	 La vache blanche est devant la vache noire	Juillet vient avant mai
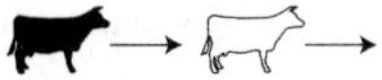 La vache blanche est devant la vache noire	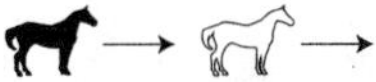 Le cheval noir est derrière le cheval blanc	Avril vient avant septembre
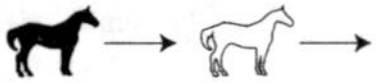 Le cheval noir est derrière le cheval blanc	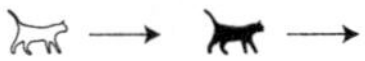 Le chat noir est derrière le chat blanc	Mai vient avant juillet
 Le chat noir est derrière le chat blanc	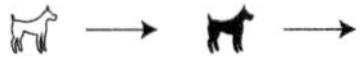 Le chien blanc est devant le chien noir	Juin vient avant octobre
 Le chien blanc est devant le chien noir	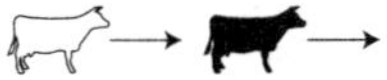 La vache blanche est derrière la vache noire	Janvier vient après août
 La vache blanche est derrière la vache noire	 Le cheval noir est devant le cheval blanc	Août vient après mars
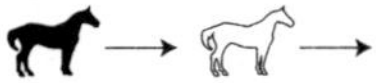 Le cheval noir est devant le cheval blanc	 Le chat noir est devant le chat blanc	Mars vient après juin

ARRÊTEZ LE CHRONOMÈTRE ! Et prenez une petite pause avant de vous chronométrer sur la prochaine série de huit questions.

LA MARCHE DU TEMPS (3e PARTIE)

 Le chat noir est au-dessus du chat blanc	 Le chien blanc est en dessous du chien noir	Février vient après décembre
 Le chien blanc est en dessous du chien noir	 La vache blanche est au-dessus de la vache noire	Octobre vient avant novembre
 La vache blanche est au-dessus de la vache noire	 Le cheval noir est en dessous du cheval blanc	Novembre vient avant mai
 Le cheval noir est en dessous du cheval blanc	 Le chat noir est en dessous du chat blanc	Mars vient avant novembre
 Le chat noir est en dessous du chat blanc	 Le chien blanc est au-dessus du chien noir	Décembre vient après septembre
 Le chien blanc est au-dessus du chien noir	 La vache blanche est en dessous de la vache noire	Janvier vient après juillet
 La vache blanche est en dessous de la vache noire	 Le cheval noir est au-dessus du cheval blanc	Septembre vient après août
 Le cheval noir est au-dessus du cheval blanc	 Le chat noir est au-dessus du chat blanc	Février vient avant janvier

ARRÊTEZ LE CHRONOMÈTRE ! Notez le temps que vous avez mis. Avez-vous été plus rapide sur la première série ou sur la seconde ?

La plupart des gens répondent plus vite à la première série. Ce fut du moins la conclusion d'une version plus sophistiquée et informatisée de cette étude, menée par l'université de Stanford, en Californie.

Mais sauriez-vous deviner pourquoi ?

RÉPONSE

La différence essentielle réside dans le fait que les questions sur les images font intervenir dans la première série des relations spatiales horizontales (« devant » et « derrière »), et dans la seconde des relations verticales (« au-dessus » et « en dessous »).

Pourquoi le fait de penser à des relations spatiales horizontales – plutôt que verticales – nous aide-t-il à calculer l'ordre des mois dans l'année ? La raison en est qu'un grand nombre des métaphores utilisées en français pour parler du temps s'appuient sur des relations spatiales horizontales. On dit par exemple des événements futurs qu'ils sont « devant » nous, et du passé qu'il se trouve « derrière ». Ces termes-là sont d'ailleurs à ce point ancrés dans notre manière d'évoquer et d'envisager le temps qu'ils nous apparaissent rarement comme des métaphores. Ce qu'ils sont pourtant malgré tout. La semaine qui vient de s'écouler n'est pas littéralement « derrière » nous, au sens où un enfant pourrait par exemple se cacher derrière le canapé ou le passager d'un train de banlieue derrière son journal. La métaphore d'« avancer » vers l'avenir, en regardant parfois « en arrière », n'est précisément rien d'autre qu'une métaphore.

Si l'idée de parcourir le temps sur un axe horizontal – le passé derrière et le futur devant – ne constitue réellement qu'une métaphore, par opposition à une quelconque réalité littérale du continuum spatio-temporel, il devrait exister d'autres langues qui en parlent d'une manière différente. Y en aurait-il une qui utiliserait une métaphore verticale, et où par exemple les événements passés seraient « au-dessus » et les événements futurs « en dessous » ? La réponse est oui : c'est le cas du mandarin. Si l'on demande à quelqu'un dont le mandarin est la langue maternelle d'effectuer le même test que vous, cela veut-il dire qu'il sera plus rapide sur la seconde série (celle avec les illustrations dans le sens vertical) que sur la première (sens horizontal) ? Là encore, la réponse est positive. L'étude de Stanford – bien qu'entièrement menée en anglais – a établi que les mandarinophones répondaient plus vite aux questions sur les mois lorsqu'elles faisaient suite aux questions basées sur des illustrations verticales plutôt qu'horizontales, vraisemblablement parce qu'ils avaient coutume d'envisager le temps selon cet axe-là. En d'autres termes, même s'ils répondaient en anglais, les mandarinophones « pensaient » en mandarin.

Pour comprendre ce que ces études nous apprennent, j'aimerais vous ramener (ou, si vous parlez mandarin, vous « remonter ») à 1984, ou du moins au célèbre roman de George Orwell qui porte ce titre. Dans cette dystopie, un gouvernement autoritaire a créé un nouveau langage, le « novlangue », et supprimé du dictionnaire des mots tels que « démocratie » et « liberté ». « Le but du novlangue, écrit Orwell, était non seulement de fournir un mode d'expression aux idées générales et aux habitudes mentales des dévots de l'angsoc [le Socialisme anglais, crédo politique du gouvernement], *mais de rendre impossible tout autre mode de pensée* » (c'est moi qui souligne).

Orwell adopte ici la position radicale du *déterminisme linguistique* : l'idée selon laquelle la langue d'un individu exercerait une telle influence sur sa manière de penser que l'absence d'un mot pour désigner un concept donné (la démocratie, par exemple) l'empêcherait littéralement de le concevoir. Bien qu'une position de cet ordre ait été sérieusement défendue dans les années 1950 par une poignée de psychologues, diverses études l'ont rapidement mise à mal en montrant que les locuteurs de certaines langues qui ne proposaient que deux termes (« clair » et « foncé ») pour désigner les couleurs – comme les dialectes Dani pratiqués dans les montagnes de Nouvelle-Guinée – étaient malgré tout capables de faire la distinction entre différentes couleurs pour lesquelles ils n'avaient pas de noms (entre le bleu et le rouge, par exemple, ou le vert et le jaune). Ces études[1] ont démontré qu'il était bel et bien possible de concevoir une idée pour laquelle on ne possédait pas de mot dans sa langue (« verdeur », par exemple). En dehors même des notions de couleurs, il suffit de réfléchir un instant pour se rendre compte que des concepts tels que « chat », « triangle » ou, justement, « démocratie », sont forcément apparus en premier et n'ont été nommés que plus tard. L'alternative – l'idée que les mots « chat », « triangle » et « démocratie » existaient déjà et attendaient qu'on leur donne un sens – est manifestement absurde.

Personne ne croit aujourd'hui – en tout cas plus aucun psychologue ni aucun linguiste – que la langue détermine la pensée. L'étude de Stanford, dont vous venez d'accomplir une version abrégée, visait à explorer une possibilité bien plus modeste : le fait que la langue puisse non pas déterminer, mais façonner la pensée. Hypothèse qu'elle semble effectivement étayer. De nos jours, la plupart des psychologues et des linguistes estiment que la langue façonne la pensée selon un mécanisme strictement contraire à celui proposé par Orwell. Une langue donnée ne vous *empêche* aucunement de penser aux choses auxquelles vous pourriez vouloir penser (comme la démocratie). Elle vous *oblige* en revanche parfois à envisager des choses que vous auriez pu autrement ignorer (ou que vous préféreriez peut-être ne pas préciser).

À titre d'exemple, les locuteurs du Guugu Yimithirr, langue d'une tribu aborigène isolée d'Australie, n'utilisent pas de termes tels que « devant » ou « derrière », ni même « à gauche » ou « à droite ». Ils décrivent à la place toutes les positions géographiques de manière absolue. Un locuteur de cette langue pourrait donc vous avertir d'une présence derrière vous en indiquant : « Quelqu'un se trouve à l'est/à l'ouest/au nord/au sud », ou même vous demander de lever votre main « sud ». Le Guugu Yimithirr façonne par conséquent les pensées de ses locuteurs en les obligeant à envisager une chose qui viendrait rarement à l'idée de la plupart des francophones : la position géographique absolue de celui qui parle et de celui qui écoute.

Plus proche de nous, alors qu'un anglophone pourrait annoncer qu'il a rendez-vous avec un ou une ami(e) sans fournir le moindre indice sur le sexe de cette personne (« *a friend* »), le francophone ne peut se permettre ce luxe. Il est contraint de préciser s'il a rendez-vous avec un ami (homme) ou une amie (femme). Le français façonne donc les pensées de ses locuteurs en les obligeant à considérer des questions qu'un anglophone n'aurait jamais besoin de se poser (« Devrais-je mentir et dire que je vais voir un ami, alors qu'il s'agit en réalité d'une femme ? »).

Toutefois, n'exagérons pas l'importance de ces effets : nous parlons essentiellement ici de tendances plutôt que d'absolus. Ainsi, bien que les métaphores temporelles verticales et horizontales occupent respectivement une place prédominante en mandarin et en français, chacune de ces deux langues en utilise néanmoins quelques-unes de l'autre type, surtout dans certains contextes spécifiques.

TELLEMENT ÉVIDENT

De tous les tests proposés dans ce livre, celui-ci est le plus simple. Il se compose de trois questions très faciles. Alors qu'attendez-vous pour y répondre ?...

1. Un cahier et un crayon coûtent au total 1,10 €. Le cahier coûte 1 € de plus que le crayon. Combien coûte le crayon ?

2. Si 5 machines ont besoin de 5 minutes pour produire 5 marteaux, combien de temps faut-il à 100 machines pour en produire 100 ?

3. Une forêt se trouve ravagée par une maladie qui provoque la mort des arbres. Chaque jour, la superficie d'arbres morts est multipliée par deux. S'il faut 30 jours pour que la maladie détruise la forêt tout entière, combien lui faut-il de temps pour en détruire la moitié ?

RÉPONSE

Ces trois questions possèdent chacune une réponse évidente :

1. 10 centimes
2. 100 minutes
3. 15 jours

Mais comme dit l'adage, le fou se rue là où le sage s'arrête. Les réponses évidentes sont toutes fausses. Voici les bonnes :

1. 5 centimes (le cahier coûte 1,05 €)
2. 5 minutes (le temps qu'il faut à X machines pour produire X marteaux)
3. 29 jours (le 30e jour, la superficie d'arbres morts qui couvrait la moitié de la forêt est multipliée par deux et en couvre donc la totalité).

Ces réponses coulent toutes de source, quand on y réfléchit. Or c'est bien là le problème. Comme il existe à chaque fois une réponse « évidente » – quoique fausse –, beaucoup de personnes ne prennent pas la peine d'y réfléchir.

Ce test permet d'évaluer votre *style cognitif* (ou *style de pensée*). Les gens qui ne peuvent absolument pas s'empêcher de donner la réponse qui leur « semble juste » ont un style « intuitif » ; ils sont impulsifs et laissent le cœur prendre le pas sur la raison. Ceux qui repèrent le piège ont un style « analytique » ; ils prennent le temps de réfléchir avant de déterminer la solution.

Loin de moi l'idée d'affirmer qu'un de ces styles soit meilleur que l'autre. Cela dit, les personnes qui ont un style analytique :

- sont moins enclines à tricher aux examens
- sont plus intelligentes et ont davantage de chances d'étudier dans une université prestigieuse

- se montrent plus patientes (voir « Trop impatient pour attendre »), ce qui présage – comme on le verra plus loin – d'une bonne résistance aux addictions, aux jeux d'argent et à l'obésité (voir « Accros aux gâteaux »)
- sont moins sensibles aux effets de cadrage (voir « Le ministre de la Santé ») et aux effets de coûts perdus que nous verrons dans une section ultérieure (je ne veux pas vous gâcher la surprise)
- sont moins portées sur la religion
- sont plus souvent des hommes

En effet, les hommes enregistrent sur ce test de meilleures performances que les femmes (avec respectivement une moyenne d'1,5 réponse correcte contre 1 seulement), même en tenant compte des scores obtenus lors d'un test standardisé d'aptitude mathématique. L'aptitude mathématique n'a d'ailleurs pas grand-chose à voir avec le test proposé, car les calculs sont ici plutôt simples. La difficulté consiste d'abord à repérer le piège. Alors que les hommes donnent toute une variété de réponses erronées, les femmes ont davantage tendance à fournir la réponse intuitive – mais fausse (les tests de QI « pur » ne révèlent aucune disparité de ce genre). Nul n'affirme bien entendu que ces différences soient d'origine génétique. Peut-être la société dissuade-t-elle les femmes d'adopter un mode de pensée analytique plutôt qu'intuitif, et peut-être que le raisonnement intuitif s'avère en réalité plus utile que le raisonnement analytique dans la plupart des scénarios de la vie courante.

Ce qui surprend cependant, c'est que la notion d'« intuition féminine » – qu'on serait tenté de ranger parmi les balivernes d'une psychologie de bazar – semble bel et bien receler un fond de vérité. Que ce soit ou non une bonne chose, les femmes sont réellement plus intuitives que les hommes.

Ce qui nous amène au sujet suivant…

LES HOMMES VIENNENT DE MARS, LES FEMMES VIENNENT DE VÉNUS

S'agissant de leur psychologie, vous avez sans doute déjà entendu dire que les hommes venaient de Mars et les femmes de Vénus. Mais sont-ils réellement si différents ? Qu'en pensez-vous ?

Sur la grande majorité des traits psychologiques, hommes et femmes ne présentent pas de différences spectaculaires. Lorsqu'on en observe malgré tout, elles sont en général ténues, et largement exagérées pour rendre l'histoire plus intéressante. Même quand les hommes et les femmes obtiennent une moyenne sensiblement distincte sur une mesure ou un test donné, cela dissimule souvent un chevauchement considérable entre les deux groupes : en regard des différences individuelles au sein du même sexe, les disparités intersexuelles paraissent infimes.

Pour comprendre ce que cela signifie, prenons une mesure qui fait effectivement apparaître une différence radicale entre les hommes et les femmes : la distance maximale où ils peuvent lancer une balle.

Les deux courbes, aussi bien celle des hommes que celle des femmes, suivent ce qu'on appelle une *distribution normale*, ou *courbe en cloche*. La plupart des hommes atteignent une distance située dans la moyenne ; quelques-uns sont capables de lancer la balle vraiment très loin, et quelques autres ne l'envoient qu'à une faible distance. Il en va de même pour les femmes. En matière de lancer de balle, les moyennes (représentées par les sommets des courbes) sont assez éloignées et les deux courbes se chevauchent relativement peu. En réalité, l'homme « moyen » ne se contente pas de lancer sa balle sensiblement plus loin que la moyenne des femmes ; il la lance aussi plus loin que 98 % de l'ensemble des membres du sexe opposé.

Longueur du lancer

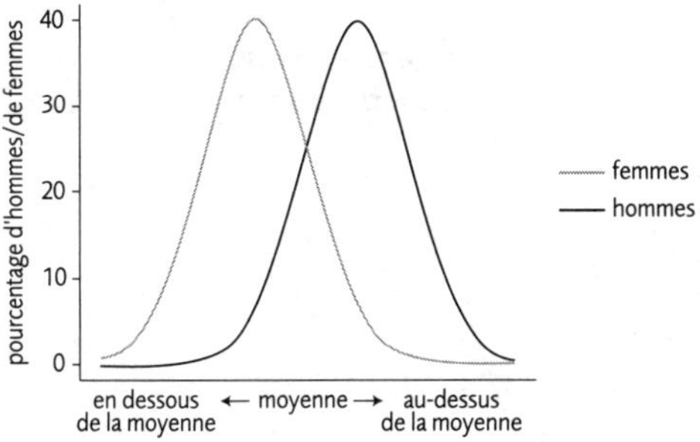

Visualisons maintenant sur le même repère quelques différences intersexuelles touchant à la psychologie. N'importe quel psychologue vous dira que les hommes perçoivent mieux l'espace que les femmes[1]. Et c'est vrai. Mais à quel point ?

Performance à un test de perception de l'espace

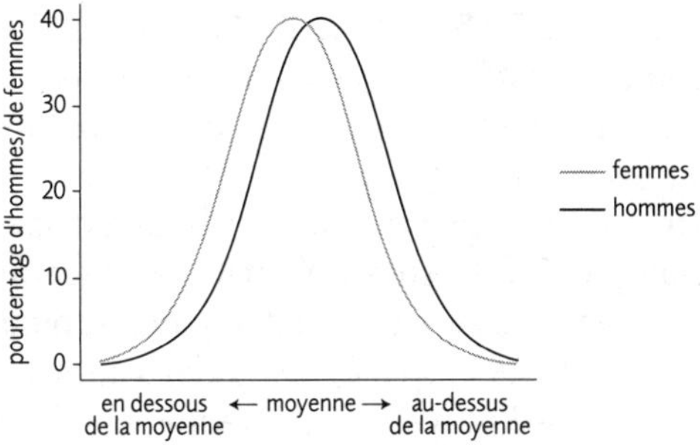

Eh bien la gent masculine est un peu meilleure, mais pas tant que ça. En fait, 33 % des femmes perçoivent mieux l'espace que la moyenne des hommes.

Si j'ai choisi cet exemple, c'est en outre parce que la perception de l'espace constitue peut-être la mesure d'ordre psychologique sur laquelle les hommes affichent le plus gros avantage. Voyons ce qu'il en est pour une autre supériorité typique des hommes : la résolution de problèmes mathématiques.

Performance à un test de mathématiques

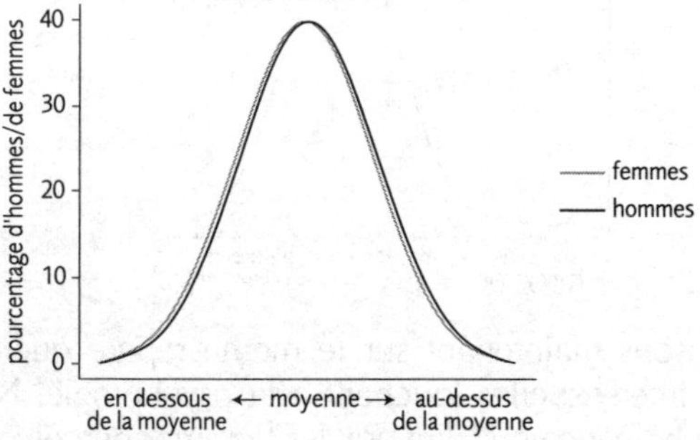

Certes, les hommes réussissent mieux[2], mais avec un écart tellement infinitésimal que 47 % des femmes obtiennent de meilleurs résultats que la moyenne des hommes (si cette proportion était de 50 %, hommes et femmes présenteraient bien entendu des performances strictement identiques).

Voyons maintenant un domaine dans lequel les femmes surclassent les hommes : celui du langage (avec en l'occurrence un test standardisé portant sur la détection d'erreurs de grammaire, tiré d'un ensemble baptisé *Tests différentiels d'aptitudes*). On constate ici une différence similaire à celle de la perception de l'espace, mais dans le sens opposé. Les femmes sont en moyenne meilleures que les hommes, mais 33 % des hommes font mieux que la moyenne des femmes :

Performance à un test de langue

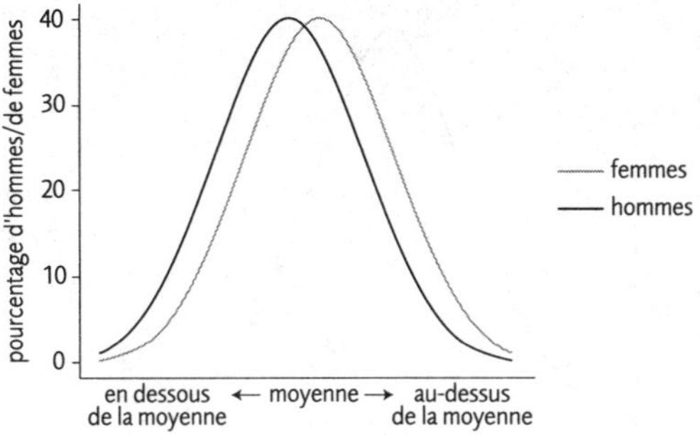

Cependant, là encore, j'ai choisi ce test parce qu'il rend compte sur le plan psychologique de l'un des avantages les plus importants jamais observé en faveur des femmes. Celui associé à l'auto-évaluation du niveau de bonheur s'avère plus représentatif, avec une différence similaire à celle du test de maths mais dans le sens opposé : les femmes font état en moyenne d'un niveau de bonheur plus élevé, mais 47 % des hommes se disent plus heureux que la moyenne des femmes (à nouveau, une proportion de 50 % témoignerait ici d'une égalité parfaite entre les sexes) :

Il ne s'agit pas là d'exemples isolés. Une analyse récente portant sur 124 différences intersexuelles a établi que 30 % d'entre elles étaient d'une ampleur comparable à celle du test de maths ou du niveau de bonheur, 15 % à celle du test de perception spatiale ou du test de langue, et que 48 % des différences se situaient quelque part entre les deux[3]. 8 % seulement étaient plus importantes, mais la plus grande de toutes les différences d'ordre psychologique (l'attitude vis-à-vis de la masturbation et des rapports sexuels occasionnels) n'atteignait même pas la moitié de l'écart observé sur le lancer de balle.

Auto-évaluation du bonheur

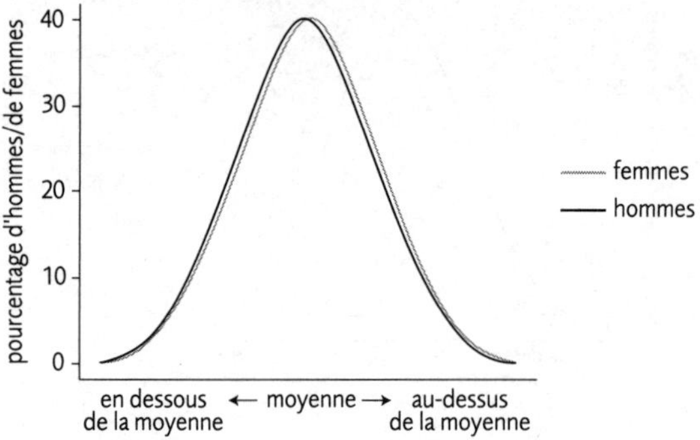

Les généralisations sexuelles suivantes (matière première des gourous qui professent que « les hommes viennent de Mars et les femmes de Vénus ») sont donc toutes vraies. Mais dans chaque cas, les différences s'avèrent toutefois bien inférieures à celles – déjà loin d'être énormes – du test de maths ou du niveau de bonheur, illustrées ci-dessus :

- Les hommes attribuent davantage leurs succès à leurs propres efforts, coupent plus souvent la parole, sont davantage enclins aux agressions verbales, ont un esprit de compétition plus affirmé et réussissent mieux dans les négociations, sont davantage excités par la pornographie, ont plus d'assurance et sont plus à l'aise avec l'outil informatique. Ils ont aussi une plus haute estime d'eux-mêmes et sont plus tranquilles avec leur corps.
- Les femmes attribuent davantage leurs réussites comme leurs échecs à la chance, sont meilleures en orthographe, plus loquaces, acceptent plus volontiers de divulguer des informations personnelles à des étrangers, sont

davantage sujettes à l'anxiété, à la névrose et à la rumination de leurs problèmes, se montrent plus sociables, plus consciencieuses, analysent mieux les expressions du visage[4], sont plus douées pour le report de gratification (voir « Trop impatient pour attendre »). Elles sourient aussi davantage que les hommes, surtout si elles se savent observées.

Avant que vous n'ergotiez, au vu de tout ceci, que les hommes et les femmes viennent bel et bien de planètes psychologiques différentes, permettez-moi encore une fois de souligner le caractère extrêmement ténu de ces disparités : d'un sexe à l'autre, les différences d'ordre psychologique sont à peu près toutes si faibles qu'elles restent négligeables face aux énormes variations entre individus du même sexe.

En résumé, si les hommes viennent de Mars®, alors les femmes viennent de Snickers® – l'un contient peut-être un peu plus de noisettes que l'autre, mais ils sont au fond pratiquement identiques.

CONCENTREZ-VOUS SUR VOTRE TRICOT

Contrairement aux idées reçues, nous savons donc désormais que les hommes et les femmes affichent des performances à peu près identiques concernant la plupart des mesures de capacité mentale. Mais qu'en est-il de l'aspect « multitâche », autrement dit de la faculté à mener de front plusieurs tâches en même temps[1] ? Comme le dit une publicité récente, « s'il y a bien une chose que les femmes savent faire, c'est plusieurs choses à la fois », pas vrai ?

Nous allons vite le vérifier. Mesurons d'abord votre propre aptitude au multitâche. Vous aurez besoin d'un ami pour vous aider.

Le test se divise en cinq blocs comprenant chacun de trois à sept problèmes mathématiques. Votre ami vous lira chaque problème et vous devrez répondre « vrai » ou « faux », à voix haute, aussi rapidement que possible. Il vous indiquera alors une lettre à mémoriser. Une fois tous les problèmes d'un bloc résolus, vous devrez essayer de vous rappeler toutes les lettres dans le bon ordre.

Voici un petit entraînement :

Bloc d'entraînement

Votre ami lit	Vous répondez	Votre ami lit
2 × 3 × 1 = 6	Vrai	G
4 – 1 – 2 = 0	Faux	P
1 + 4 + 7 = 11	Faux	D
Récitez maintenant les lettres dans l'ordre (votre ami note ici votre réponse).	G, P, D.	

Tournez à présent la page pour commencer le test.

CONCENTREZ-VOUS SUR VOTRE TRICOT : TEST

Bloc A

Votre ami lit	Vous répondez	Votre ami lit
17 + 2 + 8 = 28	Vrai/Faux	T
7 × 2 × 2 = 28	Vrai/Faux	N
3 × 11 × 0 = 33	Vrai/Faux	P
29 – 8 – 7 = 17	Vrai/Faux	H
Récitez maintenantles lettres dans l'ordre (votre ami note ici votre réponse).		

Bloc B

Votre ami lit	Vous répondez	Votre ami lit
7 × 6 × 2 = 84	Vrai/Faux	S
2 + 1 + 7 = 11	Vrai/Faux	N
54 + 4 + 14 = 72	Vrai/Faux	K
5 – 4 – 1 = 0	Vrai/Faux	T
4 × 3 × 4 = 48	Vrai/Faux	H
2 + 4 + 8 = 10	Vrai/Faux	L
67 – 8 – 7 = 50	Vrai/Faux	Y
Récitez maintenant les lettres dans l'ordre.		

Bloc C

Votre ami lit	Vous répondez	Votre ami lit
2 × 3 × 3 = 18	Vrai/Faux	Q
2 × 5 × 5 = 50	Vrai/Faux	N
23 – 7 – 2 = 14	Vrai/Faux	L
3 – 0 – 3 = 3	Vrai/Faux	Y
26 + 6 + 6 = 38	Vrai/Faux	J
Récitez maintenant les lettres dans l'ordre.		

Bloc D

Votre ami lit	Vous répondez	Votre ami lit
1 × 3 × 2 = 5	Vrai/Faux	F
8 – 1 – 2 = 5	Vrai/Faux	Q
3 + 11 + 7 = 20	Vrai/Faux	Y
Récitez maintenant les lettres dans l'ordre.		

Bloc E

Votre ami lit	Vous répondez	Votre ami lit
1 × 6 × 6 = 36	Vrai/Faux	J
3 + 73 + 7 = 103	Vrai/Faux	F
54 – 6 – 8 = 40	Vrai/Faux	P
12 × 2 × 3 = 72	Vrai/Faux	N
0 – 1 – 1 = –2	Vrai/Faux	S
2 + 8 + 13 = 23	Vrai/Faux	Y
Récitez maintenant les lettres dans l'ordre.		

RÉPONSES

Pour évaluer votre score, comptez d'abord le nombre total de lettres correctement placées au sein de chaque bloc. Pour le bloc A, par exemple, la réponse correcte est T, N, P, H ; si vous avez dit « T, N, P, H », vous marquez donc 4 points. Si vous avez répondu « T, N, *B*, H », vous n'en marquez que 3.

Inscrivez le score obtenu pour chaque bloc dans le tableau ci-dessous, puis additionnez-les pour connaître votre score total (sur un maximum de 25).

Bloc	Score	Maximum
A		4
B		7
C		5
D		3
E		6
Total		**25**

Le score moyen est d'environ 19 sur 25 ; la plupart des gens se situent quelque part entre 15 et 23. Si vous avez obtenu 24 ou 25, félicitations : vous présentez d'excellentes aptitudes au multitâche ! Si vous avez obtenu moins de 15, désolé, mais vous n'êtes guère doué pour cela.

Les résultats d'une récente étude suggèrent de manière intéressante que les personnes peu douées pour le multitâche (d'après un test de ce type) cherchent en réalité davantage que les autres à mener plusieurs tâches simultanément dans la vie de tous les jours. Pourquoi ? Eh bien il s'avère que les gens qui s'essaient particulièrement au multitâche le font en raison de leur nature impulsive et parce qu'ils sont en quête de sensations (voir « Votre profil de personnalité »), soit précisément les caractéristiques dont on ne veut pas. Comme le montre ce test, accomplir plusieurs tâches en même temps nécessite d'importants efforts mentaux et une solide concentration – ce qui manque généralement aux impulsifs amateurs de sensations fortes.

Mais les femmes sont-elles vraiment meilleures que les hommes sur ce plan-là ? Jusqu'à une époque récente, les psychologues ont paru étonnamment réticents à explorer ce sujet. L'étude mentionnée ci-dessus, par exemple, ne distingue même pas les scores en fonction du sexe, ce qui aurait pourtant été d'une simplicité triviale.

Ces dernières années, les auteurs de trois nouvelles études ont néanmoins eu le courage de prendre cette question à bras-le-corps. La première étude, qui demandait aux participants de suivre simultanément trois horloges différentes ainsi qu'une liste de noms, a montré que les hommes s'en sortaient en réalité mieux que les femmes, mais seulement d'environ 10 %[2]. La seconde étude, basée sur des problèmes de recherche de mots et de résolution de sudokus, n'a révélé aucune différence entre les sexes ; hommes et femmes réussissaient tous deux moins bien lorsqu'on leur demandait d'aller et venir d'un problème à l'autre plutôt que d'en résoudre un avant de passer au suivant. La troisième, qui a donné un avantage aux femmes, se montre probablement la plus convaincante, car elle reposait sur des tâches de la vie courante qu'on doit souvent mener de front : trouver un restaurant sur une carte, répondre à un appel téléphonique et chercher une clé égarée. L'avantage féminin demeurait toutefois relativement faible, comparable à celui du test de langue évoqué dans la section précédente (« Les hommes viennent de Mars… »).

Les femmes sont-elles donc réellement plus douées que les hommes pour le multitâche ? La conclusion la plus honnête, c'est qu'elles sont effectivement un peu meilleures. Mais pas pour tous les types de tâches.

Une chose, cependant, reste tout à fait claire. Si vous faites partie des gens qui adorent effectuer plusieurs tâches à la fois… alors vous êtes précisément le genre de personne qui devrait sans doute s'en abstenir.

QUEL EST MON QI ?

Les tests de QI (quotient intellectuel), qui prétendent mesurer l'intelligence, se sont attiré beaucoup de critiques. On leur objecte souvent que nous n'avons aucune idée de ce qu'est vraiment l'« intelligence » et que si ces tests mesurent quoi que ce soit de valable, ce n'est que la qualité de l'instruction reçue par le sujet. En un sens, c'est tout à fait vrai. L'« intelligence » ne relève pas d'une définition objective sur laquelle nous pourrions tous nous mettre d'accord (comme celle de la taille, par exemple) : les experts eux-mêmes restent divisés sur la manière de définir ce concept. En outre, beaucoup de tests de QI mesurent effectivement des aspects qui peuvent être améliorés par l'instruction, tels que le vocabulaire, la culture générale ou la capacité à percevoir des similitudes entre différents objets (le fait qu'une table « ressemble » à une chaise, par exemple, car ce sont toutes deux des pièces de mobilier).

Mais dans un autre sens, plus important, ces critiques passent à côté de l'essentiel. Même si nous ne pourrons jamais tomber tous d'accord sur la signification exacte du terme d'« intelligence », les scores obtenus dans les tests de QI prédisent plutôt bien la réussite scolaire des individus ou leur niveau de revenus. Quel que soit ce qu'ils mesurent, c'est donc quelque chose qui nous importe. Et si beaucoup de tests de QI évaluent ce qu'on nous enseigne plus ou moins explicitement à l'école, beaucoup d'autres ne sont pas dans ce cas.

Entrent en scène ici les *matrices progressives de Raven*, un test élaboré à l'origine dans les années 1930 par un psychologue du nom de John C. Raven. De nombreux experts considèrent qu'il n'existe pas de meilleur outil pour mesurer l'intelligence, car il s'agit d'un test non verbal, c'est-à-dire d'un test qui ne repose pas sur le langage[1]. Il fournit donc – contrairement au vocabulaire, à la culture générale ou aux « similitudes », qui peuvent tous s'enseigner à l'école – une mesure *relativement* pure de l'intelligence, par opposition à la simple qualité de l'instruction du sujet testé. Cela veut dire aussi qu'il se montre *relativement* équitable pour des sujets issus de groupes ethniques et socio-économiques différents. Il l'est en tout cas davantage qu'un test de vocabulaire, susceptible par exemple de contenir des termes que le groupe en question n'a pas l'habitude d'employer.

Vous noterez que j'ai insisté par deux fois sur l'adverbe « relativement ». Aucun test n'échappera jamais totalement aux effets de la scolarité, ne serait-ce que parce que l'école nous entraîne à acquérir certaines compétences essentielles pour y répondre, comme celles de s'asseoir, de se taire et de se concentrer sur ce qu'on nous demande de faire. De la même manière, aucun test ne sera jamais totalement neutre d'un point de vue culturel, pour la bonne raison que les parents issus de groupes ethniques et socio-économiques distincts diffèrent quant à la valeur qu'ils accordent – et que leurs enfants sont incités à accorder – au raisonnement abstrait et à la pensée logique. En résumé, aucun test n'est parfait, mais ceux à base de matrices progressives sont les meilleurs dont on dispose.

Alors, effectuons donc un test de ce genre[2]. Le nôtre comporte vingt-cinq questions, sans limite de temps. Chaque question prend la forme d'une grille (ou « matrice ») de 3 par 3, dont il manque un des éléments. Parmi les huit possibilités représentées à droite (de A à H), vous devez choisir l'élément qui complète le mieux cette grille (je ne vous fournirai pas d'autres indications ; à vous de déterminer dans chaque cas ce que cela signifie).

1.

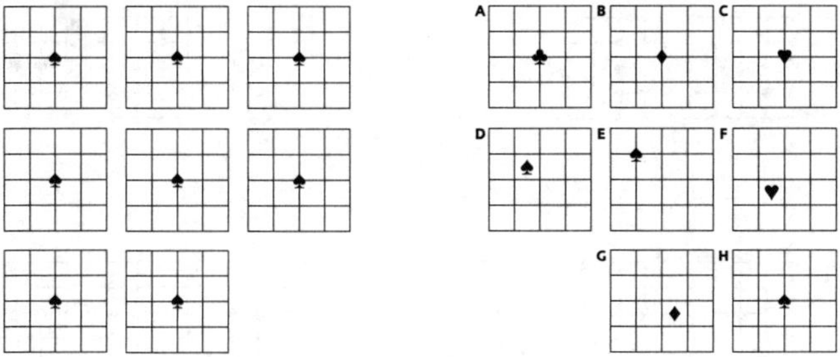

2.

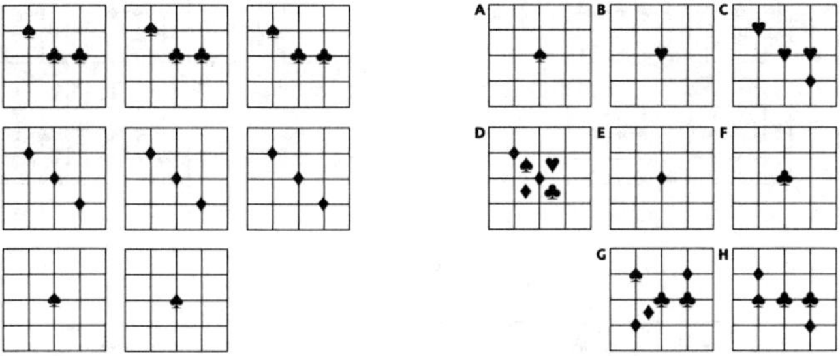

3.

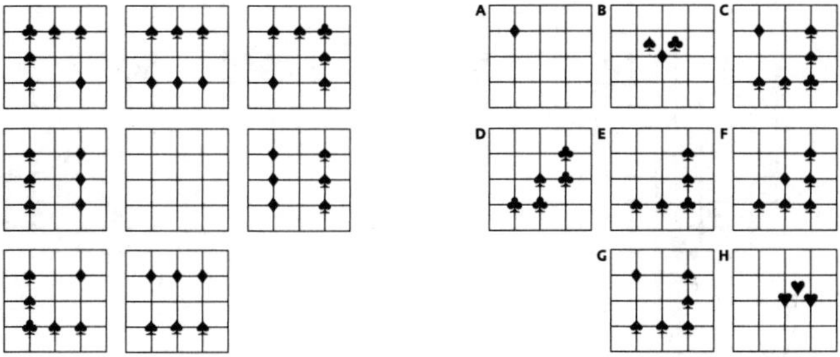

4.

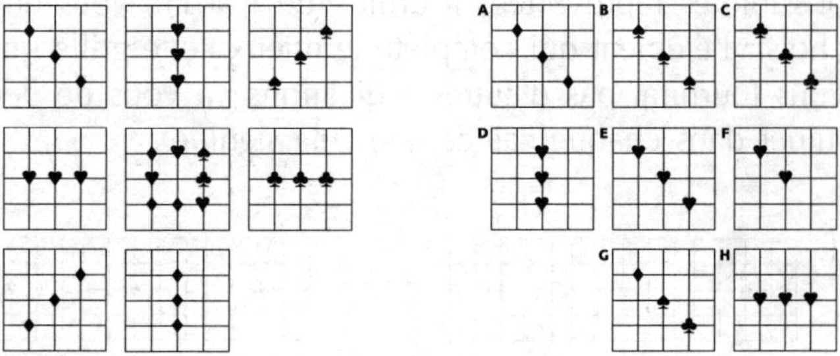

5.

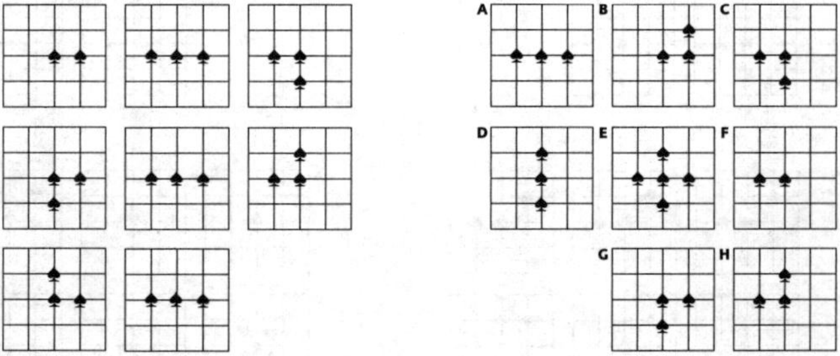

6.

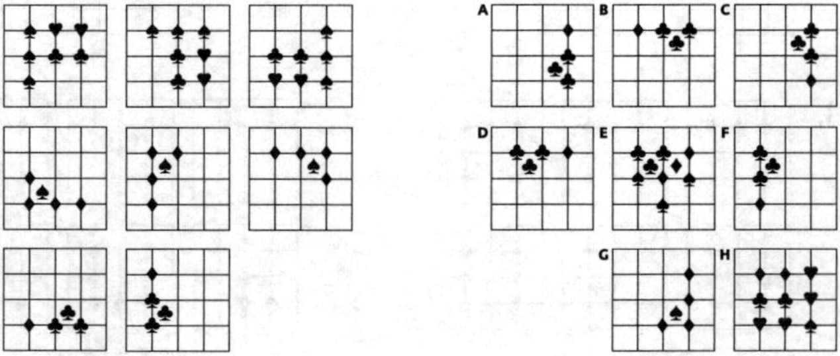

7.

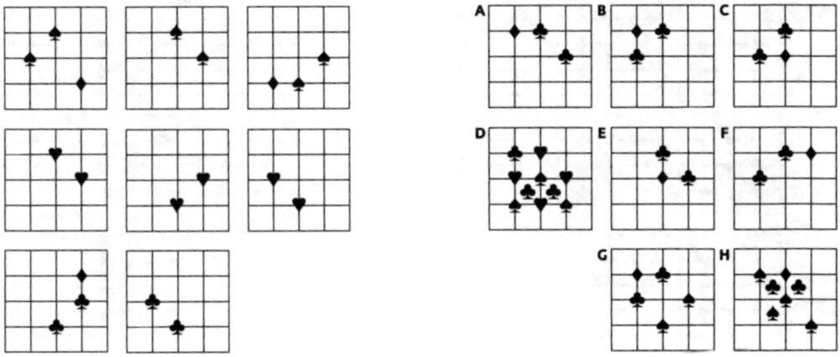

8.

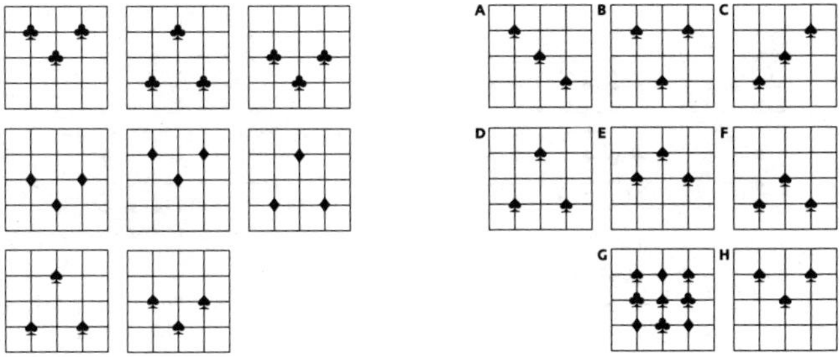

9.

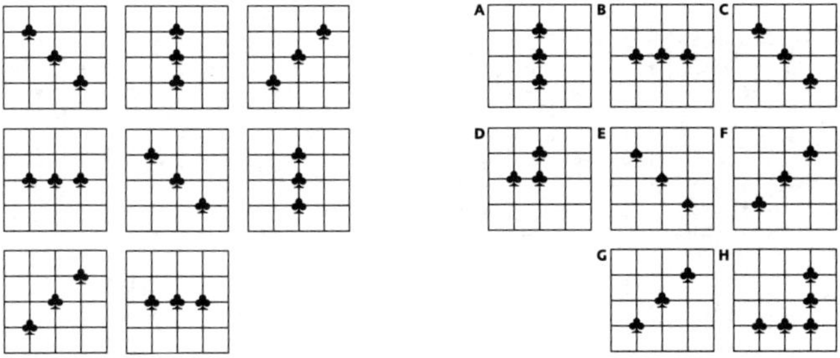

10.

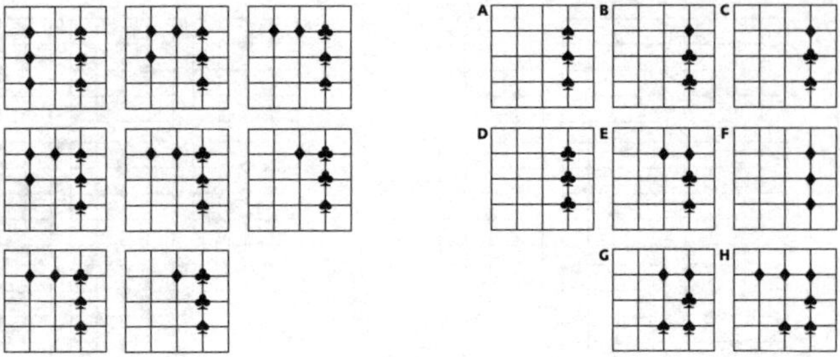

11.

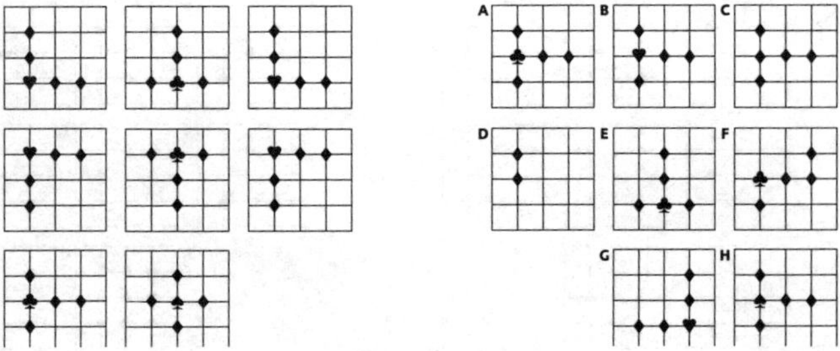

12.

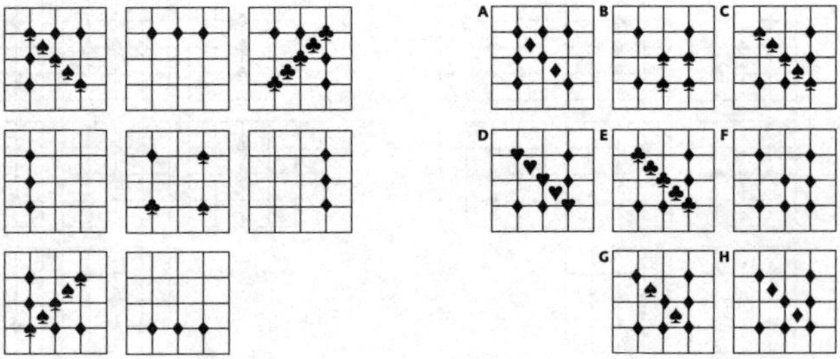

13.

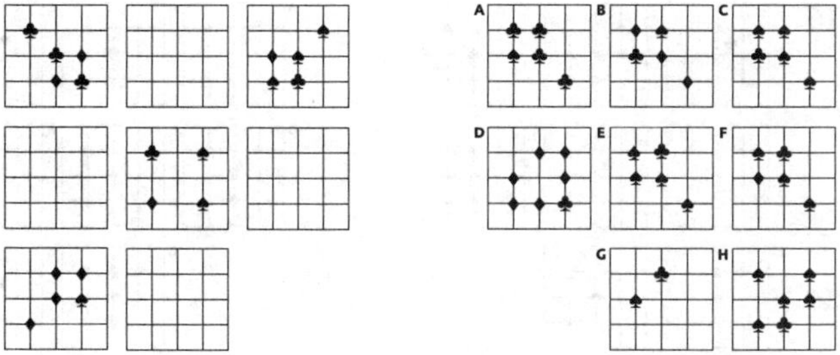

14.

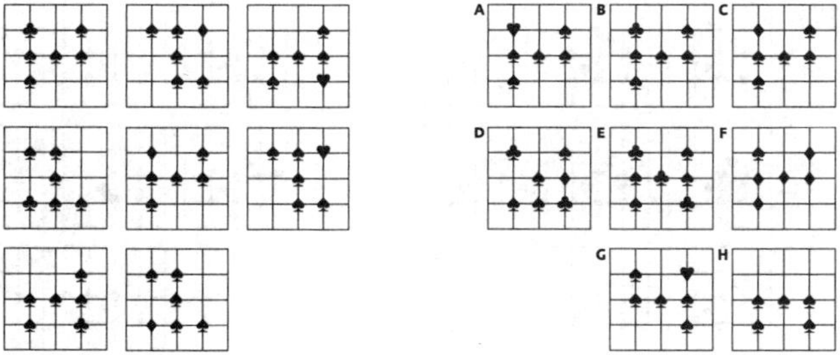

15.

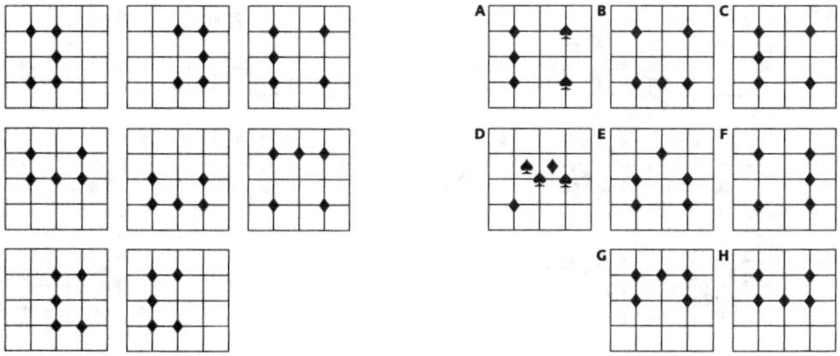

16.

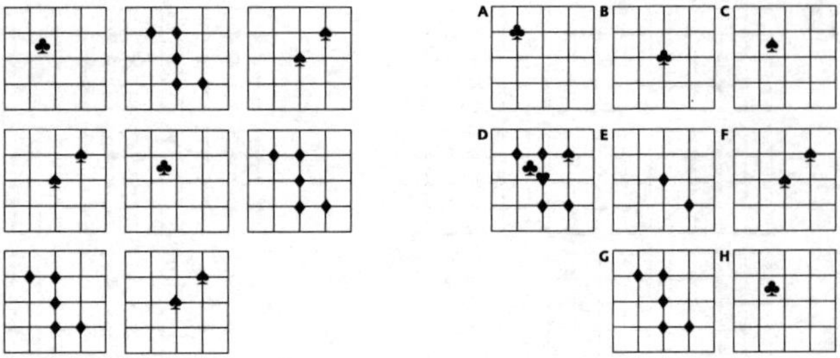

17.

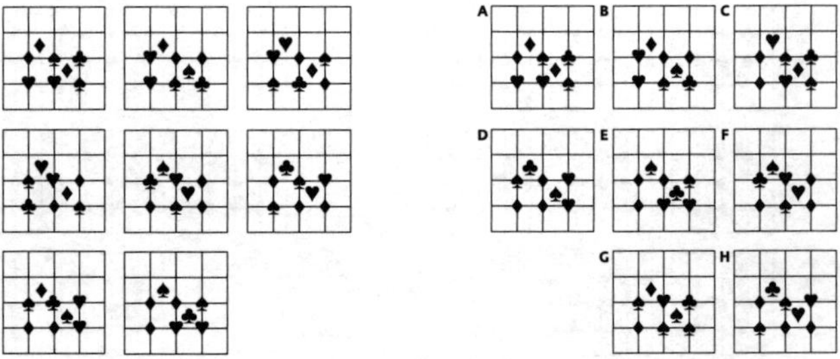

18.

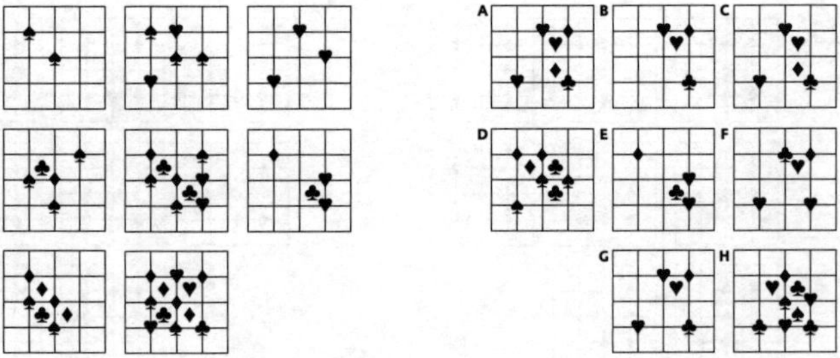

19.

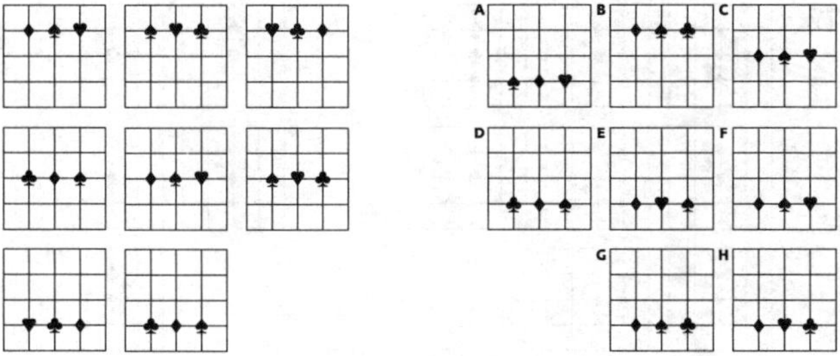

20.

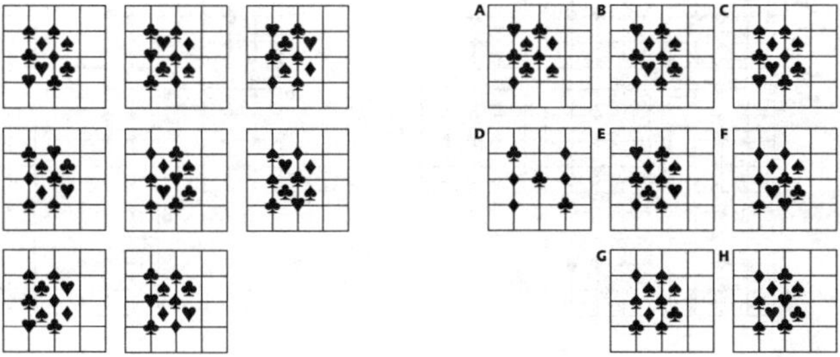

21.

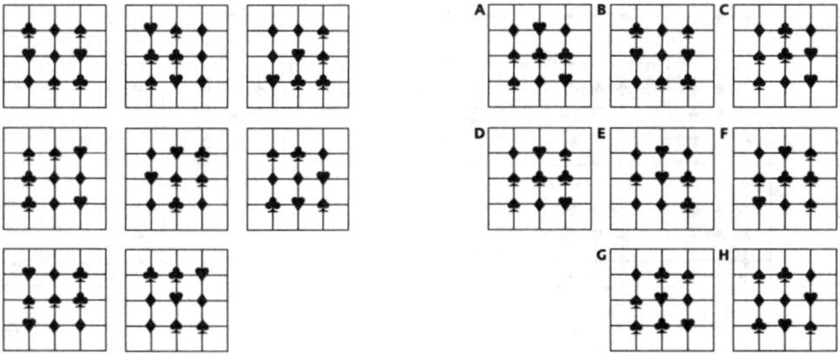

22.

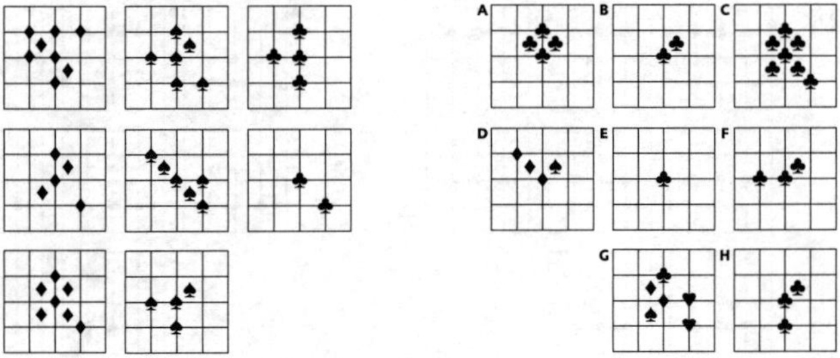

23.

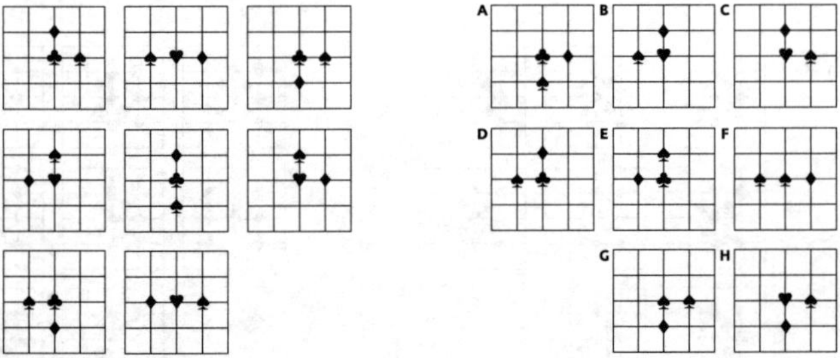

24.

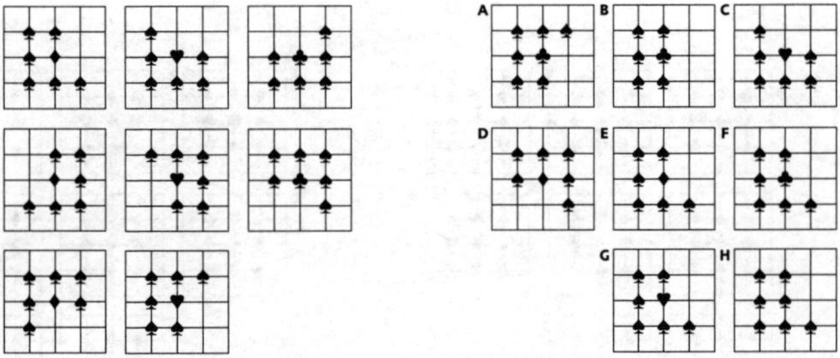

25.

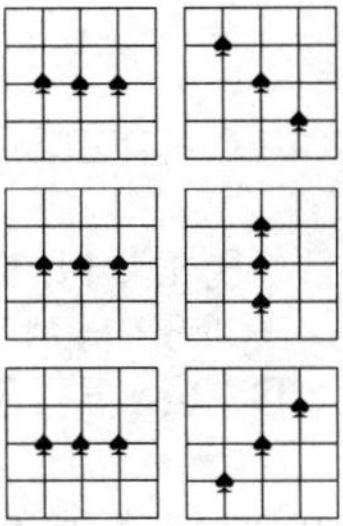

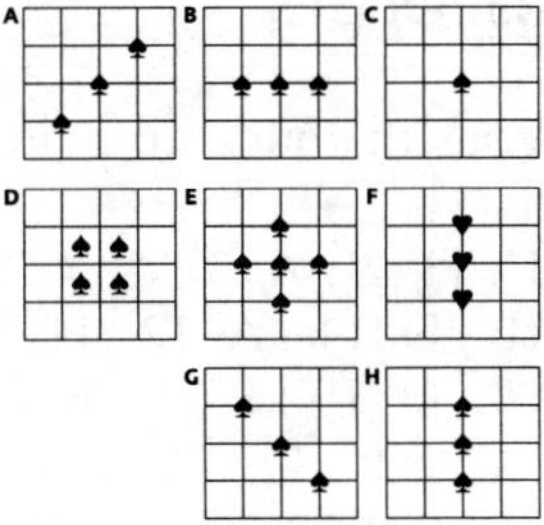

RÉPONSES

Vous marquez un point pour chaque bonne réponse :

1 : H, 2 : A, 3 : C, 4 : E, 5 : F, 6 : D, 7 : B, 8 : H, 9 : C, 10 : D, 11 : A, 12 : H, 13 : E, 14 : A, 15 : F, 16 : H, 17 : A, 18 : G, 19 : F, 20 : B, 21 : F, 22 : B, 23 : D, 24 : F, 25 : H.

Avant de déterminer votre QI, il est important de savoir que l'unique moyen de le mesurer correctement consisterait à subir un test complet, administré par un psychologue clinicien ou par un psychopédagogue qualifié. Cela étant, le test que vous venez d'effectuer reste de meilleure qualité que la plupart de ceux disponibles gratuitement sur le Web, et bien que le résultat ne doive pas être pris comme parole d'évangile, il se situe probablement dans la bonne fourchette[3].

En gardant cet avertissement à l'esprit, consultez le tableau ci-dessous pour convertir votre score brut (nombre de bonnes réponses) en quotient intellectuel.

Score	QI	Centile	Classification
≤5	**≤73**	3,59	Limite (70–79)
6	**77**	6,26	
7	**79**	8,08	
8	**84**	14,31	Moyen faible (80–89)
9	**88**	21,19	

Score	QI	Centile	Classification
10	**92**	29,69	Moyen (90–109)
11	**94**	34,46	
12	**98**	44,69	
13	**101**	52,66	
14	**104**	60,51	
15	**108**	70,31	
16	**111**	76,83	Moyen fort (110–119)
17	**114**	82,47	
18	**119**	89,74	
19	**123**	93,74	Supérieur (120–129)
20	**125**	95,85	
21	**132**	98,36	Très supérieur (≥ 130)
≥22	**≥139**	99,53	

Les scores de QI sont conçus de telle sorte que la moyenne corresponde à l'indice 100. Un résultat moyen correspond donc à 12 bonnes réponses (QI de 98) ou à 13 bonnes réponses (QI de 101) sur 25. La colonne « Centile » indique le pourcentage de gens auxquels vous êtes supérieur. Si vous avez par exemple obtenu 19 bonnes réponses sur 25, vous êtes plus intelligent que près de 94 % des gens ; si vous n'avez trouvé que 10 bonnes réponses, vous ne surclassez en revanche qu'environ 30 % de la population (autrement dit, 70 % des gens sont plus intelligents que vous).

Fort bien, mais qu'est-ce que cela signifie pour vous ? Beaucoup de choses ! Outre d'autres aspects que nous verrons plus loin dans ce livre (et que je vais garder pour l'instant secrets), les scores de QI se trouvent corrélés avec...

- **les performances scolaires** ; bien qu'une récente étude ait montré que le QI semblait moins important que la discipline.
- **les revenus** ; même si ceux-ci sont évidemment influencés par de nombreux autres facteurs, comme les revenus des parents, la classe sociale et...
- **la profession**. Sans grande surprise, certaines professions ont tendance à afficher un QI moyen supérieur ou inférieur à la moyenne de l'ensemble de la population. Les médecins (121), les professeurs d'université (115), les enseignants du secondaire (110), les instituteurs (107), les joueurs de football américain (105) et – de peu – les agents de police (101) se situent par exemple au-dessus de la moyenne (100), tandis que les agriculteurs (96), les plombiers (96), les menuisiers (94) et les agents de nettoyage (90) sont en dessous. Bien entendu, ce ne sont là que des moyennes. Dans l'enquête en question, l'agriculteur le plus brillant (121) s'est ainsi révélé beaucoup plus intelligent que le professeur d'université le plus obtus (110). Certaines célébrités posséderaient par ailleurs un QI particulièrement impressionnant – comme Stephen Hawking (160), Quentin Tarantino (160), Sharon Stone (154) ou Shakira (140). Le QI le plus élevé au monde (210) appartient à un ingénieur civil de Corée du Sud, Kim Ung-Young (à ne pas confondre avec les dictateurs nord-coréens Kim Jong-Il et Kim Jong-Un).
- **la mortalité**. Eh oui, les gens stupides meurent plus jeunes. Une analyse récente a montré que cet effet paraissait bien réel et qu'il n'était pas lié à un « facteur de confusion[4] » – du fait par exemple que certaines

personnes contracteraient des maladies abaissant leur QI avant finalement de les tuer. La raison vient plutôt de ce que les gens intelligents ont tendance à mieux éviter les maladies et les blessures, à mieux se soigner lorsqu'elles surviennent (grâce en partie à des revenus plus élevés), à adopter une alimentation plus saine et à faire de l'exercice (bien que l'influence de la classe sociale soit difficile à isoler ici). Une autre possibilité serait qu'il n'existe en réalité aucun lien de cause à effet de ce genre et qu'une tête bien faite ne soit que le signe d'un corps lui-même globalement bien fait.

- **l'ordre de naissance**. Les premiers-nés possèdent souvent un QI supérieur à celui de leurs cadets (même lorsqu'on les évalue au même âge). Deux facteurs semblent l'expliquer. Premièrement, le fait que les aînés soient les seuls à profiter d'une période d'attention exclusive de la part des parents. Deuxièmement, l'existence d'un « effet d'enseignement » paradoxal : le plus grand « enseigne » au plus jeune, mais ce processus accroît davantage le QI de l'enseignant que celui de l'enseigné, sans doute parce qu'il faut, pour expliquer quelque chose, l'avoir d'abord bien compris soi-même.
- **le QI parental**. L'affirmation selon laquelle des parents plus intelligents (qui ont aussi tendance, comme nous l'avons vu, à être plus aisés) engendreraient des enfants eux-mêmes plus intelligents peut susciter une certaine controverse auprès du grand public. Mais, chez les chercheurs, l'origine partiellement génétique du QI est considérée dans l'ensemble comme un fait avéré. De nombreuses études ont montré par exemple que les vrais jumeaux (qui partagent 100 % de leurs gènes) possédaient un QI plus proche que de simples frères et sœurs (50 % du patrimoine génétique en commun), même s'ils ont été séparés à la naissance. Définir la contribution relative des gènes et de l'environnement n'a cependant

rien d'évident, d'une part du fait que les enfants génétiquement plus intelligents pourraient rechercher des environnements plus stimulants sur le plan intellectuel, et d'autre part parce que le ventre maternel représente un élément particulièrement important de l'« environnement », mais très difficile à distinguer de la génétique (les vrais jumeaux ne partagent pas seulement leurs gènes ; ils partagent également la matrice de leur mère).

En résumé, la façon dont vous vous en sortez dans la vie est certes en partie déterminée par l'intelligence dont vous a doté la génétique, mais aussi par votre environnement et par vos propres actes. À vous donc de tirer le meilleur parti de ce que vous avez, en travaillant dur, en vous disciplinant et en cherchant toutes les occasions de stimuler votre intellect.

L'IDIOT DIT EN SON CŒUR : « IL N'Y A POINT DE DIEU ! »

Selon la Bible (et en particulier Psaumes 14:1), les athées sont des « idiots ». Or aujourd'hui de nombreux athées, à l'instar du biologiste britannique Richard Dawkins, soutiennent précisément le contraire et affirment que les croyants sont moins intelligents qu'eux. Qui a raison ?

J'aimerais que l'on se garde ici de toute querelle sémantique sur les termes de « religion » ou d'« intelligence ». Dans les études évoquées, on a simplement mesuré la religiosité des gens en leur soumettant un questionnaire relatif à leurs croyances, et leur intelligence au moyen de tests de QI semblables à celui que vous avez réalisé dans la section précédente – qui ne semblent conférer aucun avantage spécifique ni aux croyants ni aux non-croyants. On se souviendra aussi qu'on obtient généralement des scores à peu près identiques d'un test de QI à l'autre.

Sachant cela, nous posons tout de même la question : VRAI OU FAUX, les croyants sont-ils moins intelligents que les athées ?

RÉPONSE

C'est vrai. En 2013, une synthèse compilant les résultats de pas moins de soixante-trois études antérieures a mis en évidence une corrélation négative entre la foi religieuse et l'intelligence[1]. Corrélation modeste, mais extrêmement significative d'un point de vue statistique. Prenons une minute pour quantifier chacun de ces termes.

Les statisticiens expriment la relation entre deux mesures au moyen d'un nombre baptisé *coefficient de corrélation* (désigné parfois sous l'abréviation *r*). Ce nombre va de 0 (aucune relation entre la religion et le QI) à 1 (interroger quelqu'un sur sa religiosité permet de prédire parfaitement son QI). Sur cette échelle-là, la relation entre religion et QI se situait autour de 0,25[2] : modeste – reflétant le fait que beaucoup d'autres facteurs (y compris génétiques) exercent une influence plus grande sur le QI – mais en aucun cas négligeable, et amplement significative sur le plan statistique.

Le concept de signification statistique a été expliqué plus en détail dans « Le test du thé », mais ce qu'il faut retenir ici, c'est que les chances de découvrir par pur hasard une relation apparente de cet ordre entre la religion et le QI (0,25 sur une échelle de 0 à 1) – s'il n'en existe en réalité aucune – sont inférieures à 1 sur 1 000 (soit $p<0,001$).

Certes, la quasi-totalité des études citées étaient américaines, ce qui signifie que « religion » équivalait ici pour l'essentiel à « protestantisme », mais une enquête distincte a néanmoins observé l'existence d'une relation similaire entre croyance et QI moyen parmi 137 pays différents.

La relation statistique entre croyance religieuse et intelligence est donc manifeste. Une question plus importante et plus controversée consiste à savoir ce qui détermine cette relation. On emploie dans le domaine des statistiques une sorte de mantra qui est aujourd'hui presque passé dans le langage courant, selon lequel « corrélation n'est pas (forcément) causalité. » Qu'entend-on par là ? Chaque fois qu'on observe une corrélation entre deux mesures – dans le cas présent, entre intelligence et religiosité –, il existe en règle générale trois grandes possibilités (notez qu'en principe, la première et la deuxième pourraient toutes deux être vraies) :

(a) une intelligence faible *est la cause* d'une religiosité élevée (autrement dit, moins on est intelligent et plus on a de chances d'adhérer au discours religieux) ;
(b) une religiosité élevée *est la cause* d'une intelligence faible (autrement dit, plus on est croyant et moins on est en mesure d'exercer les « muscles de l'intelligence », par la pratique du raisonnement scientifique abstrait ou l'exposition à certaines idées comme celle de l'évolution) ;
(c) il n'existe *aucun lien de causalité* entre intelligence et religiosité. Faible intelligence et religiosité élevée sont dues l'une et l'autre à un troisième facteur « de confusion » tel que l'âge (les personnes plus âgées sont aussi plus croyantes et obtiennent généralement – comme nous le verrons dans la section suivante – des scores inférieurs aux tests de QI, du fait que ces scores progressent à chaque génération).

La troisième possibilité est sans doute la moins probable, car les auteurs de cette synthèse ont tenu compte aussi bien de l'âge que du sexe et du niveau d'études des sujets. Les calculs sous-jacents sont assez complexes, mais il s'agit en réalité simplement de considérer des groupes d'individus assortis sur ces critères et d'observer si la relation entre religiosité et QI se vérifie encore pour eux. Si la relation entre religiosité et QI se vérifie pour **(a)** des femmes âgées très instruites, **(b)** des hommes jeunes peu instruits, **(c)** des femmes d'âge moyen modérément instruites et ainsi de suite, elle ne peut alors résulter ni de l'âge, ni du sexe, ni du niveau d'études.

La deuxième possibilité (qu'une religiosité élevée soit la cause d'une intelligence faible) n'a pas été réellement testée mais paraît plausible, quoique peut-être seulement pour les croyants les plus extrémistes. Beaucoup de croyants modérés sont en effet parfaitement à l'aise avec la pensée scientifique (y compris avec la théorie de l'évolution par sélection naturelle) et trouvent donc probablement maintes occasions de s'adonner au raisonnement abstrait.

La première possibilité (qu'une intelligence faible soit responsable d'une religiosité élevée) est directement étayée par un certain nombre d'études prospectives montrant que les tests de QI effectués pendant l'enfance permettent de prédire le niveau de religiosité ultérieur de la personne (jusqu'à vingt-cinq ans plus tard dans certains cas) : plus l'enfant est intelligent, moins il a de chances d'être croyant une fois adulte.

Mais pourquoi ? Les auteurs évoquent trois hypothèses. Premièrement, les gens intelligents seraient moins conformistes et résisteraient donc davantage aux dogmes religieux. Deuxièmement, ils posséderaient souvent un style de pensée plus analytique qu'intuitif ; chez eux, c'est la raison qui primerait sur l'émotion, plutôt que l'inverse (voir « Tellement évident »). Enfin, les gens intelligents auraient peut-être moins *besoin* de religion. La religion aide à se maîtriser (voir « Trop impatient pour attendre »), à acquérir une bonne estime de soi (« Je suis quelqu'un de bien ») et à supporter les épreuves et les difficultés de la vie (« C'est la volonté de Dieu ») : autant de qualités dont les gens intelligents sont en général assez fortement pourvus de toute façon.

Si vous êtes athée, ne vous gargarisez cependant pas trop : je vous réserve tout spécialement un défi quelque peu troublant (voir « Le pull-over d'Hitler »).

Et si vous êtes croyant, ne désespérez pas. Cette synthèse a révélé que si la religiosité prédisait raisonnablement bien le QI, elle ne permettait aucunement de prédire la réussite scolaire, qui s'avère bien plus importante sur le long terme. Mais surtout, ces observations ne valident ni ne réfutent – et ne peuvent d'ailleurs ni valider ni réfuter – aucun système de croyances particulier. Le style de pensée analytique représente peut-être une malédiction, qui empêche les athées « intelligents » de percevoir certaines vérités susceptibles uniquement d'être « ressenties » plutôt qu'« élucidées ». Peut-être les gens « intelligents » ont-ils raison sur la plupart des sujets, mais tort à propos de la seule chose qui importe vraiment au bout du compte.

IDIOCRATIE ?

Nous sommes en l'an 2505. Le film numéro un en Amérique s'intitule *Cul* : gros plan de quatre-vingt-dix minutes sur un postérieur humain, il a remporté huit Oscars dont celui du « meilleur scénario ». La plus grande chaîne de restauration rapide a pour slogan : « Va te faire voir, je mange. » Les tests de QI comportent des questions du type : « Si vous possédez un seau d'une contenance de deux litres et un autre seau d'une contenance de cinq litres, combien de seaux possédez-vous ? »

Il ne s'agit là bien sûr que d'un film (*Idiocracy* de Mike Judge), mais dans la vraie vie, les êtres humains deviennent-ils de plus en plus bêtes ou de plus en plus intelligents ? Sur le très long terme, la réponse est certainement « plus intelligents » ; on aura du mal à trouver quelqu'un capable de soutenir sérieusement que l'homme moderne est moins intelligent que l'homme des cavernes.

Mais qu'en est-il de notre passé récent, si l'on regarde disons une centaine d'années en arrière ? Selon vous : sommes-nous plus bêtes ou plus intelligents qu'au XIXe siècle ?

RÉPONSE

Aussi fou que cela paraisse, il existe en réalité d'assez bonnes preuves à l'appui des deux possibilités.

Prenons d'abord la plus optimiste. Concernant les performances des gens aux tests de QI (du genre de celui que vous avez effectué dans « Quel est mon QI ? »), on constate que les scores ont progressé en moyenne d'environ trois points par décennie depuis la Seconde Guerre mondiale. C'est un effet tellement connu parmi les psychologues qu'on lui a donné un nom : l'« Effet Flynn », d'après celui qui l'a découvert, le professeur James Flynn. Ces gains ne se limitent pas aux pays occidentaux ; les scores de QI ont augmenté à peu près au même rythme partout dans le monde. Beaucoup d'explications différentes ont été proposées, parmi lesquelles une meilleure alimentation, l'extension de la scolarisation, une pratique des tests plus habituelle, ou un environnement plus stimulant sur le plan intellectuel (livres, films, télévision, ordinateurs, etc.)[1]. En outre, le déclin de l'agriculture et de l'industrie au profit des services suppose que le travail quotidien d'un nombre croissant de personnes consiste non pas en la manipulation d'outils et de machines mais de catégories et de concepts abstraits : soit précisément le genre de choses que l'on rencontre dans les tests de QI.

Or d'une certaine manière, c'est bien là le problème que pose l'utilisation de ces tests, lorsqu'on veut vérifier si – oui ou non – les gens deviennent de plus en plus bêtes. Ils ne mesurent peut-être pas tant l'« intelligence » au sens strict, mais simplement une plus ou moins grande habitude du raisonnement abstrait, de la réalisation de tests et ainsi de suite. Par conséquent, certains chercheurs ont fait valoir qu'une meilleure évaluation de l'intelligence consistait à mesurer le temps de réaction : celui qu'on met par exemple pour appuyer sur un bouton lorsqu'un voyant s'allume[2] (les études réelles utilisent néanmoins une méthode plus sophistiquée, permettant aux chercheurs de distinguer le temps pris pour réagir et le temps qu'il a fallu pour presser physiquement le bouton).

Utiliser le temps de réaction pour mesurer l'intelligence n'est pas aussi fou que ça en a l'air. Il existe d'une part une excellente corrélation entre cette donnée et les mesures traditionnelles. En d'autres termes, les personnes qui se montrent très rapides pour presser un bouton obtiennent généralement un score élevé dans les tests de QI sur papier. Par ailleurs, certains chercheurs estiment que la fréquence d'oscillation des potentiels électriques dans le cerveau représente la définition la plus adéquate de l'intelligence : autrement dit, que les gens dotés d'une intelligence plus grande possèdent, littéralement, un cerveau plus véloce. Puisqu'une fréquence d'oscillation plus élevée autorise des réactions plus rapides, la mesure du temps de réaction exploite assez directement cette façon d'envisager l'intelligence.

Et lorsqu'on l'évalue de la sorte, on constate alors que l'être humain ne devient pas de plus en plus intelligent, mais au contraire de plus en plus bête. Le temps de réaction moyen se situe depuis l'après-guerre autour de 250 millisecondes[3] (soit 0,25 seconde), contre 190 millisecondes environ au XIXe siècle, ce qui correspond en gros rapporté aux échelles traditionnelles à une baisse d'1,2 point de QI par décennie. Diverses explications ont été là aussi proposées, comme l'accumulation de neurotoxines dans l'environnement ou l'augmentation de l'âge moyen de la population (les personnes âgées affichent des temps de réaction plus longs).

Mais la théorie la mieux étayée reste peut-être celle que le narrateur décrit au début d'*Idiocracy* : étant donné que les individus dotés d'une l'intelligence inférieure ont tendance à faire davantage d'enfants et à engendrer une descendance elle-même moins intelligente[4], une baisse progressive de l'intelligence moyenne apparaît inévitable.

En conclusion, les études basées sur les tests de QI semblent indiquer que nous devenons de plus en plus intelligents et celles qui s'appuient sur les temps de réaction de plus en plus bêtes. Existe-t-il un moyen de concilier ces deux constats apparemment contradictoires ? L'une des hypothèses est que notre intelligence brute, intrinsèque – notre rapidité cérébrale, mesurée par les tests de temps de réaction – serait effectivement en déclin, mais que les progrès en termes de santé, d'instruction et d'environnement intellectuel compenseraient amplement ce phénomène, entraînant une hausse des scores de QI. Ce n'est peut-être que spéculation, mais si cette hypothèse s'avère exacte, il n'y a aucune raison de craindre qu'une « idiocratie » apparaisse de sitôt. Ouf !

STÉRÉO-TYPES

STOMP est le titre d'un spectacle de percussions qui a connu un énorme succès dans le monde entier. C'est aussi le nom d'un questionnaire permettant d'évaluer les goûts musicaux des individus : le *Short Test Of Musical Preferences* (« petit test de préférences musicales » en français). Plusieurs études psychologiques ont montré qu'on pouvait mettre au jour une montagne d'informations sur une personne donnée en l'interrogeant simplement sur ses goûts en matière de musique. Pour découvrir ce que les vôtres révèlent à votre sujet, complétez le questionnaire ci-dessous.

Pour chacun des items suivants, indiquez à l'aide de l'échelle fournie votre degré général d'appréciation du genre musical correspondant.

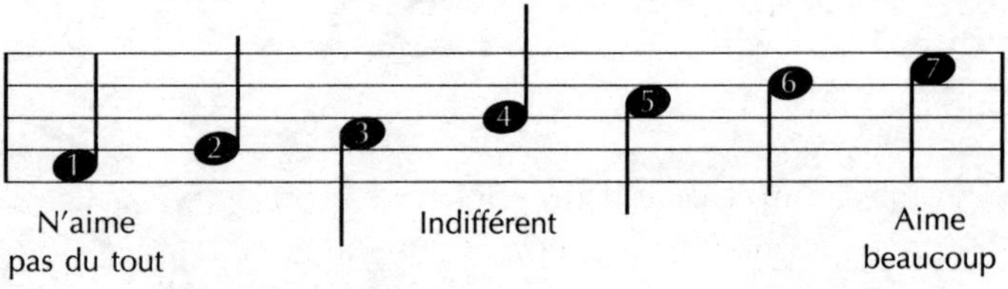

1. .... Musique classique

2. .... Blues

3. .... Country

4. .... Dance/Électro

5. .... Folk

6. .... Rap/Hip-hop

7. .... Soul/Funk

8. .... Musique religieuse

9. .... Rock alternatif

10. .... Jazz

11. .... Rock

12. .... Pop

13. .... Heavy metal

14. ...... Musiques de films

RÉPONSES

Les études menées au moyen du STOMP ont montré que les préférences musicales des individus étaient en général assez systématiques. Les gens qui aiment le blues ont aussi tendance par exemple à aimer le jazz et la musique classique, tandis que ceux qui apprécient les bandes originales de films aiment également la musique religieuse et la pop. Même si le test propose une liste de quatorze genres musicaux différents (et il en existe bien entendu beaucoup d'autres), cela signifie qu'on peut tous les rassembler en quatre « super genres » :

- Pour savoir si vous aimez les musiques *méditatives et complexes,* calculez la moyenne des notes attribuées au blues, au classique, au folk et au jazz (additionnez-les puis divisez le résultat par 4).
- Pour savoir si vous aimez les musiques *intenses et rebelles,* calculez la moyenne des notes attribuées au rock alternatif, au heavy metal et au rock (additionnez-les puis divisez le résultat par 3).
- Pour savoir si vous aimez les musiques *entraînantes et conventionnelles,* calculez la moyenne des notes attribuées à la country, à la pop, à la musique religieuse et aux musiques de films (additionnez-les puis divisez le résultat par 4).

- Pour savoir si vous aimez les musiques *énergiques et rythmées*, calculez la moyenne des notes attribuées à l'électro, au hip-hop/rap et à la soul (additionnez-les puis divisez le résultat par 3).

C'est ici que les choses amusantes commencent. On peut tout d'abord déterminer dans quelle mesure vos goûts musicaux sont représentatifs de votre sexe et de vos origines ethniques (je crains fort en effet que le stéréotype soit vrai : les blancs aiment le rock et le heavy metal, alors que les noirs préfèrent le hip-hop et la soul). Le tableau ci-dessous indique pour divers groupes ethniques le score moyen sur chacun des quatre super-genres (notez cependant que cette étude a été réalisée aux États-Unis et que les résultats pourraient fort bien être différents dans d'autres pays). Le style que les membres de chaque groupe préfèrent le plus est signalé en gras. Où vous situez-vous ?

	Hommes				Femmes			
	Méditatives et complexes	Intenses et rebelles	Entraînantes et conventionnelles	Énergiques et rythmées	Méditatives et complexes	Intenses et rebelles	Entraînantes et conventionnelles	Énergiques et rythmées
Blancs	4,08	**5,10**	3,40	3,65	3,71	**5,07**	3,90	3,99
Hispaniques	4,23	**5,16**	3,60	4,22	3,66	**5,03**	4,04	4,57
Asiatiques	4,22	**4,75**	4,03	4,44	3,96	4,59	4,21	**4,75**
Noirs	3,82	3,28	3,66	**5,03**	3,55	3,39	4,18	**5,30**
Autres	4,26	**4,94**	3,43	3,97	3,69	**4,99**	3,75	4,25

Il est également possible d'utiliser vos préférences musicales pour émettre des prédictions quant à votre personnalité, voire votre intelligence. Si ce n'est déjà fait, vous devriez compléter les sections « Votre profil de personnalité » et « Quel est mon QI ? », afin de vérifier leur exactitude. Ces prédictions s'inspirent d'études où l'on a demandé aux participants d'effectuer le test STOMP ainsi qu'un test de personnalité (mais aussi divers autres tests pour évaluer l'opinion qu'ils se faisaient d'eux-mêmes et mesurer leur QI), puis recherché des relations entre les différents scores[1].

- Les gens qui préfèrent les musiques *méditatives et complexes* (blues, classique, folk et jazz) présentent un score élevé sur le plan de l'ouverture aux expériences et se considèrent comme peu sportifs, progressistes et intelligents (ils obtiennent d'ailleurs de bons résultats dans les tests de QI objectifs).
- Les personnes qui préfèrent les musiques *intenses et rebelles* (rock alternatif, heavy metal et rock) affichent un profil pratiquement identique, à cette différence près qu'elles s'estiment plus volontiers sportives.
- Les gens qui préfèrent les musiques *entraînantes et conventionnelles* (country, pop, musique religieuse et musiques de films) possèdent un profil diamétralement opposé. Ils obtiennent des scores assez bas en matière d'ouverture aux expériences et d'intelligence (là encore sur la base de questionnaires d'auto-évaluation et de tests de QI objectifs), mais sont généralement agréables, extravertis et consciencieux, et se jugent séduisants, riches et sportifs, avec des opinions politiques conservatrices. C'est le groupe le moins sujet à la dépression.
- Les personnes qui préfèrent les musiques *énergiques et rythmées* (électro, rap/hip-hop et soul) sont elles aussi extraverties, agréables, séduisantes et sportives. Elles ne

partagent en revanche pas le conservatisme politique, l'aisance financière ou les mauvais scores d'intelligence du groupe précédent.

Il faut bien garder en tête que la plupart des relations mises au jour par les chercheurs (entre une préférence pour les musiques entraînantes/conventionnelles et un score de QI inférieur, par exemple), quoique statistiquement significatives, demeuraient assez ténues. Nous avons découvert dans « L'idiot dit en son cœur… » le *coefficient de corrélation*, qui exprime l'ampleur du lien entre deux mesures par un nombre compris entre 0 (aucune relation) et 1 (relation parfaite). Sur cette échelle, la plupart des relations en question (y compris entre un goût prononcé pour les musiques entraînantes/conventionnelles et un QI inférieur) se situaient autour de 0,2 ou en dessous.

Cela étant, une étude complémentaire des mêmes chercheurs a montré que la majorité des stéréotypes exprimés par questionnaire à l'égard de certains groupes (le fait par exemple que les amateurs de classique, de rock et de musique religieuse seraient respectivement intelligents, progressistes et conservateurs) recelaient bel et bien un fond de vérité. Une autre étude ultérieure des mêmes auteurs a montré que si l'on demandait à des étudiants d'apprendre à se connaître au travers d'un dispositif de rencontre en ligne, ils choisissaient non seulement de discuter davantage de leurs préférences musicales que de tout autre sujet, mais s'en servaient aussi pour prédire avec succès nombre des traits de personnalité et des valeurs personnelles de leur partenaire.

Alors la prochaine fois que vous rencontrerez un inconnu, si vous êtes curieux de connaître ses opinions politiques, vous pourrez vous en faire une très bonne idée en lui demandant simplement s'il préfère le jazz ou les bandes originales de films.

LA FANTASMAGORIE DES HOROSCOPES

Les Béliers, les Taureaux et les Gémeaux sont généralement plus grands que les Balances et les Scorpions.

VRAI ☐/FAUX ☐

Les Poissons ont plus de chances d'être schizophrènes que les natifs d'un autre signe.

VRAI ☐/FAUX ☐

Les Balances et les Scorpions sont ceux qui ont les plus grandes chances de devenir centenaires, et les Poissons ceux qui en ont le moins.

VRAI ☐/FAUX ☐

Les Balances et les Scorpions ont tendance à mieux réussir à l'école que les Cancers et les Lions, et ont aussi de plus grandes chances de devenir footballeurs professionnels.

VRAI ☐/FAUX ☐

Une Sagittaire a plus de chances de devenir mère adolescente qu'une native du Verseau (du moins en Suède).

VRAI ☐/FAUX ☐

RÉPONSE

Tous ces énoncés sont vrais.

Faudrait-il alors croire tout ce qui est écrit dans notre horoscope ? Bien sûr que non ; les horoscopes ne sont de toute évidence qu'un ramassis d'absurdités. Mais dans ce cas, comment tous les énoncés ci-dessus peuvent-ils être vrais ? La réponse est que votre signe astrologique se trouve déterminé par votre mois de naissance, qui influe fortement sur votre développement physique et psychologique.

En termes de taille, les bébés nés en avril bénéficient d'un maximum de soleil au cours d'une période qui semble particulièrement cruciale pour leur développement physique, soit trois mois après la naissance (juillet) ; à l'inverse, les bébés nés en octobre sont ceux qui en profitent le moins (janvier). Personne ne sait vraiment pourquoi les bébés nés en hiver présentent un risque (très légèrement) plus grand de développer une schizophrénie (avec un pic situé entre février et mars), mais cela pourrait également provenir d'un manque de soleil (et par conséquent de vitamine D) à un stade particulièrement crucial de leur développement. De la même manière, il existe plusieurs explications différentes pour que les bébés nés en automne aient plus de chances de devenir centenaires que ceux nés en hiver. Cela pourrait tenir au fait qu'on échappe ainsi aux températures les plus chaudes et les plus froides au moment de la naissance ou de la conception, ou qu'il vaille mieux éviter d'être encore un jeune et vulnérable nourrisson lors du pic saisonnier de certaines maladies (dont les effets peuvent perdurer jusqu'à l'âge adulte, voire au troisième âge).

Les écarts au niveau des résultats scolaires – tant en sport que dans les matières plus théoriques – s'expliquent d'une autre manière. Au Royaume-Uni (où ces études ont été menées), la date butoir pour commencer l'école est fixée au 1er septembre. Au sein d'une classe d'âge donnée, les Balances et les Scorpions (ainsi que certains natifs de la Vierge) seront donc toujours les enfants les plus vieux, tandis que les Cancers et les Lions (ainsi que les Vierges les moins chanceux) seront toujours les plus jeunes. Comme les plus âgés possèdent au sein de la même classe d'âge près d'un an de différence avec les plus jeunes, ils en retirent un énorme avantage aussi bien en sport (ils sont plus grands et plus forts) que dans les matières théoriques : les jeunes enfants évoluent si vite qu'un petit de cinq ans se révèle par exemple bien plus avancé sur le plan intellectuel qu'un autre de quatre.

En France et en Suède, l'année de naissance définit la classe scolaire. Une fille née, disons, en décembre sera la plus jeune de sa classe et se comportera donc de manière plus « puérile » (elle aura par exemple davantage tendance à commettre des imprudences, y compris à tomber enceinte).

Alors y aurait-il effectivement du vrai dans les horoscopes ? Les Béliers seraient-ils par exemple perçus comme agressifs parce qu'ils ont tendance à être plus grands ? En un mot : non. Rappelez-vous que dans tous les cas cités, ce n'est pas le mois de naissance qui importe, mais la saison. Dans l'hémisphère sud, où le printemps débute en septembre, les gens de grande taille se trouveront donc plutôt chez les Balances, les Scorpions et les Sagittaires que chez les Béliers, les Taureaux et les Vierges.

Mais alors pourquoi tant de personnes jurent-elles que les horoscopes disent vrai ? En vertu du biais de confirmation (voir « Tour de cartes »), si on énonce suffisamment de généralités, un certain nombre d'entre elles tomberont juste. Si l'un de vos amis croit aux horoscopes, essayez de lui lire le passage suivant, en lui indiquant qu'il concerne spécifiquement son propre signe astrologique :

« Vous avez besoin d'être aimé et admiré, mais vous êtes également critique avec vous-même. Votre personnalité souffre de quelques points faibles, mais vous savez généralement les compenser. Vous possédez un potentiel considérable que vous n'avez pas encore exploité à votre avantage. Vu de l'extérieur vous paraissez discipliné et semblez savoir vous contrôler, mais à l'intérieur vous êtes souvent préoccupé et pas très sûr de vous. Parfois vous vous demandez sérieusement si vous avez pris la bonne décision ou fait ce qu'il fallait. Vous préférez une certaine dose de changement et de variété, et devenez insatisfait si l'on vous impose des limites ou des restrictions. Vous vous flattez d'être un esprit indépendant et vous n'acceptez l'opinion d'autrui que dûment démontrée. Vous vous êtes rendu compte qu'il était maladroit de se révéler trop franchement aux autres. Vous êtes tantôt extraverti, bavard et sociable, ou au contraire introverti, circonspect et réservé. Certaines de vos aspirations ont tendance à être assez irréalistes. »

Votre victime s'est-elle laissée prendre ? Il s'agit là d'un texte standard qui circule depuis 1949 et que les gens jugent en moyenne exact à 85 %, quel que soit leur signe. Si la saison où l'on naît exerce des effets bien réels, les horoscopes – du point de vue de leur validité scientifique – ne sont donc quant à eux qu'une pure fantasmagorie.

ÊTES-VOUS CONSPIRATIONNISTE ?

Évaluez chacune des affirmations suivantes selon que vous la trouvez :

(a) très peu probable, (b) peu probable, (c) probable ou (d) très probable.

	Très peu probable	Peu probable	Probable	Très probable
Le New Coke, lancé en 1985 par la Coca-Cola Company, était volontairement moins bon et participait d'une ruse marketing destinée à gonfler les ventes du Coca-Cola « classique » quand celui-ci serait remis sur le marché[1].				
Le SIDA est provoqué par le virus VIH.				
L'origine humaine du changement climatique est un canular.				

	Très peu probable	Peu probable	Probable	Très probable
Martin Luther King a été assassiné par le FBI et/ou la CIA.				
La mort de Lady Di est un complot organisé par des membres de la famille royale britannique.				
Fumer augmente les risques de cancer des poumons.				
Les alunissages des missions Apollo n'étaient qu'un trucage.				
Le gouvernement et/ou l'armée des États-Unis détiennent des preuves cachées de l'existence d'extra-terrestres (à Roswell ou dans la zone 51, par exemple)				
Le gouvernement américain a organisé les attentats du 11 septembre 2001, ou du moins les a laissés se produire pour avoir une bonne excuse d'envahir l'Afghanistan et/ou de restreindre les libertés civiles aux États-Unis.				
Le gouvernement américain a délibérément laissé se produire l'attaque sur Pearl Harbor, car il cherchait une bonne raison d'entrer en guerre.				

RÉPONSES

Inutile que je vous donne les bonnes réponses. La raison d'être d'une théorie conspirationniste, c'est d'affirmer que les « vérités » acceptées sont en réalité mensongères.

L'intéressant, c'est ce qui s'est passé lorsque 1 377 visiteurs de blogs consacrés au changement climatique se sont vu soumettre cette enquête[2]. On a observé alors que les conspirationnistes ne choisissaient pas : si on croit en une conspiration donnée, alors on les croit toutes.

Dans certains cas, cela paraît logique. Si vous êtes convaincu par exemple que le gouvernement des États-Unis se montre par nature mégalomane, fourbe et violent, quels que soient les dirigeants en poste, il semble alors justifié d'envisager Pearl Harbor, le 11 septembre et l'assassinat de Martin Luther King comme autant de manifestations différentes d'une même ignominie sous-jacente.

Mais pour d'autres conspirations, cela n'a strictement aucun sens. Si quelqu'un croit que le New Coke était volontairement moins bon, pourquoi devrait-il aussi penser que le changement climatique est un canular, qu'il n'existe aucun lien entre la cigarette et le cancer des poumons, et que la famille royale britannique a fait assassiner Lady Di ? Malgré – comme toujours – quelques exceptions individuelles, c'est pourtant dans l'ensemble exactement ce qu'on a constaté. La plupart des gens croient soit absolument à toutes les conspirations mentionnées dans le questionnaire, soit n'en croient pas une seule.

Ce qui rend donc les adeptes des théories du complot assez ridicules. Si vous demandez à un conspirationniste (c'est presque toujours un homme) pourquoi il n'adhère pas à la version officielle des attentats du 11 septembre, par exemple, il vous répondra qu'il a, en tant que libre penseur, examiné de manière objective et scientifique toutes les preuves disponibles et qu'il est parvenu à une conclusion différente. Il en sera d'ailleurs sans doute sincèrement persuadé.

Mais n'est-il pas étrange qu'il aboutisse comme par coïncidence à une conclusion parfaitement analogue sur quantité d'événements sans aucun rapport, comme les alunissages des missions Apollo et le changement climatique ? Les résultats de cette étude suggèrent qu'il s'est en fait approprié une théorie toute prête et qu'il l'applique à tous les débats existants.

En d'autres termes – et c'est là qu'intervient l'analyse psychologique –, ces résultats laissent entendre que la « pensée conspirationniste » relève moins d'une réaction rationnelle à un phénomène individuel que d'un trait de personnalité ou d'un schéma intellectuel. Les conspirationnistes semblent particulièrement sensibles au biais de confirmation (voir « Tour de cartes ») ; ils s'emparent avec jubilation de n'importe quelle preuve susceptible d'étayer une vision complotiste largement prédéterminée, tout en évitant de rechercher celles qui pourraient ébranler leur opinion ou donner du crédit au récit officiel.

Si j'étais conspirationniste, je serais tenté d'insinuer que l'« enquête » précitée n'a jamais existé et que l'article publié a été propagé par le gouvernement américain pour diffamer de courageux libres-penseurs qui avaient su mettre au jour des complots d'une ampleur considérable.

Mais comme je ne suis pas conspirationniste, je m'abstiendrai de le faire.

LE SON D'UNE FORME

Selon vous, des deux formes ci-dessous, laquelle est un « kiki » et laquelle est un « bouba » ? Pourquoi ?

RÉPONSE

La première est un « bouba » et la seconde un « kiki », vous êtes d'accord ?

Même s'il n'existe bien entendu pas de « bonne » réponse, c'est celle que donnent en général près de 95 % des personnes interrogées. Le son « bou » évoque d'une certaine manière une forme arrondie et le son « ki », au contraire, quelque chose de pointu et d'irrégulier.

D'où proviennent ces ressentis ? Peut-être procédons-nous par associations avec certains mots courants de notre vocabulaire ? « Bouba » ressemble un peu à « ballon », alors que « kiki » sonne presque comme « clé, clé » – et les clés présentent de fait souvent des arêtes plutôt vives (du moins à leur extrémité). Ou peut-être ces associations viennent-elles de l'écriture ? Le son « ou » de « bouba » s'écrit avec des lettres arrondies, tandis que le « k » de « kiki » est anguleux.

Bien qu'elles jouent sans doute un rôle dans cet exemple précis, ces associations n'expliquent pourtant pas tout. D'une part, l'effet persiste même si l'on utilise à la place d'autres termes dont la sonorité ne ressemble à aucun mot particulier de la langue française (quelle forme est un « takété » et quelle forme est un « malouma », par exemple). Il persiste également si on réalise le test sur des locuteurs d'autres langues qui utilisent une graphie et un vocabulaire très différents du français (comme le swahili, le bantou ou le tamoul), voire avec des enfants de deux ans qui n'ont pas encore appris à lire.

Pourquoi tant de langues partagent-elles donc ces mêmes correspondances entre sons et formes ? Songez à l'aspect de votre bouche quand vous produisez les sons en question : une bouche arrondie et grande ouverte pour « bouba », contre une fine ouverture les lèvres étirées pour « kiki ». Une théorie communément avancée affirme par conséquent que l'effet « bouba/kiki » découlerait de connexions cérébrales entre les zones qui traitent les signaux visuels – y compris à la fois les formes imprimées et celles que dessinent les lèvres du locuteur – et les zones responsables de la perception et de la production des sons articulés. Des mots tels que « bouba » seraient littéralement « ressentis » comme ronds, parce que vous sentez votre bouche s'arrondir en les prononçant.

On observe également ce type d'effets avec certains termes du dictionnaire. Des mots comme « large » et « énorme » obligent à ouvrir grand la bouche, tandis que d'autres comme « petit » ou « mini » supposent d'étirer et de n'écarter que très légèrement les lèvres. Ce pourrait être l'une des raisons pour lesquelles les magasins privilégient les prix qui se terminent par 99 centimes. Quand on prononce par exemple « deux euros quatre-vingt-*dix*-neuf », on produit un son qui évoque quelque chose de petit, par opposition à l'ample et sonore « *trois* euros ».

Existe-t-il le même genre de lien entre d'autres modalités sensorielles ? Si les formes ont un son, peuvent-elles aussi avoir un goût ?...

LE GOÛT D'UNE FORME

Plusieurs paires d'aliments sont énumérées ci-dessous. Pour chacune d'elles, on estime en général qu'un des deux aliments correspond davantage à une forme plutôt ronde et organique (a) et l'autre à une forme plus anguleuse (b). Votre tâche consiste à dire quels sont les aliments qui correspondent à chaque forme. Pour rendre cette section encore plus amusante, pourquoi ne pas organiser un dîner (qui certes ne sera pas particulièrement raffiné) et tenter l'expérience avec vos amis ?

(a) forme arrondie, organique **(b) forme anguleuse**

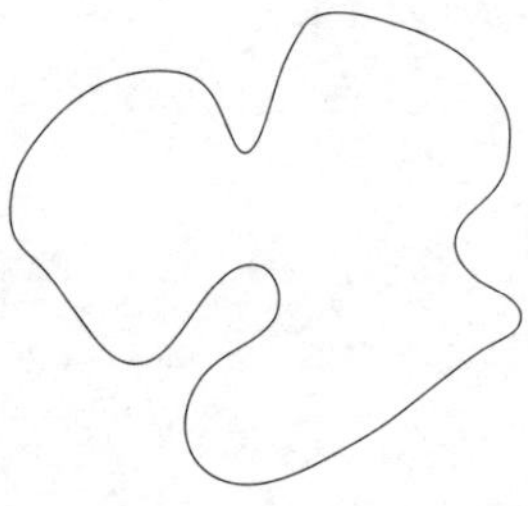

- Confiture d'airelles / Confiture de myrtilles
- Chocolat à la menthe / Brie
- Chips salées / Chips au vinaigre
- Chocolat au lait / Chocolat noir
- Eau pétillante / Eau plate
- Michokos / Maltesers
- Brie / Jus d'airelles
- Fromage de chèvre / Cheddar vieilli
- Saveurs douces (sucre, etc.) / Saveurs acides (citron, etc.)

RÉPONSES

(a) forme arrondie, organique : Confiture de myrtilles, Brie, Chips salées, Chocolat au lait, Eau plate, Michokos, Fromage de chèvre, Saveurs douces (sucre, etc.).

(b) forme anguleuse : Confiture d'airelles, Chocolat à la menthe, Chips au vinaigre, Chocolat noir, Eau pétillante, Maltesers, Jus d'airelles, Cheddar vieilli, Saveurs acides (citron, etc.).

Vous devriez noter une certaine tendance : les aliments doux au palais sont le plus souvent associés à une forme arrondie et organique (« bouba ») et les aliments amers, aigres ou acidulés – ainsi que les boissons gazeuses – à une forme anguleuse (« kiki »). On retrouve un effet similaire sur le plan olfactif : la framboise et la vanille sont associées à des formes « bouba », tandis que le citron et le poivre, de même que les odeurs particulièrement fortes et/ou désagréables, sont rattachés à des formes « kiki ».

Contrairement aux effets de correspondance entre sons et formes étudiés dans la section précédente, ces associations ne semblent pas partagées par toutes les cultures et ne sont donc sans doute pas dues à des connexions innées entre différentes zones cérébrales ; elles relèvent bien plus probablement d'un acquis. L'une des hypothèses serait alors que ces liens résultent simplement d'un accident historique et qu'un vin « tout en rondeurs » n'a en fait rien de spécialement « rond ».

Toutefois, que des rapprochements particuliers relèvent d'un acquis ou s'avèrent spécifiques d'une culture donnée ne signifie pas pour autant qu'ils soient totalement arbitraires. Il se pourrait par exemple que les gens trouvent les formes anguleuses plus « vivantes », d'une certaine manière, que les formes arrondies, et considèrent par conséquent qu'elles correspondent mieux à des produits plus

« animés », comme les boissons gazeuses ou les aliments qui croustillent bruyamment. Une autre possibilité serait qu'ils jugent les formes arrondies plus « sympathiques » que les formes anguleuses, qui ressemblent un peu à des armes acérées, et qu'ils associent de ce fait ces dernières à des aliments amers, plus désagréables ou qu'il faut du moins apprendre à apprécier.

Quelle que soit l'origine de ces relations, on a quelques raisons de penser qu'elles sont exploitées – consciemment ou pas – par les fabricants. Bon nombre de bières, par exemple, et au moins une marque d'eau pétillante utilisent dans leur communication l'image d'une étoile à pointes (bien que le symbolisme de l'étoile comme signe d'excellence entre sans doute aussi en jeu ici), alors que les jus de fruits et les smoothies privilégient plutôt des logos arrondis aux formes libres et fluides. De même, je ne suis certes pas un expert en fromages, mais y a-t-il quoi que ce soit dans leur mode de fabrication qui justifie qu'un brie doux et fondant soit toujours rond, et qu'un cheddar au goût pénétrant soit toujours rectangulaire ?

Bref, si vous comptez faire fortune en inventant un produit capable de conquérir le monde, le symbolisme des sons et des formes devrait donc très certainement vous procurer de quoi « nourrir » (pardon !) votre réflexion.

QU'Y A-T-IL DANS UN VISAGE ? (1re PARTIE)

Nous avons vu dans « Votre partenaire idéal » que l'attrait du visage était un critère important pour le choix d'un partenaire, surtout chez les hommes. Mais qu'est-ce qui rend un visage plus séduisant qu'un autre ? Pour le découvrir, examinez les visages ci-dessous et choisissez les deux (rangée a, b, c ou d) que vous trouvez les plus attirants. Tournez la page pour connaître la motivation subconsciente de votre choix et évaluer l'attractivité de votre propre visage.

(a)

(b)

(c)

(d)

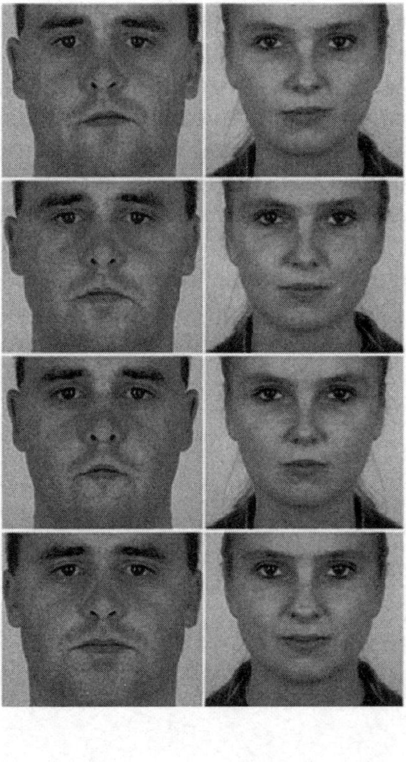

RÉPONSE

La plupart des gens considèrent la seconde rangée de visages (b) comme la plus séduisante. La première rangée (a) montre des photographies brutes, non transformées. Dans la seconde rangée, ces portraits ont subi des manipulations numériques pour les rendre plus symétriques, ce qu'une majorité de personnes juge plus séduisant. Observez par exemple comment les bouches, de travers dans la première paire de clichés, ont été redressées dans la seconde. Les troisième et quatrième paires présentent des visages symétrisés « à l'ancienne », en dupliquant en miroir soit le côté gauche (rangée c), soit le côté droit (rangée d). Ce procédé les rend bien entendu symétriques, mais leur donne un air artificiel : le nez semble tantôt trop étroit ou trop large, et les yeux trop rapprochés ou trop écartés. Les études réalisées à l'époque où il n'existait pas d'autre moyen de symétriser des visages ont conduit les chercheurs à conclure à tort que les visages symétriques paraissaient moins séduisants. Or les personnes interrogées étaient en fait rebutées par l'artificialité des visages en miroir. Ayant aujourd'hui la capacité de créer des visages symétriques plus naturels (comme ceux de la rangée b), nous savons désormais que les gens les trouvent au contraire plus attirants.

Notre préférence pour la symétrie est en grande partie inconsciente. Quand les participants d'une expérience, chargés d'évaluer les visages ci-dessus, ont été interrogés sur le sujet, les trois quarts ont indiqué qu'ils ne s'étaient pas rendu compte de la manipulation et ont maintenu, même après en avoir été informés, qu'elle n'avait pas influencé leur jugement. Pour autant, ils avaient bel et bien estimé en majorité que la seconde paire de visages était la plus séduisante.

Pourquoi trouve-t-on les visages symétriques plus attirants ? Cette préférence semble être d'origine génétique et façonnée par l'évolution. Beaucoup d'asymétries faciales sont dues aux maladies, au stress et aux carences en vitamines, aussi bien avant la naissance que durant l'enfance. L'être humain a développé par suite une préférence à l'égard des visages symétriques, car elle augmente ses chances d'être attiré par des partenaires bien armés génétiquement pour affronter ces événements défavorables. De fait, les personnes dotées d'un visage et d'un corps bien symétriques semblent globalement en meilleure forme et en meilleure santé. Les hommes particulièrement symétriques sont plus intelligents, plus athlétiques, moins sujets à la dépression et meilleurs chanteurs et danseurs que les autres ; ils comblent aussi davantage leurs partenaires.

Les visages séduisants partagent-ils d'autres caractéristiques que la symétrie ? Oui. D'une manière peut-être surprenante, l'une d'elles se rapporte à leur « moyenneté ». C'est pourtant vrai : un visage d'apparence moyenne équivaut à un beau visage. Si l'on fusionne numériquement les portraits d'un grand nombre d'individus, on obtient un visage moyen qui sera jugé plus beau que la quasi-totalité des visages de départ (nous rencontrerons d'autres visages « moyennement séduisants » dans deux sections complémentaires : « Plus bleu que tes yeux » et « Face à face »).

Pourquoi trouve-t-on les visages moyens beaux ? L'une des raisons en est que ceux qui s'écartent trop de la moyenne – tout comme ceux qui sont trop asymétriques – pourraient être des indicateurs de mutations génétiques ou signaler une prédisposition aux maladies. Une autre raison, moins évidente, c'est que les visages moyens – semblables, par définition, à beaucoup d'autres – nous paraissent plus familiers et nous plaisent par conséquent davantage. Comme on l'a vu dans « Pour moi, ce n'est que du chinois », la familiarité n'engendre pas le mépris mais le plaisir. Voilà pourquoi les singes, les chiens, les chevaux et même les montres d'apparence moyenne sont jugés « plus beaux » que d'autres représentants plus singuliers de chaque catégorie.

Mais l'histoire ne s'arrête pas là. Si la plupart des gens que l'on trouve beaux arborent un visage « moyen », les rares personnes qualifiées d'une beauté exceptionnelle possèdent quant à elles un petit quelque chose en plus.

Chez les femmes, ce petit quelque chose s'appelle la féminité. Pour le dire crûment, moins une femme ressemble à un homme (plus elle a des mâchoires fines, une tête, un nez et un front petits, de grands yeux et des lèvres pulpeuses), plus elle est considérée comme séduisante (aussi bien par les hommes que par les femmes, et ce parmi de nombreuses cultures différentes). Là encore, les raisons sont liées à l'évolution : un visage plus féminin indiquerait un niveau d'œstrogènes plus élevé, donc une plus grande fertilité. Cela signifie qu'en prenant un joli visage « moyen » (à gauche) et en le féminisant un peu plus (à droite), on peut alors créer artificiellement la plus belle femme possible. La psychologue Lisa Debruine et ses collègues l'ont fait. Auriez-vous envie de rencontrer cette personne ?

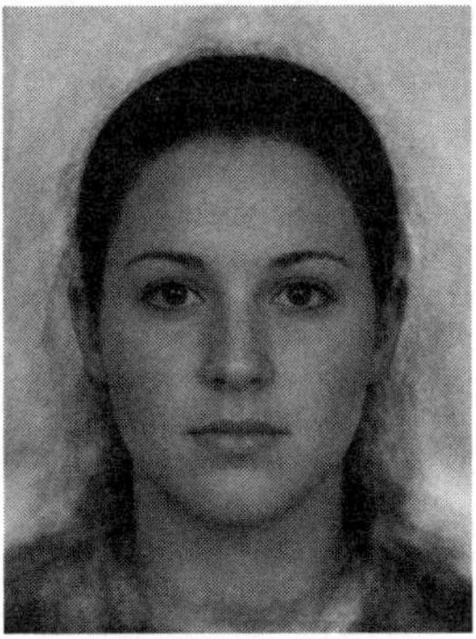

Visage moyen

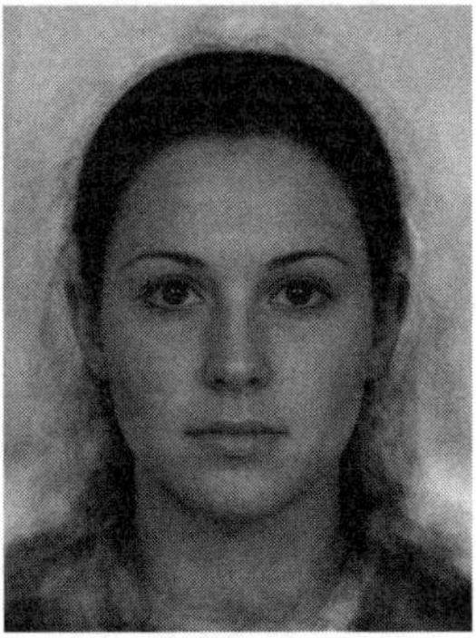

Visage amélioré

Chez les hommes, le petit quelque chose en plus... s'avère plus compliqué. Pour la plupart des gens, un visage d'homme moyen devient plus beau s'il est féminisé, et moins beau s'il est masculinisé. Les visages d'hommes féminisés ont l'air accueillant, doux, gentil et aimable, tandis que les visages masculinisés – comme on le verra dans « Face à face » – paraissent froids, durs, méchants et agressifs. Or les femmes qui avouent une préférence pour les « mauvais garçons » font figure d'exception : elles jugent les hommes d'apparence très masculine plus séduisants.

Cela étant, si votre propre visage ne remplit pas ces conditions de symétrie, de « moyenneté » et de féminité, ne désespérez pas. D'une part, les visages qui ne répondent pas à ces critères se distinguent par définition des autres, ce que beaucoup de gens trouvent en soi séduisant. D'autre part, l'attrait physique n'est pas l'unique qualité recherchée chez un partenaire (voir « Votre partenaire idéal »).

En dernier ressort, il vous restera toujours la possibilité de modifier numériquement votre visage, comme le permettent d'amusants outils disponibles sur Internet[1].

LA DANSE DE LA FERTILITÉ

VRAI OU FAUX ? Les danseuses de bar gagnent plus d'argent par soirée lorsqu'elles atteignent le point de fertilité maximale de leur cycle menstruel.

RÉPONSE

C'est vrai. L'étude qui l'a démontré a été menée dans différents clubs de strip-tease d'Albuquerque, au Nouveau-Mexique (là où se déroule la série *Breaking Bad*). On a demandé aux danseuses de tenir chaque soir le compte de leurs pourboires ; les sommes consignées ont ensuite été divisées selon trois phases : menstruelle (jours 1 à 5), fertile (9 à 15) et lutéale (18 à 28) – les jours 6 à 8 et 16 à 17 ont été laissés de côté car l'estimation de la fertilité n'est pas une science exacte et les chercheurs souhaitaient se ménager une petite marge de manœuvre.

On a obtenu des résultats surprenants : durant leur phase la plus fertile, les danseuses gagnaient en moyenne autour de 335 dollars par soirée de cinq heures, contre 260 dollars en phase lutéale et 185 seulement en phase menstruelle. Faisaient-elles d'une manière ou d'une autre davantage d'efforts durant la phase de fertilité maximale ? Cela semble peu probable. La majorité des danseuses déclarent s'en tenir à la même tenue, à la même chorégraphie et à la même conversation soir après soir, dans la plupart des cas depuis plusieurs milliers de passages. Du point de vue de la danseuse, le but est de récolter pour chaque danse le plus d'argent possible. Garder des mouvements ou des phrases d'approche en réserve pour une occasion particulière n'a tout simplement aucun sens ; si quelque chose fonctionne, autant le conserver dans son numéro.

En réalité, quand les femmes atteignent le point de fertilité maximale de leur cycle, elles émettent des signaux physiques et même chimiques qui sont non seulement captés par les hommes, mais auxquels ils réagissent de surcroît en ouvrant leur portefeuille. Durant cette période, les traits physiques liés aux tissus mous – les oreilles, les doigts et les seins, notamment – deviennent plus symétriques (voir « Qu'y a-t-il dans un visage ») et sont donc jugés plus séduisants par le sexe opposé. Lors de tests olfactifs en aveugle, il apparaît en outre que les échantillons d'odeur corporelle de femmes en phase fertile (« œstrale ») sont considérés comme plus intenses, plus agréables et plus attirants que d'autres échantillons prélevés sur les mêmes femmes à des périodes différentes[1].

L'idée que les femelles d'autres espèces informent les mâles de leurs périodes de fertilité au moyen de signaux physiques et chimiques ne prête à aucune controverse (pensez par exemple au postérieur rubescent des femelles babouins). Avant la réalisation de ces études, la plupart des chercheurs pensaient cependant que l'évolution avait abandonné cette stratégie chez l'être humain, au profit peut-être de l'accouplement monogame, qui assure une meilleure protection des enfants. Mais cette théorie prend sans doute un peu nos désirs pour la réalité. L'être humain aime à se croire supérieur aux autres animaux et n'apprécie guère qu'on lui rappelle tout ce que nous partageons avec eux sur le plan biologique (un homme qui parlerait d'une femme « en chaleur » se rendrait très vite et à coup sûr assez impopulaire). Or, ces études laissent à penser que nous ne sommes finalement pas si exceptionnels que cela. En matière de signalisation sexuelle, nous ne sommes véritablement – par bien des aspects – rien de plus que des mammifères.

LE PULL-OVER D'HITLER

Êtes-vous athée ? Dans ce cas, prononcer à voix haute les phrases suivantes ne vous posera aucun problème :

Je mets Dieu au défi de paralyser ma mère.
Je mets Dieu au défi de me faire mourir d'un cancer.
Je mets Dieu au défi de me faire avoir un accident de voiture.

En êtes-vous capable ?

RÉPONSE

C'est assez gênant, n'est-ce pas ?

Une étude réalisée à l'université d'Helsinki a montré que la lecture à voix haute de ces phrases faisait transpirer tout autant les gens qui se déclaraient athées que ceux qui s'affirmaient croyants, d'après les niveaux de conductance cutanée relevés à l'aide d'une machine (plus on transpire, plus la peau conduit bien l'électricité).

Les athées étaient-ils simplement stressés d'imaginer et d'évoquer des événements aussi horribles ? Ou pensaient-ils que le simple fait de parler d'un événement désagréable le rendait d'une manière ou d'une autre plus probable ?

Sans doute que non. Quand on leur demandait de lire des phrases similaires où Dieu n'apparaissait pas (« Je souhaite que mes parents soient paralysés / mourir d'un cancer / avoir un accident de voiture »), ils transpiraient en effet beaucoup moins. Croyaient-ils donc malgré tout en Dieu – si peu que ce soit ? Pas forcément. Le problème est que nous avons tous du mal, semble-t-il, à faire complètement abstraction de certaines croyances « superstitieuses », même si nous savons – en toute logique – qu'elles sont parfaitement irrationnelles.

Tentez donc cette expérience : prenez une bouteille d'eau vide et tracez dessus au marqueur l'inscription « POISON » accompagnée d'une tête de mort. Puis remplissez-la d'eau du robinet et buvez-la. Aucun souci, bien sûr, mais admettez que vous avez dû un peu vous forcer. Et si je trempe maintenant dans cette eau un cafard, totalement stérilisé de manière à éliminer jusqu'au dernier germe ? Vous n'avez plus aussi soif, n'est-ce pas ?

En voici une autre : que diriez-vous d'enfiler un pull-over déjà brièvement porté par un individu qui incarne pour vous le mal absolu – un tueur de masse ou un dirigeant fanatique (Hitler, par exemple). Une étude menée aux États-Unis a montré que les gens trouvaient cela plus désagréable que si le pull-over avait été porté par un ennemi intime ou un malade atteint d'hépatite, ou s'il était tombé un instant sur « un petit tas de déjections canines ».

Une de plus : préparez une omelette ou des œufs au plat, puis ajoutez-y quelques gouttes d'un colorant alimentaire bleu parfaitement inodore et sans saveur. Et maintenant, mangez. Difficile, pas vrai ?

Que se passe-t-il ici ? Pourquoi cultivons-nous ces croyances superstitieuses dont nous savons fort bien qu'elles sont totalement illogiques ? Pourquoi penser qu'une substance est empoisonnée si nous savons que ce n'est pas le cas ? Pourquoi croire que le mal se transmet tel un microbe si nous savons que c'est impossible ?

Il faut se rappeler que l'on n'a découvert que très récemment les raisons précises pour lesquelles certains aliments sont comestibles alors que d'autres s'avèrent toxiques, et pourquoi les maladies peuvent se propager par contact physique alors que le « mal » ne le peut pas (la théorie microbienne remonte à moins de deux cents ans). Durant toute l'histoire de l'humanité, on avait dû se contenter de règles empiriques bien plus générales – « ne rien manger qui soit bleu » ou « ne pas toucher ce qui nous est désagréable », par exemple. Et comme ceux qui mangeaient néanmoins quelque chose de bleu ou qui manipulaient des corps en décomposition étaient promptement éliminés par la sélection naturelle, ces règles empiriques sont devenues partie intégrante de notre patrimoine génétique. Si vous avez tant de difficultés à manger un œuf bleu, c'est donc parce que vous vous forcez à surmonter un sentiment de dégoût gravé en vous par des milliers d'années d'évolution.

L'idée que les croyances religieuses seraient un produit de l'évolution humaine – soutenue par des biologistes athées tels que Richard Dawkins ou Stephen J. Gould – suscite de toute évidence la controverse. Mais si c'était vrai, cela pourrait alors expliquer qu'un athée ait tout autant de mal à mettre Dieu au défi de paralyser sa mère, qu'à manger un œuf bleu ou à enfiler le pull-over d'Hitler.

QE D'ÉMOTIONS !

Avez-vous remarqué que les employés qui décrochent une promotion au sein de votre entreprise (ou les élèves qui s'en sortent le mieux à l'école, au lycée ou à l'université) ne sont pas toujours les plus travailleurs, ceux qui affichent les meilleurs résultats, ni les plus intelligents ? Qu'ont-ils donc que les autres – à commencer peut-être par vous – n'ont pas ?

La réponse, selon le psychologue Daniel Goleman, c'est qu'ils possèdent un niveau élevé d'« intelligence émotionnelle ». De même que nous différons tous sur le plan de l'intelligence abstraite « classique » (QI), l'idée est que nous différons également tous sur le plan de notre intelligence émotionnelle (QE) : notre capacité à déchiffrer, à contrôler et à utiliser les émotions (celles des autres aussi bien que les nôtres). Dans un article publié par la prestigieuse *Harvard Business Review*, Goleman affirmait avoir démontré que l'intelligence émotionnelle était deux fois plus importante, pour obtenir d'« excellentes performances », que les compétences techniques et le QI traditionnel.

Deux fois plus, rien que ça ! Je parie que vous êtes à présent impatient de connaître votre QE, n'est-ce pas ? Allez-y : faites le test proposé au verso (vous remarquerez que les énoncés qui rendent compte d'un *manque* d'intelligence émotionnelle – comme « J'ai du mal à comprendre les messages non verbaux émis par les autres » – sont notés en sens inverse : Pas du tout d'accord = 5, Tout à fait d'accord = 1).

	Pas du tout d'accord				Tout à fait d'accord
1. Je sais quand parler aux autres de mes problèmes personnels.	1	2	3	4	5
2. Quand je suis confronté(e) à des obstacles, je me remémore d'autres moments où j'ai rencontré des obstacles similaires et où je les ai surmontés.	1	2	3	4	5
3. Je m'attends à bien réussir la plupart des choses que j'entreprends.	1	2	3	4	5
4. Les autres se confient facilement à moi.	1	2	3	4	5
5. J'ai du mal à comprendre les messages non verbaux émis par les autres.	5	4	3	2	1
6. Certains événements majeurs de mon existence m'ont conduit à réévaluer ce qui est important et ce qui ne l'est pas.	1	2	3	4	5
7. Quand mon humeur change, j'entrevois de nouvelles possibilités.	1	2	3	4	5
8. Ressentir des émotions est l'une des choses qui font que la vie mérite d'être vécue.	1	2	3	4	5

	Pas du tout d'accord				Tout à fait d'accord
9. Je prends conscience de mes émotions au moment où je les éprouve.	1	2	3	4	5
10. Je m'attends à ce qu'il m'arrive de bonnes choses.	1	2	3	4	5
11. J'aime partager mes émotions avec les autres.	1	2	3	4	5
12. Quand j'éprouve une émotion positive, je sais comment la faire durer.	1	2	3	4	5
13. J'organise des événements qui plaisent aux autres.	1	2	3	4	5
14. Je recherche des activités qui me rendent heureu(x)(se).	1	2	3	4	5
15. Je suis conscient(e) des messages non verbaux que j'envoie aux autres.	1	2	3	4	5
16. Je me présente de manière à faire bonne impression.	1	2	3	4	5
17. Quand je suis de bonne humeur, je résous facilement les problèmes.	1	2	3	4	5
18. En observant l'expression de leur visage, je sais identifier les émotions que ressentent les autres.	1	2	3	4	5
19. Je sais pourquoi mes émotions changent.	1	2	3	4	5
20. Quand je suis de bonne humeur, je suis capable de trouver de nouvelles idées.	1	2	3	4	5
21. Je maîtrise mes émotions.	1	2	3	4	5

	Pas du tout d'accord				Tout à fait d'accord
22. J'identifie facilement les émotions que je ressens.	1	2	3	4	5
23. Je me motive en imaginant obtenir de bons résultats dans les tâches que j'entreprends.	1	2	3	4	5
24. Je complimente les autres quand ils réussissent quelque chose de bien.	1	2	3	4	5
25. Je suis conscient(e) des messages non verbaux émis par les autres.	1	2	3	4	5
26. Quand quelqu'un me fait part d'un événement important de sa vie, j'ai presque l'impression de l'avoir vécu moi-même.	1	2	3	4	5
27. Quand je sens que mes émotions changent, j'ai tendance à trouver de nouvelles idées.	1	2	3	4	5
28. Quand je fais face à un défi, j'abandonne car je suis convaincu(e) d'échouer.	5	4	3	2	1
29. Il me suffit de regarder les autres pour savoir ce qu'ils ressentent.	1	2	3	4	5
30. J'aide les autres à se sentir mieux quand ils n'ont pas le moral.	1	2	3	4	5

	Pas du tout d'accord				Tout à fait d'accord
31. Je me sers de ma bonne humeur pour m'aider à persévérer malgré les obstacles.	1	2	3	4	5
32. Je sais percevoir au ton de sa voix comment quelqu'un se sent.	1	2	3	4	5
33. J'ai du mal à comprendre les émotions des gens.	5	4	3	2	1

RÉPONSE

Pour calculer votre score d'intelligence émotionnelle, il vous suffit d'additionner tous les chiffres entourés. Le score moyen se situe autour de 128, sur un maximum possible de 165. Les femmes obtiennent en général un score légèrement supérieur aux hommes, avec une moyenne respective de 131 et de 125. Les thérapeutes (135) sont un peu au-dessus, les prisonniers (120) et les patients toxicomanes (122) un peu en dessous.

Bien que l'intelligence émotionnelle ait rencontré un énorme succès commercial, conduisant les entreprises à dépenser des sommes considérables pour mesurer et améliorer le QE de leurs employés, beaucoup de psychologues-chercheurs se montrent plus sceptiques à son égard.

L'un des problèmes qui se posent, c'est que l'on ne sait pas vraiment si les tests d'intelligence émotionnelle mesurent quoi que ce soit qui ne puisse être appréhendé par la combinaison d'un test classique de QI (voir « Le test de Rorschach ») et d'un test de personnalité (voir « Votre profil de personnalité »). Si ce n'est pas le cas, comme la plupart des études universitaires semblent l'indiquer, une personne « émotionnellement intelligente » ne serait alors au fond rien d'autre qu'une personne à la fois brillante et sympathique (c'est-à-dire agréable et cordiale).

Le second problème, c'est qu'il semble assez facile de fausser le test, de manière à se présenter sous un jour favorable auprès d'un employeur. Même s'il en existe des versions plus sophistiquées, celui que je vous ai soumis est ridiculement facile à biaiser. Répondre « pas du tout d'accord » à chaque énoncé, sans même les lire, permet déjà d'obtenir un score extrêmement élevé (150) ; en faisant un peu plus attention aux items notés en sens inverse, on atteint le score parfait de 165. Les tests de QI conventionnels sont quant à eux impossible à fausser (à moins de vouloir paraître moins intelligent qu'on ne l'est). Et même s'il est bien entendu possible de mentir lors d'un test de personnalité, il n'est pas toujours évident de savoir précisément comment répondre pour biaiser les résultats (l'employeur recherche-t-il par exemple un perfectionniste discret ou un joyeux luron ?). Il semblerait donc somme toute qu'on puisse en apprendre beaucoup plus sur un employé au travers de tests traditionnels qu'en recourant à des tests de QE tape-à-l'œil et souvent coûteux.

Mais le plus gros problème, c'est qu'il n'y a aucun moyen de savoir si les allégations avancées à propos de l'intelligence émotionnelle (selon lesquelles elle serait par exemple deux fois plus importante que le QI et que les compétences techniques) sont vraies. La raison en est que l'immense majorité des études, y compris celles mentionnées dans les ouvrages et les articles de Goleman, ont été réalisées par des entreprises privées qui commercialisent elles-mêmes des tests de QE et des formations sur le sujet, et qui ne permettent pas aux scientifiques ou aux journalistes d'accéder à leurs données pour les vérifier.

Alors même si nous pouvons tous convenir que la capacité à bien s'entendre avec les autres, tant au travail que dans la vie en général, revêt une importance certaine, débourser des fortunes pour une formation à l'intelligence émotionnelle n'apparaît pas forcément comme la chose la plus intelligente à faire.

RESTEZ SUR VOS GARDES

Dans cet ouvrage, vous avez endossé jusqu'ici le rôle d'un médecin, d'un radiologue, d'un ministre de la Santé, d'un contrôleur de jeux de roulette et d'un barman. Je crois cependant avoir trouvé cette fois-ci votre véritable vocation : celle de gardien de prison. Il ne vous reste plus qu'à passer un petit entretien, mais c'est une formalité. Je n'ai qu'une seule question, très simple, à vous poser.

Un groupe de détenus s'est rebellé et refuse de suivre vos ordres. Comment réagissez-vous ? :

(a) vous tentez de les raisonner, en ayant toujours à l'esprit qu'il faut traiter les prisonniers avec respect et dignité

ou

(b) vous leur imposez de se déplacer entièrement nus, vous leur faites subir des exercices punitifs, vous les obligez à utiliser un seau à la place des toilettes et vous les privez de sommeil.

RÉPONSE

Bien entendu, vous avez répondu **(a)** et ne pourriez en aucun cas recourir aux méthodes décrites dans la réponse **(b)**.

En êtes-vous sûr ?

Si très peu de gens pourraient envisager même une seule seconde d'appliquer des formes de discipline aussi dégradantes et inhumaines, c'est pourtant exactement ce qui s'est produit, non seulement dans de véritables centres de détention comme ceux d'Abou Ghraib et de Guantánamo, mais aussi dans une prison factice aménagée à l'université de Stanford dans les années 1970, où les prisonniers – tout comme les gardiens – n'étaient que de simples participants volontaires pour une expérience de psychologie, et par conséquent innocents de tout crime.

Avec celle de Milgram (voir « Une expérience choquante »), l'étude sur la prison de Philip Zimbardo[1] représente peut-être l'expérience de psychologie la plus célèbre jamais réalisée, sujet d'un long métrage (*L'Expérience*), d'un roman (*Black Box*) et de nombreuses reconstitutions dont une par la BBC[2]. À l'instar de Milgram, Zimbardo cherchait à comprendre pourquoi des personnes parfaitement normales se montraient capables de commettre des actes absolument épouvantables, comme dans les véritables prisons mentionnées ci-dessus ou dans les camps de concentration de la Seconde Guerre mondiale.

La conclusion habituellement tirée de cette étude, c'est que le pouvoir absolu corrompt absolument : que le fait même de conférer aux gens un pouvoir sans limites les amène naturellement à recourir à la violence et à la cruauté. Ainsi, chacun d'entre nous – placé dans les mauvaises circonstances – pourrait fort bien se laisser aller à des actes aussi innommables (raison pour laquelle il faut toujours, face à cette éventualité, « rester sur ses gardes »).

Le professeur Alex Haslam – rencontré précédemment dans la section sur l'« Expérience choquante de Milgram » – ne partage pas cet avis. Haslam était chargé de la reconstitution de l'expérience diffusée par la BBC. Dans sa version, les gardiens ont été loin de se comporter aussi mal. Pourquoi ? Parce qu'on ne les y a pas encouragés. S'il est souvent indiqué que Zimbardo n'avait fourni aucune consigne particulière aux gardiens, Haslam souligne qu'il leur avait donné sans conteste une idée générale du comportement qu'ils devaient adopter : « Vous pouvez créer chez les prisonniers un sentiment d'ennui, susciter la peur jusqu'à un certain point, vous pouvez instaurer un climat où règne l'arbitraire car leur vie se trouve entièrement contrôlée par nous, par le système, par vous et moi. [...] Nous allons par différents moyens leur retirer leur individualité. En général, tout ceci conduit à un sentiment d'impuissance. »

N'oubliez pas que les gardiens savaient qu'il s'agissait uniquement d'une expérience, pour laquelle ils étaient tout comme les prisonniers rémunérés, et qu'ils se sentaient par conséquent tenus de suivre les instructions de l'expérimentateur. Ayant reçu ces instructions, ils supposaient naturellement que l'objectif de Zimbardo consistait à observer ce qui se passe lorsque des prisonniers sont soumis à « l'ennui, à la peur et à l'impuissance » et que le fait de les traiter avec respect et dignité irait à l'encontre du but même de l'expérience. Exactement comme chez Milgram, une partie au moins des gardiens auraient alors joué le jeu parce qu'ils « supposaient que les désagréments causés à la victime n'étaient que temporaires, tandis que les acquis scientifiques issus de l'expérience seraient au contraire durablement utiles ». En d'autres termes, ils se seraient prêtés à l'exercice par désir de se comporter comme des « gens bien » – comme des gens qui, ayant été payés pour mener une expérience, s'en acquittent correctement.

Cette explication ne vaut pas pour tous les gardiens. D'une part, ils n'ont pas tous adopté un comportement sadique, ni dans l'étude originelle de Zimbardo, ni dans la reconstitution de Haslam. D'autre part, ceux qui l'ont fait ne se sont pas contentés de suivre les instructions qu'on leur avait données ; ils sont au contraire allés bien au-delà, en inventant leurs propres tactiques de domination, leurs propres règles et leurs propres sanctions.

Se pourrait-il donc qu'une partie au moins de ces gardiens n'aient pas été pervertis soit par leur position de force, soit par les instructions de Zimbardo, mais habités dès le départ de tendances quelque peu sadiques ? Y avait-il dans le processus de recrutement quelque chose qui poussait ce type d'individus à se porter candidat ?

Pour le déterminer, deux chercheurs de l'université de Western Kentucky publièrent deux annonces de recrutement dans le journal de leur établissement ; l'une pratiquement identique à celle de l'étude de Zimbardo, l'autre où l'indication cruciale « sur la vie en prison » était supprimée : « Recherchons des étudiants hommes pour une étude psychologique ~~sur la vie en prison~~. 70 dollars par jour pendant 1 à 2 semaines, à partir du 17 mai. Pour de plus amples informations et obtenir un formulaire de candidature, contactez e-mail@adresse.com. »

L'« étude » se résumait en réalité à un livret-questionnaire réunissant des mesures d'agressivité, d'autoritarisme, de machiavélisme, de narcissisme, de dominance sociale, d'empathie et d'altruisme. Je vous laisse deviner : les participants qui avaient répondu à la première annonce (celle où figuraient les termes « sur la vie en prison ») affichèrent un score plus élevé sur chacun des traits négatifs et plus faible sur les deux seuls traits positifs.

Il s'ensuit donc qu'au moins certains des gardiens de Zimbardo, et – de fait – ceux qui commettaient des atrocités au sein de véritables prisons, n'étaient peut-être pas de doux innocents avilis par des circonstances malheureuses, mais qu'ils avaient trouvé là un exutoire pour exprimer des traits de personnalité plus sombres déjà présents en eux.

QU'Y A-T-IL DANS UN VISAGE ? (2e PARTIE : PLUS BLEU QUE TES YEUX)

Un juge britannique a récemment statué qu'une prévenue ne devait pas être autorisée à déposer devant la cour vêtue d'un voile intégral, au motif que « la capacité du jury à voir le visage de l'accusée présentait une importance cruciale pour évaluer sa déposition ». Cette décision reflète l'idée fort répandue que nous serions capables de dire si quelqu'un ment en étudiant de près son expression.

Cette croyance est en réalité probablement fausse. Néanmoins, certaines personnes auraient-elles foncièrement, quoi qu'elles disent et quoi qu'elles fassent, l'air plus honnête que d'autres ?

Examinez les deux paires de visages ci-dessous et choisissez pour chacune celui qui vous paraît le plus digne de confiance :

Homme A

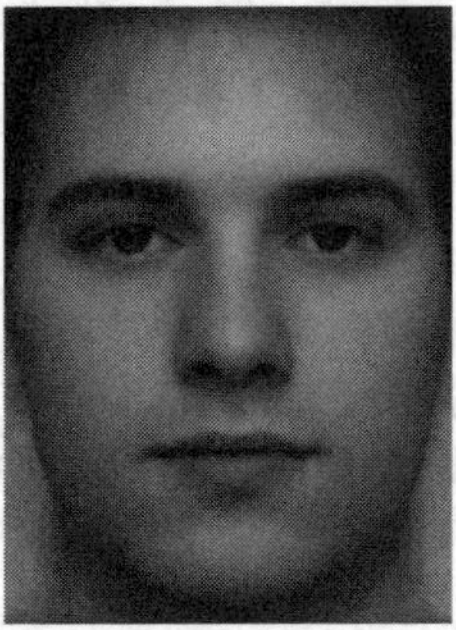

Homme B

Femme A

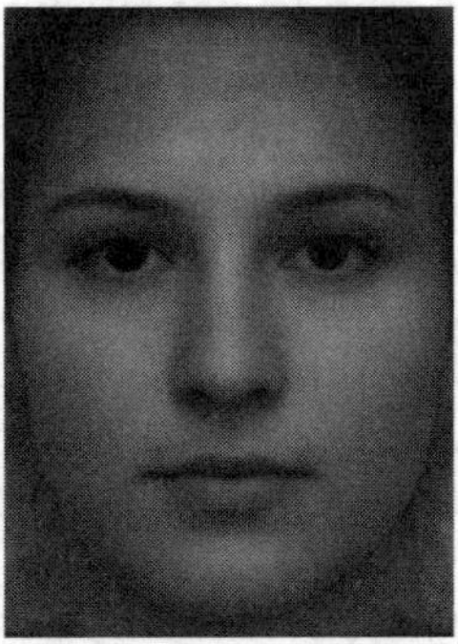

Femme B

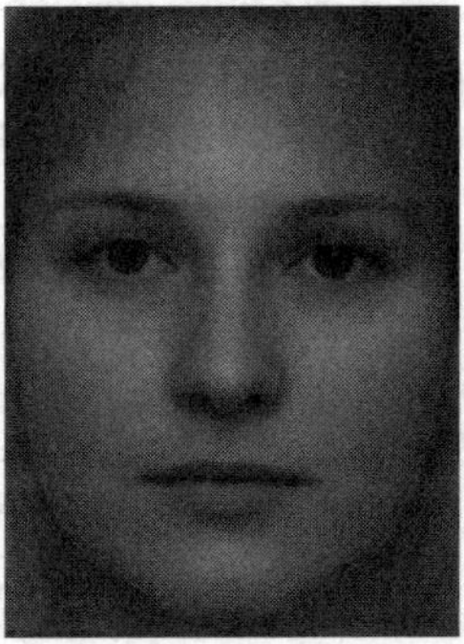

À propos, si vous vous demandez pourquoi ils sont tous si beaux, la réponse est que ce ne sont pas de vraies personnes, mais des visages de synthèse créés en faisant la moyenne d'un grand nombre de photos différentes (voir « Qu'y a-t-il dans un visage ? : 1re partie »).

RÉPONSE

La plupart des gens estiment que l'homme A semble plus honnête que l'homme B. S'agissant des femmes, les avis se partagent à peu près équitablement entre les deux photographies.

Une étude menée en République tchèque a montré que les hommes aux yeux marron (A) suscitaient davantage la confiance que ceux aux yeux bleus (B) – les photos étaient présentées en couleurs. Mais pourquoi ? Le mystère s'épaissit lorsqu'on découvre que les hommes « aux yeux marron » continuaient d'être considérés comme plus honnêtes, même si l'on modifiait numériquement les visages pour leur donner les yeux bleus (raison pour laquelle je suis heureux de vous avoir proposé l'exercice en noir et blanc).

C'est donc quelque chose d'autre que leurs yeux marron qui doit leur donner l'air plus honnête (on n'a aucune preuve qu'ils le soient vraiment). Mais quoi ? La réponse semble être la forme du visage, qui se trouve corrélée avec la couleur des yeux. Les hommes aux yeux marron possèdent en général un menton arrondi, une bouche large aux angles remontants, de grands yeux et des sourcils rapprochés – autant de caractéristiques qui inspirent davantage confiance. Les hommes aux yeux bleus possèdent souvent un menton plus allongé et plus pointu, une bouche plus étroite, des yeux plus petits et des sourcils plus écartés – caractéristiques qui suscitent au contraire une confiance moindre. Il est intéressant de noter que la forme du visage ne permet pas de prédire si une femme sera perçue comme plus ou moins digne de confiance. Ceci est notamment dû aux faits que les visages féminins se ressemblent davantage que ceux des hommes, et que les femmes sont considérées dans leur ensemble comme plus honnêtes.

Mais pourquoi donc les hommes au menton plus arrondi, à la bouche plus large et aux yeux plus grands sont-ils perçus comme plus honnêtes ? Il semble y avoir au moins trois raisons. Premièrement, ce menton arrondi et ces traits plus pleins leur donnent un air plus

« poupon » et par suite plus « innocent ». Deuxièmement, une bouche et des yeux plus étroits font paraître les gens plus méchants (songez à la manière dont vous pincez les lèvres et dont vous plissez les yeux quand vous êtes en colère). À l'inverse, une bouche et des yeux plus grands confèrent un air heureux, et toutes choses étant égales par ailleurs, mieux vaut faire confiance à quelqu'un d'heureux qu'à quelqu'un de fâché. Troisièmement, les hommes aux traits plus larges (lesquels vont souvent de pair, rappelez-vous, avec des yeux marron) sont perçus comme plus virils (pensez au bel et ténébreux inconnu) et, de ce fait, comme plus fiables et davantage dignes de confiance.

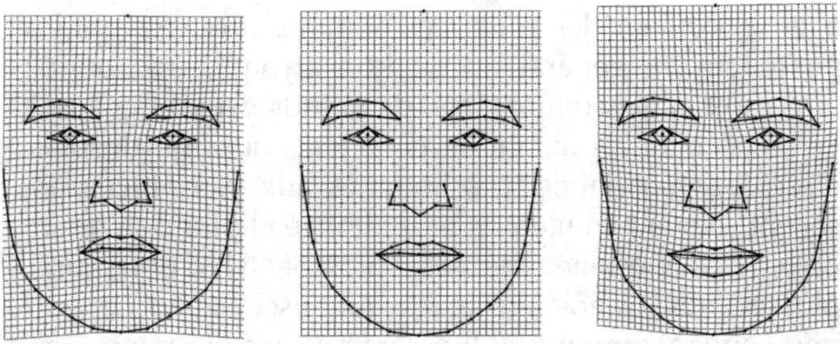

Représentations du visage masculin inspirant le moins confiance (à gauche), considéré comme neutre (au centre) et inspirant le plus confiance (à droite). Ces représentations ont été créées (par les auteurs de l'article original) en transposant les visages évalués sur une grille standardisée et en agrégeant les caractéristiques des visages jugés respectivement comme particulièrement dignes ou indignes de confiance.

En conclusion, au lieu de statuer sur le fait que personne ne doit porter de voile pour déposer devant un tribunal, notre juge aurait peut-être dû ordonner à tout le monde d'en porter un, du début à la fin du procès – le jury risquant autrement d'être influencé par des facteurs inopportuns tels que la forme d'un visage ou, indirectement, la couleur de ses yeux.

LE PROBLÈME DE LA BOUGIE

Vous disposez d'une petite bougie, d'une boîte de punaises et d'une pochette d'allumettes. Vous devez attacher la bougie au mur de manière à ce qu'elle ne goutte pas sur le sol.

Comment vous y prenez-vous ?

RÉPONSE

Si vous avez songé à punaiser la bougie sur le mur ou à faire fondre un peu de cire pour servir de colle, bonne idée, mais ça ne fonctionne pas. Allez-y, essayez.

La solution consiste à fixer la boîte au mur à l'aide des punaises et à poser la bougie dedans. Essayez donc encore une fois. Vous voyez ? Ça marche !

En règle générale, seule une personne sur quatre environ trouve la bonne réponse. Pourquoi ce problème est-il si difficile à résoudre ? À cause d'un phénomène connu sous le nom de *fixité fonctionnelle*. Lorsqu'un objet possède un usage particulièrement courant, on reste tellement focalisé dessus qu'on pense rarement à l'utiliser pour autre chose – même s'il conviendrait parfaitement à cet autre usage. Dans le cas présent, on a tellement l'habitude de voir dans cette boîte un simple contenant pour punaises qu'on ne parvient pas à l'envisager comme un bougeoir potentiel.

L'idée de surmonter la fixité fonctionnelle a même engendré une tendance en matière de design : l'« *upcycling* » (le recyclage des objets pour en faire quelque chose de nouveau et de plus intéressant). Des designers audacieux ont réalisé des luminaires à base de tambours de machines à laver et de boîtes de conserve, des maisons de poupées et des étagères à l'aide de vieilles valises, des horloges avec des roues de vélo et des disques vinyles, et des décorations de Noël en récupérant des ampoules électriques[1].

Le piège de la fixité fonctionnelle vous étant désormais connu, cette leçon pourra vous servir à résoudre d'autres problèmes…

SOUS PRESSION

Compte tenu de ce que vous avez appris, combien de solutions pouvez-vous trouver pour résoudre le problème suivant (véritable question d'examen) ?

Comment déterminer la hauteur d'un grand immeuble à l'aide d'un baromètre ?

Au fait, si ne vous savez pas ce qu'est un baromètre, il s'agit d'un appareil permettant de mesurer la pression atmosphérique (employé par de nombreux météorologues amateurs).

RÉPONSE

La solution bateau consiste à se servir du baromètre pour mesurer la pression atmosphérique au sommet puis au pied de l'immeuble et à utiliser la différence – puisque la pression diminue avec l'altitude – pour calculer la hauteur.

Mais ce qui m'intéressait ici, c'était en réalité la question de la *fixité fonctionnelle*. Combien d'autres façons de « déterminer la hauteur d'un grand immeuble à l'aide d'un baromètre » avez-vous imaginées ?

Voici quelques possibilités :

- Attacher le baromètre au bout d'une corde pour fabriquer un fil à plomb improvisé. Le laisser tomber du haut de l'immeuble, repérer la hauteur sur la corde, puis mesurer cette hauteur une fois à la maison.
- Jeter le baromètre depuis le toit de l'immeuble, chronométrer le temps qu'il met pour toucher le sol et appliquer l'équation adéquate pour calculer la distance parcourue.
- Sortir le baromètre par une journée ensoleillée et déterminer le ratio entre la taille de l'objet et la longueur de son ombre. Mesurer ensuite l'ombre de l'immeuble, et utiliser ce ratio pour calculer sa hauteur.
- Monter jusqu'en haut de l'immeuble par l'escalier, en reportant tout du long la taille du baromètre sur le mur. Compter le nombre de marques tracées pour obtenir la hauteur de l'immeuble en nombre de baromètres…
- … ou convertir ce nombre dans une unité de mesure standard en déterminant la hauteur du baromètre (d'après la documentation du fabricant, peut-être, si vous n'avez pas de mètre).
- Trouver quelqu'un qui connaît la hauteur de l'immeuble (le portier, le gardien ou le concierge, par exemple) et promettre de lui offrir votre joli baromètre s'il vous dévoile cette information.

Combien de ces méthodes avez-vous envisagées ? En avez-vous suggéré d'autres ? Voici la mienne. Elle est un peu fastidieuse, mais elle joue comme beaucoup de celles indiquées ci-dessus sur l'énoncé de la question, qui demande de mesurer l'immeuble « à l'aide d'un baromètre » et non pas « au seul moyen d'un baromètre » :

- Vendre le baromètre et utiliser l'argent pour prendre le bus et se rendre chez un géomètre, que l'on paiera ensuite pour mesurer l'immeuble.

Accessoirement, l'histoire raconte que cette question aurait été posée lors d'un véritable partiel de physique et que le professeur se serait arraché les cheveux pour savoir s'il devait noter le petit malin qui lui avait fourni l'une de ces réponses. J'ai bien peur de ne guère éprouver de compassion pour cet étudiant, tant il me semble évident que toutes les questions d'un examen sous-entendent implicitement d'utiliser les connaissances pertinentes tirées du cours que l'on vient de suivre. Cela étant, je le félicite – s'il a réellement existé – d'avoir évité le piège de la fixité fonctionnelle.

Dans le même esprit, j'offrirai une récompense à toute personne qui proposera d'utiliser le présent ouvrage de la manière la plus inventive. Envoyez vos photos à uses@Psy-Qbook.com.

Bonne chance !

ACCROS AUX GÂTEAUX

Vous êtes-vous jamais demandé pourquoi vous ne pouviez pas vous arrêter de grignoter ?

En réalité, rien sans doute ne vous en empêche. Mais vous avez certainement vu à la télévision ces documentaires sur des personnes qui s'en montrent incapables, même lorsqu'elles ont tellement grossi qu'il leur devient impossible de sortir de chez elles. Elles savent qu'elles doivent arrêter, elles veulent arrêter, mais elles n'y arrivent pas. Pourquoi ? Seraient-elles littéralement « accros » à la nourriture ? Ou ces « hyperphages », comme on les appelle, manquent-ils simplement de volonté ?

Qu'en pensez-vous ?

RÉPONSE

La plupart des experts s'accordent à dire que l'addiction[1] à la nourriture fonctionne à peu près de la même manière que l'addiction à la cigarette, à l'alcool[2], à la cocaïne, à l'héroïne, à la caféine ou à toute autre drogue. Cela peut sembler étonnant, mais si l'on passe en revue les caractéristiques de la toxicomanie, l'addiction à la nourriture remplit tous les critères : les personnes dépendantes...

- ressentent des envies irrépressibles qui les conduisent souvent à absorber de plus fortes doses qu'elles n'en avaient l'intention. Elles souhaitent réduire leur consommation mais n'en sont pas capables, malgré les problèmes que cela occasionne sur leur santé ainsi que dans leur vie personnelle et professionnelle (elles souffrent en d'autres termes d'une *perte de contrôle*).
- développent une *tolérance* au produit : puisqu'une quantité donnée provoque un effet sans cesse plus faible, il leur faut augmenter la dose pour obtenir l'effet désiré.
- sont sujettes au *manque* : la substance n'est absorbée que pour contrer les symptômes du manque.

On ne peut guère nier que les accros à la nourriture remplissent le premier critère – qui est sans doute aussi le plus essentiel : celui de la perte de contrôle. Cette description semble particulièrement pertinente pour tous ceux qui continuent de se suralimenter jusqu'à devenir prisonniers de leur propre maison. Il est également parfaitement clair que les hyperphages développent une forme de tolérance : personne ne décide un bon matin d'ingurgiter dix barres chocolatées d'un coup. C'est simplement qu'une seule barre ne procure plus la même sensation qu'avant. Alors on en mange une autre. Mais très vite, ces deux barres ne procurent plus à leur tour la même sensation… et ainsi de suite.

La question du manque fait davantage polémique. Cependant, même si les hyperphages n'éprouvent pas les symptômes classiques associés à un sevrage brutal d'héroïne – anxiété, tremblements et chute de la température corporelle –, ils font à coup sûr état de symptômes plus légers comme des maux de tête et une irritabilité accrue (si vous êtes accro à la caféine, vous les avez probablement ressentis quand vous sautez votre café matinal). Quoi qu'il en soit, alors que la tolérance et le manque constituent les indicateurs d'une *dépendance physique*, c'est l'aspect comportemental – la perte de contrôle – que l'on considère généralement comme l'élément le plus central d'une *addiction*.

Vous n'êtes pas convaincu ? Vous pensez peut-être qu'il existe des similitudes entre l'addiction aux drogues et à la nourriture, qui s'expliqueraient biologiquement ou génétiquement ? Drogue et nourriture stimulent toutes deux le système de récompense du cerveau, comme d'ailleurs à peu près tout ce qui procure du plaisir aux gens (la musique, le sexe, faire du shopping ou s'occuper des enfants). Présenter des addictions à l'une ou à l'autre peut non seulement se transmettre par hérédité, mais il n'est pas rare, loin de là, de les retrouver toutes deux au sein des mêmes familles.

La réponse la plus simple consiste donc à admettre en effet que l'addiction à la nourriture et l'addiction à la drogue sont fondamentalement semblables.

Mais qu'est-ce vraiment qu'une addiction ? La vision dominante (celle exprimée sur le site de l'American Psychiatric Association) est qu'il s'agit d'une maladie, au même titre que l'asthme, le diabète ou le cancer. La personne qui en souffre ne peut y échapper par la seule force de sa volonté, pas plus qu'un cancéreux ne saurait faire disparaître ainsi sa tumeur.

Pourtant, cette théorie ne semble pas tout à fait juste. De nombreux drogués – même ceux qui maintiennent que l'addiction est une maladie, comme le comédien Russell Brand – ont bel et bien réussi à s'en sortir sans autre moyen que celui de leur propre volonté. Peut-être la motivation revêt-elle précisément ici une importance décisive : ceux qui arrivent à s'arrêter sont en général ceux qui le souhaitent le plus – certaines études sont même parvenues à ce que des toxicomanes cessent de consommer rien qu'en les payant pour le faire. L'idée que l'addiction serait une maladie se heurte donc à un problème évident : il est impossible de guérir des cancéreux en leur offrant de l'argent pour qu'ils aillent mieux.

Vu sous cet angle, le toxicomane apparaît simplement comme un individu qui accorde beaucoup plus de poids aux gains à court terme (le prochain gâteau ou la prochaine prise de cocaïne) qu'aux gains à long terme (être en bonne santé, avoir un emploi et pouvoir passer par la porte). D'où le fait que les gens qui réussissent mal aux tests sur la gratification différée (voir « Trop impatient pour attendre ») aient davantage de chances de devenir accros – que ce soit à la nourriture, aux stupéfiants ou aux jeux d'argent. Cela ne signifie pas pour autant que les toxicomanes ne doivent s'en prendre qu'à eux. Car cette tendance à la dépréciation de la récompense différée – comme l'addiction elle-même – semble également se transmettre par hérédité. Dans une certaine mesure, au moins, les gens qui préfèrent avoir un marshmallow tout de suite que deux plus tard (ou se droguer maintenant au lieu d'être en bonne santé demain) sont donc nés ainsi.

Cette théorie prête bien évidemment à controverse. Mais si elle est juste, alors les deux idées apparemment contradictoires exposées au début de cette section s'avèrent l'une et l'autre correctes. D'un côté, l'addiction à la nourriture représente bien une « véritable » addiction, à l'instar de l'addiction aux drogues. D'un autre côté, les toxicomanes sont « simplement » tous des individus qui n'ont pas assez de volonté pour se priver de gains à court terme au profit de gains à long terme – et qui sont peut-être d'ailleurs nés comme ça.

Finissons par une étude qui laisse envisager un modeste moyen d'aider à réduire les excès alimentaires – quoiqu'il ait peu de chances de fonctionner sur les cas les plus graves. Comme vous en avez peut-être fait vous-même l'expérience, quand on leur met entre les mains un produit appétissant présenté en gros conditionnement – un tube de Pringles®, par exemple[3] –, beaucoup de personnes engloutissent la totalité d'un trait, en donnant souvent l'impression d'être en pilotage automatique. Une étude récente (réalisée avec des Stackables de Lays®, équivalents américains des Pringles) a montré qu'il suffisait de colorer en rouge une chips sur sept (elles étaient soit teintées, soit parfumées à la tomate) pour *réduire de moitié* le nombre moyen de chips consommées, en divisant de fait le tube en plusieurs portions plus réalistes (même si la plupart des gens n'en avalaient pas moins trois de ces portions).

Alors si vous constatez qu'« une fois ouvert, vous ne pouvez plus vous arrêter », mais que mesurer chichement à l'avance votre ration vous paraît gâcher tout le plaisir du grignotage, pourquoi ne pas vous inspirer du livre du professeur Andrew Geier et répartir quelques chips d'une couleur différente à intervalles réguliers ? Vous pourrez toujours manger autant que vous voudrez, mais ces chips colorées devraient au moins vous permettre de suivre votre consommation et vous rappeler qu'une fois le paquet ouvert, rien ne vous empêche en réalité de vous arrêter.

LE FANTÔME QUI DISPARAÎT

Sur la page suivante figurent un fantôme et un point.

Tenez le livre dans le sens horizontal, le fantôme à droite et le point à gauche, à quelques centimètres de votre visage. Fermez l'œil gauche et fixez le point avec l'œil droit. Éloignez lentement le livre. Arrivé à une certaine distance – une trentaine de centimètres, peut-être, mais vous devrez tâtonner pour la découvrir – le fantôme va disparaître. L'effet est assez soudain : le fantôme ne s'estompe pas simplement petit à petit, il s'évanouit en un instant. Quand vous aurez trouvé la bonne distance, déplacez le livre d'avant en arrière. Le fantôme réapparaît… puis disparaît… puis réapparaît… puis disparaît.

Que se passe-t-il ? Comme on vous l'a appris à l'école, vous vous souvenez sans doute que le fond de l'œil est recouvert d'une couche de cellules particulières (appelées photorécepteurs), sur laquelle se concentre l'image perçue. Ces cellules envoient ladite image au cerveau par le biais du nerf optique. À l'endroit où le nerf optique pénètre dans l'œil, il n'y a pas de place pour accueillir des photorécepteurs. Il en résulte une zone aveugle : tout ce qui se trouve projeté sur cette zone devient invisible.

En quoi la psychologie intervient-elle là-dedans ? Eh bien il s'avère que le cerveau fait preuve d'une grande intelligence pour dissimuler cette zone aveugle. Notez que vous ne voyez pas de « vide ». L'arrière-plan tramé se poursuit au contraire sans interruption. À la manière d'un ingénieux logiciel de retouche photo, votre cerveau ne se contente pas de supprimer le fantôme, mais il effectue automatiquement un copier-coller de cet arrière-plan, de telle sorte que vous ne remarquez rien.

Et c'est bien là l'aspect le plus effrayant de toute cette histoire. Boooooh !

UN DÉSAGRÉABLE SENTIMENT DE GÂCHIS

Supposons que vous ayez acheté un billet à 300 € pour un week-end en Italie. Quelques semaines après, vous achetez un nouveau billet à 150 € pour un week-end en Espagne. Vous pensez que le voyage en Espagne vous plaira davantage que le voyage en Italie. Plus tard, en consultant votre calendrier, vous vous rendez compte que vous avez commis une terrible erreur : les deux billets sont pour le même week-end. Ils ne sont ni échangeables ni remboursables : vous allez devoir faire l'un des deux voyages et renoncer à l'autre. Lequel choisissez-vous ?

Adam et Agnès dépensent 150 € pour un abonnement annuel au théâtre (la saison comporte dix pièces). Un autre couple, Bernard et Babette, souscrit le même abonnement, mais le théâtre propose une promotion surprise, qui ramène son prix à 130 €. Un troisième couple, Christophe et Caroline, s'abonne lui aussi, mais le théâtre propose cette fois-ci une promotion encore plus intéressante, avec un tarif de 80 € seulement. Quel couple ira voir le plus grand nombre de pièces ?

RÉPONSE

Lorsqu'on leur présente le premier scénario, plus de la moitié des personnes interrogées choisissent le voyage le plus coûteux – celui en Italie –, alors même que le voyage en Espagne est censé leur plaire davantage.

Le second scénario a été testé en conditions réelles au théâtre de l'université de l'Ohio. Les couples qui avaient payé l'abonnement au prix fort ont assisté à plus de pièces (autour de six en moyenne, sur un maximum possible de dix) que les bénéficiaires de l'une ou l'autre des remises surprises (environ cinq sur dix en moyenne).

D'un point de vue économique et purement rationnel, ces décisions n'ont strictement aucun sens. Si vous pensez qu'un voyage en Espagne vous plaira davantage qu'un séjour en Italie, partez donc en Espagne. Si vous souhaitez voir telle ou telle pièce et que vous disposez déjà d'un billet, allez-y. Si vous ne voulez pas la voir, n'y allez pas. La tendance à prendre des décisions irrationnelles dans ce genre de situation résulte de ce qu'on appelle l'*illusion des coûts perdus*. Plus l'investissement déjà consenti est important – que ce soit en termes d'argent, de temps ou d'efforts –, plus on rechigne à « gaspiller » cet investissement, même si c'est la garantie d'un résultat final plus désirable – comme d'effectuer le voyage que l'on préfère, ou de ne pas s'infliger une pièce qu'on ne veut pas vraiment voir[1].

Pourrait-il y avoir une autre explication ? Peut-être les gens se disent-ils par exemple : « À la réflexion, ce séjour en Espagne ne doit pas être aussi fantastique que cela, s'il coûte moitié moins cher que celui en Italie » ou « Ces pièces doivent être vraiment mauvaises pour qu'ils accordent près de 40 % de remise sur les abonnements. »

C'est peu probable. Les chercheurs ont démontré à l'aide de plusieurs scénarios astucieux que c'est bien l'illusion de coûts perdus qui importe ici.

Essayez donc celui-ci : vous êtes le PDG d'une compagnie aérienne. Un employé vous suggère de consacrer les dix derniers millions d'euros de votre budget de recherche au développement d'un avion indétectable par les radars conventionnels. Le seul problème, c'est qu'une entreprise rivale s'apprête elle-même à lancer un autre appareil indétectable, qui sera plus rapide et moins coûteux que le vôtre. Devez-vous malgré tout développer votre propre avion ?

Quand on leur soumet ce scénario, les gens répondent à une écrasante majorité (dans un rapport de cinq contre un) : « bien sûr que non ». Cependant, si on modifie l'histoire en indiquant que vous avez déjà dépensé 90 millions d'euros pour développer votre appareil, ils votent alors tout aussi majoritairement en faveur des 10 millions supplémentaires nécessaires à sa mise sur le marché. Cela n'a aucun sens. Soit il est judicieux de dépenser 10 millions d'euros pour sortir un avion non compétitif, soit ça n'en vaut pas la peine. Que vous ayez déjà déboursé 90 millions ou pas ne change rien à l'affaire.

Vous n'êtes peut-être pas encore convaincu. Vous pensez peut-être que l'abandon d'un projet d'avion sur lequel vous avez déjà commencé à travailler risque d'être perçu par la concurrence comme un signe de faiblesse. Alors, tentez donc cet autre scénario.

Un ami vient dîner chez vous ce soir. Vous avez acheté deux plats préparés identiques. L'un coûte 5 €, tandis que l'autre bénéficie d'une promotion à 3 €. Hormis cet aspect-là, ils sont en tout point identiques (jusqu'à leur date de péremption). Vous venez tout juste de les faire cuire quand votre ami vous appelle pour annoncer qu'il est souffrant et qu'il ne pourra pas venir. Ce genre de plat ne peut être ni réchauffé, ni conservé au congélateur ; vous devez en consommer un tout de suite et jeter l'autre à la poubelle. Lequel de ces deux plats *parfaitement identiques* choisissez-vous de manger ?

Reconnaissez-le : même en sachant que vous n'avez absolument aucune raison de préférer l'un à l'autre, il est pratiquement certain que vous allez consommer le plus cher. Je me suis trouvé un jour dans une situation similaire, après avoir acheté par mégarde deux tickets de train à un prix différent pour le même trajet (les lecteurs étrangers pourront s'en étonner, mais il existe souvent en France de nombreux tarifs différents pour une même place de train). Quand le contrôleur est passé, je lui ai bien entendu présenté le ticket le plus onéreux, tout en sachant pertinemment que je n'avais rien à y gagner (et alors même que le concept d'illusion des coûts perdus m'était déjà familier).

Si ces études démontrent de façon probante que nous nous laissons systématiquement berner par cette illusion, elles n'expliquent pas pourquoi. La raison semble tenir à l'application d'une règle générale – d'une *heuristique* – qui nous dit que « le gaspillage est une mauvaise chose et qu'il faut toujours l'éviter au maximum ». Le plus souvent, il s'agit là d'une excellente ligne de conduite. Dans l'immense majorité des cas, l'attitude qui permet de minimiser le gaspillage est la plus appropriée, ou du moins elle ne nous porte pas préjudice – comme avec mes tickets de train. Le problème est que nous sur-généralisons cette règle, au point de l'appliquer même quand elle s'avère effectivement préjudiciable : partir en Italie alors qu'on préférerait l'Espagne, assister à une pièce ennuyeuse alors qu'on aimerait mieux être chez soi, ou consacrer nos 10 derniers millions d'euros à développer un avion sans intérêt.

La preuve que l'illusion des coûts perdus résulte bien d'une sur-généralisation de cette règle – « ne pas gaspiller pour ne pas manquer » – nous est fournie par des études comparatives réalisées avec de jeunes enfants et des animaux. Les jeunes enfants et les animaux n'ont pas la capacité d'élaborer des règles abstraites de ce type. Ils ne se laissent donc pas prendre au piège de cette illusion. Quand on leur soumet des scénarios similaires, mais adaptés à leur âge (faisant intervenir des tickets de manège plutôt que des week-ends à l'étranger), les enfants ne tiennent aucun compte des coûts perdus et choisissent simplement l'option qu'ils préfèrent. Les études sur les animaux sont plus contestables, mais laissent à penser qu'ils accordent plus de poids aux bénéfices futurs qu'aux coûts perdus – en mettant plus d'ardeur par exemple à défendre une grande portée qu'une autre plus petite, même s'ils ont jusque-là davantage pris soin de cette dernière.

Le monde réel regorge d'exemples de raisonnements basés sur l'illusion des coûts perdus. Des entraîneurs de foot perdent des matchs parce qu'ils ne retirent pas de l'effectif certains joueurs payés très cher mais inefficaces ; des dirigeants d'entreprises perdent leur maison parce qu'ils ne cessent d'injecter des fonds dans une affaire en difficulté ; des traders perdent des milliards parce qu'ils investissent sur des placements à risque dans l'unique espoir de recouvrer leurs pertes antérieures. Un scénario très similaire à celui de l'avion fictif ci-dessus s'est en outre réellement produit avec le Concorde franco-britannique : tandis que les tarifs aériens s'effondraient, les coûts du Concorde n'ont cessé de grimper, avec à la clé la quasi-certitude d'hériter d'un « éléphant blanc[2] » – mais personne n'a vraiment pu se résoudre à arrêter les frais.

Ces scénarios nous montrent que le meilleur moyen d'échapper à l'illusion des coûts perdus consiste à faire appel à une personne extérieure pour étudier la situation d'un œil neuf. Un nouvel entraîneur n'hésitera souvent pas à laisser sur le banc un mauvais joueur acheté à prix d'or, ou à le revendre, car les coûts perdus ne seront pas les siens. Alors si vous craignez de jeter l'argent par les fenêtres, demandez à quelqu'un d'autre si votre projet tient la route, sans lui préciser les sommes déjà investies. Faute de quoi vous risquez fort – à l'instar des responsables des compagnies aériennes lorsque Concorde a été finalement abandonné en 2003 – d'être envahi par un désagréable sentiment de gâchis.

UNE PERTE INSUPPORTABLE

Supposons que vous ayez en ce moment un travail qui vous plaît, ou du moins qui vous convient. Comment agiriez-vous dans chacun des scénarios suivants ?

Scénario A

L'occasion de rejoindre une entreprise concurrente se présente à vous. Votre temps de trajet passera d'une demi-heure à une heure, mais vous gagnerez 1 000 € de plus par an. Changez-vous d'entreprise ?

□Oui □Non

Scénario B

Votre entreprise traverse une mauvaise passe. Le directeur vous réunit et annonce avec grand regret (vous l'estimez sincère) que le seul moyen de la maintenir à flot consiste à accepter chacun une réduction de votre salaire annuel de 1 000 €. L'occasion de rejoindre une entreprise concurrente se présente alors. Votre temps de trajet passera d'une demi-heure à une heure, mais vous conserverez votre salaire actuel. Changez-vous d'entreprise ?

□Oui □Non

RÉPONSE

Face à ce type de dilemme, les gens ont beaucoup plus tendance à rejoindre l'entreprise concurrente dans le second scénario. Pour un économiste, cela n'a guère de sens : soit ces 1 000 € par an méritent de rallonger votre trajet, soit ils n'en valent pas la peine.

Mais les « vrais » gens ne réfléchissent pas comme ça. Pour la plupart d'entre eux, perdre ce qu'ils possèdent déjà paraît bien pire que de se priver de ce qu'ils n'ont pas encore, même si les deux choses sont strictement équivalentes (en l'occurrence, 1 000 € de salaire).

Les psychologues parlent d'un phénomène d'*aversion pour la perte* (de nombreux effets de coûts perdus correspondent d'ailleurs à des cas d'aversion pour la perte ; il semble plus grave par exemple de laisser perdre le coûteux voyage en Italie que de se priver du séjour plus agréable en Espagne).

Dans les scénarios ci-dessus, il existe toutes sortes d'autres facteurs susceptibles de compliquer le tableau. Peut-être éprouvez-vous une certaine fidélité à l'égard de votre employeur actuel, ou peut-être qu'un trajet d'une heure est inenvisageable car vous devez emmener les enfants à l'école. Afin d'étudier l'aversion pour la perte sous sa forme la plus pure, les psychologues éliminent donc toutes ces complications en analysant une situation très simple (et généralement futile).

Dans l'une de ces études – un classique du genre –, certains participants se voyaient remettre une chope, qu'ils avaient la possibilité de conserver ou de revendre. Ces personnes-là refusaient en moyenne de céder leur chope pour moins de 7 dollars environ. D'autres participants ne recevaient pas de chope au départ, mais on leur indiquait qu'ils pouvaient obtenir soit la chope, soit une somme d'argent. Les membres de ce groupe-là acceptaient d'y renoncer contre une somme moyenne de 3,50 dollars. En d'autres termes, perdre une chope qu'on possédait déjà semblait deux fois plus grave (exigeait une compensation deux fois plus importante) que de ne jamais obtenir cette même chope.

Un autre moyen d'étudier l'aversion pour la perte sous sa forme la plus pure consiste à proposer des paris d'argent, réels ou hypothétiques. Que diriez-vous de jouer à pile ou face : face, je vous donne 150 € ; pile, vous me donnez 100 €. Êtes-vous prêt à tenter le coup ? La plupart des gens refusent – ce qui est un peu étrange, quand on y réfléchit. Vos chances de l'emporter sont exactement de 50/50 et vous avez plus à gagner qu'à perdre. Un mathématicien vous conseillerait de jouer. Alors pourquoi cette réticence ? La seule explication possible, c'est que vous éprouvez une aversion pour la perte (et donc pour le risque, voir « Le ministre de la Santé ») : la douleur de perdre 100 € est plus grande que le plaisir d'en gagner 150. Une majorité de gens refusent de parier tant que la rétribution potentielle n'atteint par 250 € environ ; là encore, une perte est considérée comme plus de deux fois plus grave que le gain équivalent.

Les effets d'aversion pour la perte s'observent également dans la vie réelle. Une étude a montré que les propriétaires d'une habitation ayant perdu de sa valeur suite à un effondrement du marché immobilier fixent un prix de vente supérieur d'environ 25 % aux tarifs en vigueur dans leur secteur. Inévitablement, il en résulte souvent que le bien ne se vend pas, mais l'aspirant vendeur préfère s'en tenir à son prix plutôt que de subir une lourde perte financière. Dans la plupart des cas, cette perte n'est d'ailleurs qu'illusoire, puisque le vendeur déménagera dans une nouvelle demeure dont le prix aura lui aussi récemment chuté. Mais les gens ne voient pas les choses de cette manière et se retrouvent piégés dans leur propre maison du fait de leur aversion pour la perte.

Rappelez-vous également ce que j'indiquais à propos des billets de train, qui sont souvent nettement moins chers en France quand on les achète à l'avance. Cet écart est bien entendu présenté comme « une énorme économie en cas de réservation anticipée » et non comme « une forte majoration pour un achat le jour même » – sans doute parce que la SNCF sait pertinemment que ce dernier cadrage inciterait davantage de gens à pré-réserver et porterait ainsi atteinte à ses marges bénéficiaires.

Si vous voulez obtenir quelque chose de quelqu'un – qu'il remplisse un formulaire ou qu'il règle ses amendes ou ses impôts dans les délais, par exemple –, mieux vaut donc le menacer s'il ne le fait pas d'une pénalité de 100 €, disons, que de lui octroyer s'il le fait une réduction du même montant.

Car lorsqu'il s'agit de soupeser des pertes et des gains potentiels, il s'avère que la plupart des gens – comme dans la célèbre chanson de The Police, « Can't Stand Losing You » – ne supportent tout simplement pas de perdre ce qu'ils ont.

LA FILE D'À CÔTÉ

Vous avancez pare-chocs contre pare-chocs au milieu d'un embouteillage et les conducteurs qui circulent sur les autres voies ne cessent de vous doubler. Vous pourriez tenter de changer de file, mais le trafic est extrêmement dense et cela semble un peu risqué. Vaut-il donc mieux rester où vous êtes ou tenter la manœuvre ?

RÉPONSE

Puisque cette section fait suite à celle sur l'aversion pour la perte, vous avez fort bien pu choisir de rester dans la même file, au motif que la frustration de tomber sur une file encore plus encombrée serait plus forte que le plaisir d'en choisir une plus fluide. D'un autre côté, peut-être que la section précédente vous a convaincu de l'irrationalité de l'aversion pour la perte et que vous avez résolu de la surmonter en changeant de file.

La bonne réponse, c'est qu'il est presque toujours préférable de rester où l'on est.

Pourquoi ? Certes, l'aversion pour la perte joue assurément un rôle. Que ce soit logique ou non, vous serez à coup sûr plus agacé de vous engager dans une file plus lente que de ne pas vous engager dans une file plus rapide.

Mais la véritable raison, surtout s'il paraît dangereux de changer de file, c'est qu'en règle générale celle d'à côté n'avance en aucun cas plus vite. Ce n'est qu'une illusion, engendrée par un raccourci mental – une *heuristique* – qui s'avère trompeur (voir « Rouge ou noir » et « La carotte ou le bâton ? »).

Étant donné qu'il est très difficile d'estimer avec précision la vitesse moyenne de chaque file, surtout sur une longue distance, les conducteurs utilisent à la place une mesure très simple à évaluer : le temps passé à doubler les autres, comparé au temps que l'on passe à se faire doubler. Le bon sens semble suggérer que si l'on passe moins de temps à doubler qu'à se faire doubler, il vaut mieux alors changer de file. Or comme c'est si souvent le cas avec les heuristiques, le bon sens se trompe.

L'élément que ce raisonnement néglige, c'est que votre vitesse est plus élevée quand vous êtes en train de doubler que lorsque vous vous faites doubler. Cela signifie par exemple que 100 mètres de route occupés à doubler se trouvent parcourus en quelques secondes, alors que ces mêmes 100 mètres peuvent prendre une minute, voire plus, quand on se fait doubler. L'illusion selon laquelle l'autre file serait plus rapide vient de ce que votre cerveau se concentre sur la *durée* relative passée à doubler et à se faire doubler, en oubliant de tenir compte de la *distance* couverte sur ces deux périodes.

Un article de modélisation mathématique publié dans la prestigieuse revue *Nature* a démontré en réalité que dans un scénario type, si deux voies de circulation progressent exactement à la même vitesse, un conducteur passera *sur l'une et l'autre* près d'une fois et demie plus de temps à se faire doubler qu'à doubler lui-même. Les chercheurs ont évoqué en outre plusieurs autres biais cognitifs qui pourraient contribuer à nous faire croire que « l'herbe est toujours plus verte ailleurs ».

Notre vieille amie, d'abord, l'aversion pour la perte, qui dans ce cas particulier se voit exacerbée par le fait que les voitures doublées se retrouvent hors de vue et oubliées, tandis que celles qui ont doublé le malheureux conducteur se tiennent dédaigneusement devant.

Ensuite, lorsqu'ils sont en train de doubler – et qu'ils se déplacent donc rapidement –, les conducteurs sont moins susceptibles de jeter un œil aux autres files pour comparer leur allure, et ne se rendent ainsi pas compte des places qu'ils ont gagnées. À l'inverse, quand ils se font doubler – et qu'ils se déplacent donc très lentement ou se trouvent à l'arrêt –, ils ont alors tout le temps de regarder et de se désoler des places gagnées par leurs rivaux.

Enfin, comme nous l'avons vu dans « Rouge ou noir ? », les gens admettent en général assez mal l'aspect souvent « sériel » d'un comportement parfaitement aléatoire. Une séquence de plusieurs accélérations consécutives sur la file d'à côté leur fait ainsi perdre de vue que toutes les files connaissent des phases d'accélération et de ralentissement, réparties foncièrement de façon aléatoire.

Même si l'idée que *tous* les conducteurs passent plus de temps à se faire doubler qu'à doubler les autres est plutôt contraire à l'intuition, la plupart d'entre eux savent bien au fond que c'est vrai. Après tout, combien de fois vous est-il arrivé de changer de file, pour vous apercevoir finalement que vous passiez *toujours* bien plus de temps à vous faire doubler qu'à doubler d'autres véhicules ? C'est la même chose pour tout le monde.

L'ESPRIT PLUS FORT QUE LA MATIÈRE

Je vous présente Hamish le hamster.

Imaginez qu'on place Hamish dans une nouvelle machine extraordinaire, capable de reproduire chaque cellule de son corps et d'en créer un double en tout point parfait. Ce nouveau hamster aura-t-il les mêmes souvenirs qu'Hamish ?

Et si l'on pose la question à un enfant de cinq ans, que pensez-vous qu'il répondra ?

RÉPONSE

Le nouveau hamster aura-t-il les mêmes souvenirs qu'Hamish ?

Bien sûr que oui. Les souvenirs d'Hamish sont stockés au sein des cellules et des liaisons nerveuses de son petit cerveau de hamster, qui seront toutes dupliquées de façon parfaite. Le nouveau hamster possédera donc tous les souvenirs d'Hamish, qui ne lui sembleront pas moins réels que s'il les avait vécus lui-même.

Pourtant, bien que vous sachiez sans doute tout cela, je parie que votre premier réflexe a été de répondre « non ». Le dualisme de l'esprit et du corps, concept popularisé au XVIIe siècle par le philosophe René Descartes, soutient que l'esprit existe séparément du corps[1]. Même si personne ou presque – et à coup sûr aucun scientifique – ne se réclame plus aujourd'hui de ce dualisme, l'idée d'un « fantôme dans la machine » nous est étonnamment difficile à écarter.

C'est particulièrement vrai pour les enfants. Lors d'une étude qui a dû se révéler très amusante à faire, des enfants de cinq à six ans ont été invités à chatouiller et à murmurer leur nom à l'oreille d'un vrai hamster, que les chercheurs ont ensuite « dupliqué » à l'aide d'une machine d'apparence très élaborée. Quand on leur a demandé si ce nouveau hamster connaissait leur nom, ou s'il se souvenait d'avoir été chatouillé, plus de la moitié d'entre eux ont répondu par la négative.

Bien entendu, nous autres adultes savons pertinemment que les choses qui nous entourent ne renferment aucune « essence » magique qu'il serait impossible de copier. N'est-ce pas ?

Nous pourrions utiliser notre machine pour créer un double parfait d'une toile originale de Van Gogh. Si on échangeait les deux tableaux, personne au monde, ni aucune machine, ne serait en mesure de les différencier. Ils seraient littéralement identiques, à l'atome près.

Et ils auraient donc exactement la même valeur, pas vrai ?

VOTRE MÉMOIRE EST SANS LIMITES

C'est tout à fait vrai. Bien que vous estimiez sans doute être à peu près dans la moyenne – et que vous ne vous preniez certainement pas pour un surdoué de la mémoire –, vous pouvez vous souvenir de tout ce que vous avez vu.

Vous ne me croyez pas ? Cinquante images sont représentées sur la page ci-contre. Tout ce que vous avez à faire, c'est d'observer chacune d'entre elles pendant deux à trois secondes. N'essayez pas d'élaborer une quelconque stratégie de mémorisation : contentez-vous de regarder chaque image et efforcez-vous de l'enregistrer. À la fin de l'exercice, je vous promets que vous pourrez pratiquement toutes vous les rappeler.

VOTRE MÉMOIRE EST SANS LIMITES : TEST

Vous avez terminé ? Alors, énumérez maintenant toutes les images dans l'ordre.

Je plaisante !

Impossible bien entendu de vous les remémorer toutes comme ça de but en blanc. Mais essayez donc ceci : on a représenté ci-dessous dix paires d'images. Au sein de chaque paire, une des images figurait parmi la série étudiée, tandis que l'autre est inédite. Votre tâche consiste simplement à identifier dans chaque paire l'image déjà rencontrée précédemment.

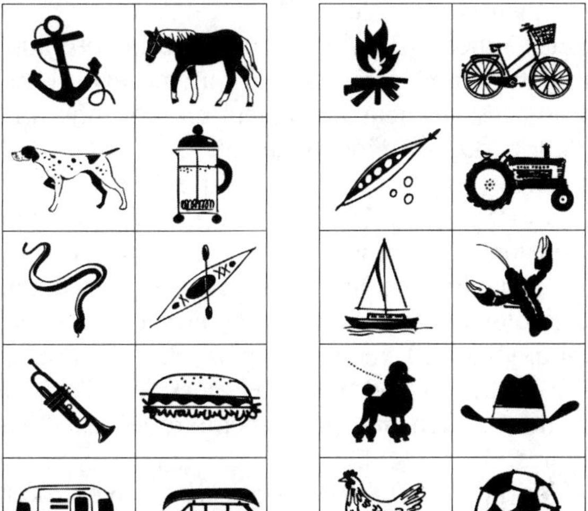

RÉPONSE

Les images reprises de la série précédente étaient l'ancre de marine, la cafetière, le canoë, la trompette, la caravane, la bicyclette, le tracteur, le yacht, le caniche et la poule. Combien en avez-vous trouvé ? Toutes ? Alors félicitations !

Mais le plus intéressant reste à venir.

Même si le test ne comportait que dix images, ces dix-là n'avaient rien de spécial : on ne les a pas choisies parce qu'elles étaient particulièrement faciles à mémoriser. Il y a donc toutes les raisons de croire que vous auriez eu d'aussi bons résultats avec un autre groupe de dix. Ou un autre. Ou encore un autre. Et ainsi de suite jusqu'à la série complète des cinquante. Pour vous faire une idée du nombre total d'images dont vous avez été capable de vous souvenir, vous pouvez donc multiplier votre score par 5. Si vous avez obtenu 10/10, félicitations, il est fort probable que vous soyez parvenu à mémoriser l'ensemble des cinquante images. Pas mal, n'est-ce pas ?

Dans les années 1960, une version beaucoup plus étendue de cette étude a montré que même avec une série de 612 images, les gens obtenaient en moyenne un score de 98 % lors du test d'identification.

Une version encore plus étendue, menée dans les années 1970, a montré que même avec 10 000 images, les gens obtenaient un score moyen de 83 %. Et s'ils étaient revenus s'y soumettre une nouvelle fois, il n'y a aucune raison de douter que ces participants auraient été capables d'apprendre 10 000 images de plus. Puis 10 000 autres. Puis à nouveau 10 000 autres. Et ainsi de suite à l'infini. Ce qui montre bien que notre mémoire est effectivement sans limites.

En appliquant cette méthode, vous avez peut-être l'impression que nous avons un peu triché. Si vous vous étiez vraiment souvenu de toutes les images, vous auriez certainement été capable d'en dresser la liste, plutôt que de les identifier chacune parmi deux choix possibles. Cette objection méconnaît la nature même de la mémoire. Certes, dans la conversation courante, ce terme de « mémoire » désigne d'ordinaire la capacité à faire resurgir les informations à volonté, sans sollicitation extérieure (ce que les psychologues qualifieraient de « test de rappel libre »). Mais un test d'identification constitue bel et bien également un test de mémorisation.

Car en définitive, si les images n'étaient pas stockées dans votre mémoire sous une forme ou sous une autre, comment auriez-vous pu identifier celles que vous aviez déjà vues ?

LA PSYCHOLOGIE PEUT-ELLE SAUVER LE MONDE ?

Pour le découvrir, nous devons d'abord faire un petit jeu.

Golden Balls est une émission diffusée sur la télévision britannique[1]. Après deux tours préliminaires où les joueurs constituent une cagnotte et éliminent leurs adversaires, elle se conclut par un affrontement direct entre les deux finalistes.

Chaque finaliste se voit remettre une paire de boules dorées. Les boules sont creuses et contiennent une inscription : « *split* » (partager) dans l'une et « *steal* » (prendre) dans l'autre. Chaque concurrent doit choisir soit la boule « *split* », soit la boule « *steal* », et la placer au centre de la table. S'ils peuvent tous deux se voir et se parler, le contenu de leurs boules respectives reste cependant caché (cessez de ricaner au fond) et ils n'ont donc aucun moyen de savoir avec certitude celle que va choisir l'autre. Les concurrents peuvent passer des accords verbaux – et sont même incités à le faire –, mais le point décisif du jeu, c'est qu'ils ne sont pas tenus de les respecter.

Si les deux concurrents choisissent la boule « *split* », ils se partagent la cagnotte à égalité. S'ils choisissent tous les deux la boule « *steal* », aucun ne gagne quoi que ce soit. En revanche – et c'est là l'aspect crucial –, si l'un des concurrents choisit la boule « *steal* » et l'autre la boule « *split* », le premier emporte alors toute la cagnotte et le second repart sans rien.

Allons-y, jouons. Je serai votre adversaire.

Je vous promets de choisir « *split* ».

Si vous choisissez « *split* », rendez-vous page 304.

Si vous choisissez « *steal* », rendez-vous page 327.

RÉPONSE

Le finaliste de *Golden Balls* se trouve confronté à un épineux dilemme. La plupart des gens réfléchissent probablement de la façon suivante :

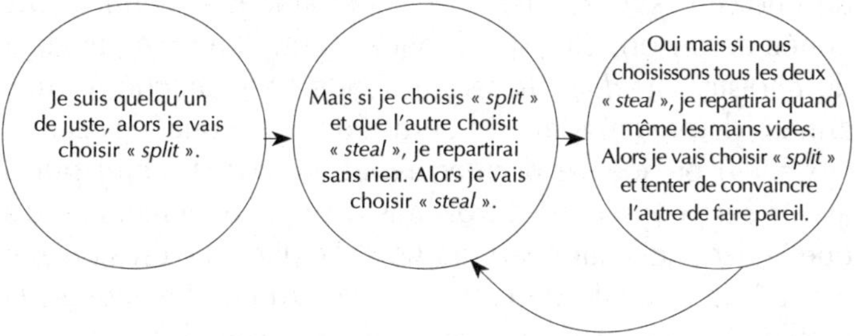

Et ainsi de suite, à l'infini. Notez que ceux qui décident dès le départ de choisir « *steal* » rencontrent exactement la même difficulté : ils doivent essayer de convaincre l'autre de choisir « *split* ».

Le paradoxe, c'est que la seule décision rationnelle consiste, vu de l'extérieur, à ce que les deux joueurs choisissent « *split* », alors que du point de vue de chacun d'entre eux, la seule décision rationnelle est de choisir « *steal* ». Ce problème pourrait bien sûr être contourné s'il existait un moyen quelconque de faire respecter un accord de partage. Et Dieu sait si les gens s'y emploient : ils se serrent la main, se font des promesses solennelles, jurent sur leur vie. Mais ce ne sont que de belles paroles. L'émission verse les gains uniquement en fonction des règles décrites précédemment, sans tenir aucun compte des accords passés entre les concurrents.

Chose inhabituelle pour un jeu télévisé, *Golden Balls* s'inspire d'une célèbre expérience de psychologie sur les mécanismes de réflexion : Le *dilemme du prisonnier*, formulé dans les années 1950 par Merrill Flood, Melvin Dresher et Albert Tucker – l'idée sous-jacente remonte à Aristote et Hobbes et fut aussi décrite par Garrett Hardin sous le nom plus connu de *tragédie des biens communs*. Deux prisonniers sont détenus dans des cellules séparées et ne peuvent communiquer l'un avec l'autre. La police leur propose un marché : si les deux avouent (équivalent de choisir « *split* »), ils seront condamnés chacun à une année de prison. S'ils se dénoncent l'un l'autre (équivalent de choisir « *steal* »), ils seront condamnés chacun à deux années de prison. Mais si l'un des deux dénonce le second (« *steal* ») et que ce dernier avoue (« *split* »), celui qui a avoué sera condamné à trois ans d'emprisonnement tandis que le dénonciateur ressortira libre. Le dilemme est similaire à celui de la finale de *Golden Balls*. Vue de l'extérieur, la meilleure option serait que les deux prisonniers avouent, pour n'écoper chacun que d'une seule année de prison. Mais du point de vue de chaque prisonnier, la meilleure stratégie est de dénoncer l'autre, afin de s'assurer une peine maximale de deux ans au lieu de trois et d'avoir peut-être une chance d'être libéré.

Quelle stratégie devrait-on choisir ? Impossible à dire. Tout le paradoxe repose sur le fait qu'un joueur donné n'a aucun moyen d'effectuer un choix rationnel dans le contexte du jeu. Mais quel est alors le but de l'expérience ci-dessus ? Les psychologues s'amusent-ils à imaginer d'hypothétiques mais improbables dilemmes juste pour le plaisir ?

En réalité, ce paradoxe représente un outil très utile non seulement pour comprendre le comportement humain, mais aussi pour trouver des idées qui pourraient nous permettre de l'amender.

Prenons le cas du réchauffement climatique. Dès l'instant où tous les autres continuent d'émettre des gaz à effet de serre, un pays donné n'a aucun intérêt à limiter ses propres émissions : il y perdrait sur le plan économique et ses efforts n'auraient pratiquement aucun impact à l'échelle mondiale. Là encore, les intérêts individuels s'opposent aux intérêts collectifs de l'ensemble des acteurs. La leçon qu'on en tire, c'est qu'une tragédie des biens communs comme celle du réchauffement climatique ne peut être évitée qu'au moyen d'accords coercitifs imposés par une entité extérieure toute puissante (comme le *Léviathan* de Hobbes). *Golden Balls* nous enseigne aussi deux grandes leçons sur ce qui n'a pratiquement aucune chance de fonctionner.

Premièrement, si un pays sacrifie ses performances économiques en réduisant ses émissions, inutile d'espérer que d'autres lui emboîtent le pas. Il est à peu près sûr qu'un d'entre eux au moins, à l'instar du finaliste prédateur de *Golden Balls*, se contentera de s'emparer d'une plus grande part du gâteau mondial. Il serait d'ailleurs irrationnel de ne pas le faire ; si, par exemple, l'Inde ne le fait pas, alors la Chine le fera. Deuxièmement, il ne sert à rien qu'un pays prenne des engagements non exécutoires, puisque les autres n'ont aucune raison de penser qu'il va s'y tenir. Les objectifs de réduction des émissions énoncés ne valent pas mieux que les promesses prononcées la main sur le cœur dans chaque épisode du jeu. Et de fait, il semble bien qu'elles ne fonctionnent pas. Depuis 1990, début de la période couverte par un accord international de réduction des émissions de gaz à effet de serre (protocole de Kyoto), ces émissions ont au contraire augmenté. Comment est-ce possible ? Eh bien, comme aurait pu très exactement le prédire un spécialiste du *dilemme du prisonnier*, les modestes réductions opérées par certains pays et dans certaines régions (notamment dans la plus grande partie de l'Europe) ont été balayées – et plus encore – par une augmentation massive des émissions dans d'autres pays (principalement aux États-Unis et en Chine).

L'humanité serait-elle donc condamnée ? À moins que le dilemme du prisonnier – ou *Golden Balls*, son incarnation télévisée – ne puisse nous inspirer une autre solution ?

Lors d'un épisode particulièrement mémorable[2], l'un des concurrents a adopté une stratégie peu orthodoxe. Au lieu de s'engager à choisir « *split* », ce candidat – connu sous son seul prénom de Nick – a tout de suite annoncé qu'il avait l'intention de choisir la boule « *steal* », en promettant de partager l'argent avec son adversaire après l'émission. Ce dernier, qui n'avait bien entendu aucune raison d'y croire, tenta de le convaincre de choisir tous les deux « *split* ». Mais Nick avait d'ores et déjà pris le dessus. Chaque fois que son adversaire lui parlait de choisir « *split* », il répondait simplement : « Je ne vais pas choisir "*split*", je vais choisir "*steal*". » L'autre candidat était furieux : « Nous allons repartir sans rien, parce que vous vous conduisez comme un imbécile ! » Mais dans les ultimes secondes du jeu, il se ravisa : « Vous savez quoi ? Je vais vous suivre. » Ce qu'il fit, en choisissant la boule « *split* ».

Nick respecta-t-il sa parole et partagea-t-il l'argent après l'émission ? Il n'en eut pas besoin : il avait lui aussi opté pour la boule « *split* » ! Il avait appliqué une politique de la corde raide digne d'un général d'armée pendant la guerre froide. Et que dire de cette bravade en toute fin d'émission ? Nick savait qu'il avait gagné. Il aurait pu choisir « *steal* » puis partager l'argent selon son gré (ou décider même de ne pas le partager). Au lieu de cela, il prit l'option risquée de choisir « *split* », dans l'unique but de prouver sa confiance en son plan.

Une telle stratégie pourrait-elle fonctionner pour le réchauffement climatique ? Et si jamais un grand et puissant pays, plutôt que de s'engager à réduire légèrement ses émissions, jurait au contraire, à moins que les autres ne réduisent les leurs, de les augmenter très vite au point de transformer en quelques années notre planète en une vaste fournaise ?

Le pari est hasardeux. Mais s'il réussit, la psychologie aura permis alors – avec le concours d'une émission de jeu d'avant-soirée – de sauver le monde.

PRESCIENCE ET CHIROMANCIE

N'étant pas équipé d'un scanner cérébral, je suis incapable de lire dans vos pensées. Mais si vous étiez ici avec moi, je pourrais malgré tout formuler d'assez bonnes prédictions concernant votre personnalité (en particulier votre niveau d'agréabilité et de névrosisme), votre agressivité et votre propension à vous laisser manipuler par des membres séduisants de l'autre sexe. Je n'aurais besoin que d'une seule chose…

D'une règle.

Pouvez-vous deviner ce que je ferais ?

RÉPONSE

Eh oui, je mesurerais… vos doigts, bien sûr ! (à quoi donc pensiez-vous ?)

La chiromancie est une pratique qui consiste à lire dans les lignes de la main pour révéler divers détails de la personnalité des gens, voire ce que l'existence leur réserve. Ce n'est bien entendu que du baratin, mais on peut réellement prédire toutes ces choses en mesurant simplement vos doigts. Laissez-moi vous montrer comment.

Mesurez d'abord la longueur de votre index, du pli de flexion jusqu'à son extrémité. Faites de même ensuite pour votre annulaire. Enfin, divisez le premier nombre par le second pour calculer votre « ratio digital ». À titre d'exemple, mon index mesure 7,8 cm et mon annulaire 8,2 cm ; mon ratio digital est donc de 7,8/8,2 = 0,95, soit précisément le ratio moyen pour un homme.

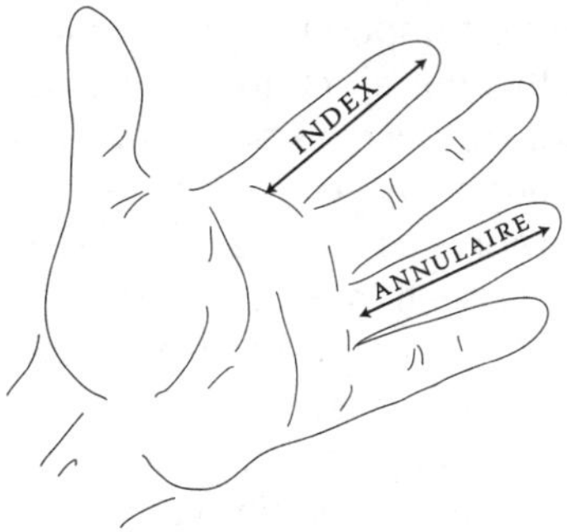

Mais pourquoi ce nombre apparemment arbitraire renfermerait-il certains secrets de notre personnalité ? La réponse est que la longueur des doigts en question se trouve déterminée en partie par le taux d'androgènes auquel l'individu a été exposé dans le ventre de sa mère. Les androgènes sont les hormones sexuelles mâles (la plus connue étant la testostérone), qui ont pour tâche de « masculiniser » les fœtus génétiquement mâles. Plus le ratio est faible et plus le taux d'exposition aux androgènes est élevé, d'où le fait que ce nombre soit plus petit pour les hommes (moyenne de 0,95) que pour les femmes (moyenne de 0,97).

Le plus surprenant peut-être, c'est qu'on a constaté que les transsexuelles (nées hommes) possédaient un ratio digital supérieur à la normale pour un homme, mais habituel pour une femme. Le sentiment d'être « né dans le mauvais corps », décrit par de nombreux transsexuels, reposerait donc sur un véritable fondement biologique : en termes de ratio digital, les transsexuelles sont en tout cas bel et bien des femmes.

Mais les androgènes ne déterminent pas seulement l'appartenance au sexe masculin ou au sexe féminin ; ils influent aussi sur beaucoup d'autres aspects. Prenons la personnalité. Chez les femmes, plus le taux d'exposition aux androgènes est important (plus le ratio digital est petit), et plus elles affichent alors un score d'agréabilité élevé et un faible score de névrosisme (pour en savoir davantage sur la signification de ces termes et calculer si ce n'est déjà fait vos propres scores d'agréabilité et de névrosisme, référez-vous à la section « Votre profil de personnalité »). Ce constat reflète sans doute le fait que les androgènes rendent les gens plus avenants et leur confèrent davantage d'assurance ; nous jugeons en général ces personnes plus agréables que les névrosés introvertis.

S'agissant de l'agressivité, vous ne serez guère surpris d'apprendre qu'un taux élevé d'exposition aux androgènes (un ratio digital plus petit) se voit associé chez les hommes à un comportement plus agressif. Ces hommes-là sont également considérés par les femmes comme plus masculins et se révèlent performants dans tous les sports physiques, tels que le rugby. Leur taux élevé de testostérone signifie aussi qu'ils sont davantage susceptibles d'être manipulés par des femmes séduisantes. Au jeu de l'ultimatum (voir « À prendre ou à laisser »), les hommes dotés d'un faible ratio digital acceptent plus volontiers des offres inéquitables après avoir vu des photos sexy ou touché des sous-vêtements féminins.

Alors avis à tous les machos : si vous voulez démontrer votre masculinité, inutile de provoquer une bagarre – il suffit de sortir votre règle pour mesurer vos doigts.

Cela dit, si jamais vous en arrivez tout de même à devoir vous battre, espérons que soyez bâti comme l'un des gaillards de la section suivante...

LA PSYCHOLOGIE PEUT-ELLE SAUVER LE MONDE ? : VOUS AVEZ CHOISI « *SPLIT* »

J'ai choisi « *steal* » et j'emporte donc l'intégralité de la cagnotte. Retournez maintenant à la page 295 pour découvrir ce que tout cela signifie.

QU'Y A-T-IL DANS UN VISAGE ?
(3e PARTIE : FACE À FACE)

D'accord, vous n'avez pas réussi l'entretien pour devenir gardien de prison (voir « Restez sur vos gardes »), mais je vous ai dégotté un autre emploi, qui va cette fois-ci vous laisser KO debout : combattant en arts martiaux combinés.

Pour votre premier combat, j'ai sélectionné cinq adversaires possibles. Choisissez celui que vous pensez avoir le plus de chances de battre (ou – d'une manière plus réaliste – qui risque de vous faire le moins mal).

A B C D E

RÉPONSE

J'espère en tant qu'agent que vous avez choisi le combattant A, qui possède le visage le moins agressif. Dans votre propre intérêt, je prie pour que vous n'ayez pas choisi le C.

Le moins agressif **Moyen** **Le plus agressif**

A D B E C

Mais tout cela n'est-il pas qu'une affaire de préjugés ? Pour autant que l'on sache, les gens qui ressemblent au combattant A pourraient être d'impitoyables machines à tuer et ceux qui ressemblent au combattant C de gentils géants, n'est-ce pas ?

En réalité, pas du tout. Un groupe de chercheurs a demandé aux participants d'une étude de noter des portraits de combattants (authentiques, pas des visages de synthèse comme ceux que vous avez évalués[1]) en fonction de leur agressivité. Ces notes ont prédit avec une grande fiabilité la proportion de combats remportés par chacun[2]. Ce n'est donc pas qu'un cliché : de façon générale, les gens qui ont un air de dur à cuire le sont effectivement pour de vrai. En termes d'évolution, la capacité de déterminer, selon leur apparence, les adversaires susceptibles d'être à notre portée présente des avantages évidents. Ce qui l'est moins, c'est la manière exacte dont nous en jugeons.

Les chercheurs ont établi que les combattants qui avaient l'air le plus agressif – et qui gagnaient le plus de combats – possédaient généralement un nez plus large, des yeux très enfoncés et des sourcils proéminents. Si l'on examine les photos ci-dessus, il apparaît toutefois clairement que la différence la plus flagrante se rapporte à la largeur du visage. Beaucoup d'autres études ont montré que les hommes dotés d'un visage plus large, comparativement à sa hauteur, témoignaient d'une plus grande agressivité aussi bien dans des situations de la vie réelle – l'une de ces études s'est intéressée aux matchs de hockey sur glace – que lors d'expériences en laboratoire. Dans les jeux d'argent, par exemple, les hommes au visage plus large décideront souvent d'appuyer sur un bouton censé réduire les gains d'un adversaire fictif, sans qu'ils n'aient eux-mêmes rien à y gagner. Mais il ne s'agit pas seulement de choses futiles telles qu'un match de hockey ou de petites sommes d'argent ; la largeur du visage peut littéralement être une question de vie ou de mort. Une étude a montré en effet que les hommes au visage plus large avaient moins de risques de se faire poignarder, étrangler ou tabasser (cette observation – comme toutes celles évoquées dans cette section – s'appliquant uniquement aux hommes et pas aux femmes).

Alors si vous croisez quelqu'un qui ressemble au combattant C et qu'il se propose de jouer au hockey avec vous, je ne doute pas que l'individu soit tout à fait charmant, mais vous seriez néanmoins bien inspiré de refuser – le plus poliment possible.

Dans le cas contraire, vous risquez fort d'être confronté à…

LA PSYCHOLOGIE DE LA DOULEUR

Toute douleur est psychologique : la douleur n'a pas d'autre existence que celle d'une expérience subjective dans le cerveau. Si vous vous fracturez un membre mais que vous n'avez pas mal – sous l'effet par exemple de l'adrénaline – alors la douleur n'existe pas. Inversement, si vous ressentez une véritable douleur, c'est qu'elle est alors bien réelle, même si aucun docteur ne décèle la moindre blessure physique.

Le fait que la douleur ne soit « que dans la tête » a pour conséquence intéressante que la manière de l'envisager semble influer sur le niveau de douleur ressenti[1]. Le questionnaire ci-dessous vous permettra d'en apprendre davantage sur votre propre manière d'envisager la douleur.

Chacun connaît à un moment de sa vie des épisodes douloureux, qu'il s'agisse de maux de tête, de rages de dents ou encore de douleurs musculaires ou articulaires. Les gens se trouvent aussi souvent exposés à des situations qui peuvent provoquer la douleur – maladies, blessures, soins dentaires ou opérations chirurgicales.

Nous nous intéressons ici aux types de pensées et de sentiments qui vous viennent quand vous avez mal. Vous trouverez ci-dessous treize énoncés décrivant différentes pensées et différents sentiments susceptibles d'être associés à la douleur. À l'aide de l'échelle suivante, indiquez dans quelle mesure ces pensées et ces sentiments peuvent vous gagner lorsque vous avez mal.

0 – jamais ; 1 – un petit peu ; 2 – moyennement ; 3 – beaucoup ; 4 – tout le temps.

Quand je ressens une douleur…

1. Je me demande sans cesse si cela va s'arrêter. ……
2. Je me sens incapable de tenir le coup. ……
3. C'est atroce et je me dis que je ne vais jamais aller mieux. ……
4. C'est horrible et j'ai l'impression que la douleur me submerge. ……
5. J'ai le sentiment de ne plus pouvoir le supporter. ……
6. Je me mets à craindre que la douleur ne s'aggrave. ……
7. Je ne cesse de penser à d'autres événements douloureux. ……
8. J'attends avec impatience que la douleur disparaisse. ……
9. Il me semble impossible de penser à autre chose. ……
10. Je ne cesse de penser à quel point j'ai mal. ……
11. Je ne cesse de penser combien je désire que cela s'arrête. ……
12. Il n'y a rien que je puisse faire pour l'atténuer. ……
13. Je me demande si ce pourrait être quelque chose de grave. ……

RÉPONSES

- Additionnez toutes vos réponses pour découvrir votre score total de *dramatisation de la douleur*. Ce score mesure la « disposition d'esprit excessivement négative » qui peut être la vôtre lorsque vous éprouvez (ou que vous vous attendez simplement à éprouver) une douleur quelconque. Le score moyen se situe autour de 20. Si vous avez obtenu 30 ou plus, vous faites partie des 25 % qui dramatisent le plus. Bien que la définition de seuils absolus ne soit pas toujours particulièrement pertinente, ces gens-là sont souvent classés dans la catégorie des « dramatiseurs. » Si vous avez obtenu 10 ou moins, vous faites partie des 25 % qui dramatisent le moins (c'est-à-dire des plus stoïques). Gardez bien à l'esprit que toutes les moyennes exposées ici proviennent d'un groupe d'individus ayant subi des lésions des tissus mous du dos suffisamment graves pour justifier un arrêt de travail moyen de sept mois. Si vous n'avez jamais ressenti de douleur similaire, vous constaterez peut-être que vos scores sortent un peu du rang.

- Additionnez vos réponses aux énoncés 8, 9, 10 et 11 pour découvrir votre score de *rumination*. Ce score mesure le fait que vous ne cessiez de penser à la douleur et de la ressasser. Le score moyen se situe autour de 8. Un score supérieur ou égal à 11 – ou inférieur ou égal à 3 – vous placera respectivement parmi les 25 % qui ruminent le plus ou qui ruminent le moins.
- Additionnez vos réponses aux énoncés 6, 7 et 13 pour découvrir votre score de *magnification*. Ce score indique dans quelle mesure vous surévaluez votre douleur. La moyenne se situe autour de 3. Un score supérieur ou égal à 5 vous placera parmi les 25 % qui magnifient le plus leur douleur (pour faire partie des 25 % qui la magnifient le moins, votre score doit être nul).
- Additionnez vos réponses aux énoncés 1, 2, 3, 4, 5 et 12 pour découvrir votre score d'*impuissance*. Ce score reflète votre sentiment de ne rien pouvoir faire pour atténuer ou supporter la douleur. La moyenne se situe autour de 8. Un score supérieur ou égal à 13, ou inférieur ou égal à 3, vous placera respectivement parmi les 25 %

qui se sentent le plus ou le moins impuissants face à la douleur.

L'idée n'est pas ici de cataloguer les gens pour le plaisir. Les niveaux de dramatisation mesurés par ce questionnaire constituent d'excellents prédicteurs de la douleur éprouvée et des chances de bon rétablissement. Une synthèse récente a montré par exemple que les patients qui présentent des niveaux élevés de dramatisation ne jugeaient pas seulement leur douleur plus intense ; ces personnes-là...

- ressortaient aussi d'une opération du genou avec un taux d'invalidité plus important.
- risquaient davantage, après un accident du travail, de conserver une douleur chronique (par opposition à la douleur aiguë, qui disparaît dès la blessure guérie).
- connaissaient des taux de dépression plus élevés.
- prenaient davantage de calmants.
- séjournaient plus longtemps à l'hôpital.

Ce constat vaut aussi bien pour les adultes que pour les enfants dès l'âge de sept ans et ne semble pas dépendre du type de douleur éprouvée – qu'elle résulte d'une intervention chirurgicale, d'une affection arthritique, d'une lésion tissulaire, de soins dentaires, de maux de tête... ou qu'elle soit même provoquée par des chercheurs en psychologie.

Ce n'est pas une blague : pour déclencher une douleur sans laisser de dégâts durables, les méthodes préférées des chercheurs consistent à appliquer un laser sur la peau des participants ou à leur faire plonger une main un certain moment dans un seau d'eau glacée. J'ai moi-même expérimenté cette dernière technique dans le cadre d'une étude sur un nouvel analgésique. Je n'ai qu'une chose à en dire : soit je faisais partie du groupe témoin placebo (celui qui recevait une pilule factice en lieu et place du médicament), soit je suis de ceux qui dramatisent la douleur. Quoi qu'il en soit, j'ai eu très mal.

Si la dramatisation accentue la douleur, pourrait-on l'atténuer en encourageant les patients à ne pas dramatiser ? Fort heureusement, la réponse semble être positive. Ainsi, lors d'une étude récente sur des personnes victimes du « coup du lapin », tous les patients ont reçu un traitement physique, mais une moitié d'entre eux seulement ont bénéficié en complément d'une thérapie psychologique destinée à réduire la dramatisation de la douleur. Cette thérapie psychologique a non seulement permis d'abaisser leurs scores de dramatisation (par rapport au groupe témoin), mais également de réduire leur évaluation de l'intensité de la douleur, augmentant ainsi leurs chances de reprendre le travail.

Un autre moyen de réduire la dramatisation, et par conséquent la douleur, consiste à distraire les patients – notamment en leur racontant une plaisanterie. Savez-vous par exemple quel est le comble du dentiste ? De retrouver sa femme au lit avec un mâle dedans.

UN « SINISTRE » QUESTIONNAIRE

Les gauchers ont longtemps souffert d'une mauvaise presse ; on les disait empruntés, maladroits, poissards, voire purement et simplement maléfiques : d'après nombre de toiles du Moyen Âge, le diable lui-même était gaucher. Ces préjugés sont inscrits dans de nombreuses langues, à commencer par le français où « gauche » signifie également « emprunté » ou « maladroit », et le latin où « *sinister* » (« gauche » se traduit par *sinistra* en italien ; on appelle également en français le fait d'être gaucher la « sinistralité ») veut aussi dire « funeste » ou « défavorable ». À l'opposé, « droit » est synonyme d'« honnête » ou de « juste ».

Les gauchers les plus âgés se souviendront d'avoir été accusés de « perversité » – souvent par leur instituteur – et contraints à utiliser leur main droite. Hélas, ce genre de discrimination pour ainsi dire gratuite à l'encontre d'une minorité semble constituer un trait psychologique très répandu[1].

La situation des gauchers s'est néanmoins récemment améliorée, surtout en Occident, où ils sont aujourd'hui largement considérés comme plus créatifs. Nous vérifierons d'ici peu si cette réputation est méritée.

Évaluons cependant d'abord votre propre latéralité. Beaucoup de gens ne sont ni totalement gauchers ni totalement droitiers, mais affichent au contraire des préférences différentes selon l'activité ou l'objet considéré. Indiquez les vôtres en cochant les cases correspondantes dans le tableau suivant :

	Toujours main gauche	Généralement main gauche	Les deux indifféremment	Généralement main droite	Toujours main droite
Écrire					
Lancer					
Se brosser les dents					
Tenir une cuillère					

RÉPONSES

Pour calculer votre score de latéralité, regardez le tableau ci-dessous et additionnez les quatre chiffres correspondant aux cases cochées, puis divisez le résultat par 4[2].

	Toujours main gauche	Généralement main gauche	Les deux indifféremment	Généralement main droite	Toujours main droite
Écrire	–100	–50	0	50	100
Lancer	–100	–50	0	50	100
Se brosser les dents	–100	–50	0	50	100
Tenir une cuillère	–100	–50	0	50	100

À titre d'exemple, j'ai coché dans mon cas « Toujours main droite » pour « Écrire », « Lancer » et « Se brosser les dents », et « Généralement main droite » pour « Utiliser une cuillère ».

L'addition de ces chiffres donne 350 (100 + 100 + 100 + 50 = 350), que je divise ensuite par 4 pour aboutir à un score de latéralité de 87,5.

- Si votre score est supérieur à 80 (en valeur absolue), vous vous définissez comme quelqu'un de « fortement latéralisé ».
- Si votre score est inférieur à 80 (en valeur absolue), vous vous définissez comme quelqu'un de « faiblement latéralisé ».

Notons à ce propos que 63 % des femmes ont une latéralité forte, tandis que les hommes se répartissent presque à égalité entre latéralité forte et latéralité faible. Les gauchers ont en outre plus de deux fois plus de chances que les droitiers de posséder une latéralité faible (bien qu'on ne sache pas vraiment si les gauchers faibles le sont de naissance ou s'ils le deviennent parce qu'on les presse d'utiliser leur main droite pour certaines tâches).

S'agissant de vous, que nous dit votre score ? Il s'avère que le degré de préférence pour une main donnée (que ce soit la gauche ou la droite) prédit de manière significative un grand nombre de caractéristiques liées à l'intelligence, à la mémoire et bien plus encore.

Comparées aux droitiers forts, une synthèse récente a montré que les personnes qui possèdent une latéralité faible…

- ont une meilleure mémoire, qu'il s'agisse de listes de mots, d'événements de leur propre vie (y compris de la petite enfance), de leurs rêves, des visages qu'ils ont vus ou d'extraits de textes.
- sont plus sensibles aux effets d'ancrage (voir « Levez l'ancre ! »), aux effets placebo (voir « Le psychologue, c'est VOUS »), aux effets de dissonance cognitive (voir « Le massacre de la Saint-Valentin ») et inversent plus

rapidement les illusions visuelles comme celle du « Cube de Necker ».

- se laissent plus facilement influencer, sont plus crédules et croient plus volontiers à la magie.
- affichent une plus grande préférence pour des genres musicaux obscurs (voir « Stéréo-types »)
- sont plus enclins à croire en la théorie de l'évolution, et moins au créationnisme.
- éprouvent une plus grande aversion pour la perte (considèrent comme plus important d'éviter les pertes que de réaliser des gains, voir « Une perte insupportable ») mais savent mieux éviter les effets de coûts perdus (comme le fait de dilapider son argent dans une entreprise risquée, voir « Un désagréable sentiment de gâchis »), du moins lorsqu'il apparaît à coup sûr qu'ils échapperont ainsi à une perte plus grande.
- se mettent plus facilement à la place des autres et ont moins tendance à se situer politiquement à droite.
- se montrent moins fidèles aux marques dans les enquêtes de consommation.
- s'endorment plus vite.

Quel est le point commun entre tous ces traits ? La plupart – même les moins positifs, comme la crédulité et l'« influençabilité » – semblent refléter une certaine souplesse mentale. Mais pourquoi les personnes qui possèdent une latéralité faible témoignent-elles précisément d'une telle souplesse ? La réponse est que ces traits procèdent apparemment d'un cerveau dont les deux hémisphères, au lieu de fonctionner de manière plutôt isolée, communiquent beaucoup l'un avec l'autre. Comme l'hémisphère gauche contrôle la main droite – et vice-versa –, il s'ensuit que la latéralité faible n'est que l'une des conséquences de cette forte *interaction hémisphérique*.

Il existe donc globalement de solides indices laissant à penser que les individus dotés d'une latéralité faible jouissent par rapport aux autres de certains avantages sur le plan cognitif. Si l'on y ajoute le fait que cette faible latéralité se rencontre plus fréquemment chez les gauchers que chez les droitiers, il devient alors évident que le « mythe » de la créativité ou de l'intelligence particulière des premiers recèle bel et bien – comme beaucoup de mythes – une part de vérité.

GAGNER AUX « JE »

Voici deux e-mails, l'un rédigé par une personne occupant un statut social élevé (chef d'entreprise ou professeur, par exemple), l'autre par quelqu'un d'un statut inférieur (salarié ou étudiant). Sauriez-vous identifier leurs auteurs respectifs ?

De : XXX, XXX [mailto:XXX@XXX.XXX]
Date : 3 août 2014
À : XXXXX
Objet : Réunion

Cher XXXX

Je me demandais s'il serait possible que je vous voie pour discuter du projet dont nous avons parlé. Je suis disponible jeudi à partir de 10 h environ, mais je devrai repartir avant midi car j'ai un autre rendez-vous.

Merci
XXXX

De : XXX, XXX [mailto:XXX@XXX.XXX]
Date : 3 août 2014
À : XXXXX
Objet : Réunion

Cher XXXX

Il serait bon de se rencontrer pour discuter du projet dont nous avons parlé. Que diriez-vous de jeudi à partir de 10 h environ – on m'attend ailleurs à midi.

Merci
XXXX

RÉPONSE

Vous avez probablement repéré l'indice dans le titre : « gagner aux "je" ». En effet, la clé réside ici dans le nombre de fois où « je » apparaît dans chacun des e-mails.

On pourrait penser que les personnes d'un rang social supérieur se donnent davantage d'importance et qu'elles emploient donc plus fréquemment le pronom « je ». En réalité, une étude sur les e-mails échangés entre professeurs et étudiants de l'université du Texas a montré que c'était le contraire : les étudiants avaient tendance à utiliser bien plus souvent le « je » que leurs professeurs.

La raison de cet apparent paradoxe semble tenir au fait que les personnes peu sûres d'elles-mêmes se focalisent davantage sur leurs propres pensées (« je me demandais »), sur leur comportement (« je devrai repartir »), sur leur situation (« j'ai un autre rendez-vous ») et sur leurs sentiments (on aurait en l'occurrence un peu trop vendu la mèche, mais dans la vie réelle, beaucoup d'étudiants commencent leurs e-mails par : « je m'excuse de vous déranger »). Les individus qui souffrent de dépression font d'ailleurs eux aussi un usage plus intensif du « je ». À l'inverse, ceux qui occupent un statut élevé, comme les professeurs ou les chefs d'entreprise, se sentent rarement mal à l'aise ou complexés.

Les chercheurs ont fait des constatations similaires en examinant les lettres échangées entre soldats irakiens de grades différents, ou encore en observant deux étudiants chargés de faire connaissance, après que l'un d'entre eux eut été désigné aléatoirement comme « leader ». En effet, même si les « non-leaders » se voyaient assigner un statut inférieur de façon arbitraire et transparente, ils ne s'en sentaient pas moins suffisamment gênés pour utiliser davantage le « je », en comparaison des sujets leaders.

Toutefois, il n'y a pas que le « je » qui compte. Une récente analyse portant sur 700 millions de mots extraits des messages de 75 000 utilisateurs de Facebook a mis au jour toute une série de petits détails intéressants, et notamment le fait que...

- Les hommes utilisent plus volontiers les termes « *mon* épouse/*ma* copine » que les femmes n'emploient ceux de « *mon* mari/*mon* copain » (pensez bien néanmoins que l'ensemble des différences sexuelles évoquées ici, y compris celle-ci, sont tout aussi modestes que celles étudiées dans la section « Les hommes viennent de Mars... »)
- Les femmes sont plus enclines que les hommes à faire part de leurs émotions négatives (mais pas de leurs émotions positives).
- Les hommes parlent davantage d'argent et de travail.
- Les hommes jurent plus que les femmes, mais les deux parlent tout autant de sexe.
- Les personnes âgées font moins usage du « je » que les jeunes (peut-être parce qu'elles ont tendance à jouir d'un statut social plus élevé) et utilisent moins les temps du passé (ce qui peut sembler étonnant, puisqu'elles peuvent en parler davantage).

Les points suivants se rapportent aux traits étudiés dans « Votre profil de personnalité » :

- Comme on pourrait s'y attendre au vu de ce qui précède, l'usage fréquent de la première ou de la deuxième personne (« je » d'un côté, « tu » ou « vous » de l'autre) prédit un niveau respectivement élevé ou faible de névrosisme.
- Les gens qui utilisent beaucoup le « tu » ou le « vous » sont généralement plus extravertis.
- Les gens qui utilisent beaucoup le « nous » sont généralement plus agréables.
- Les gens qui utilisent beaucoup de tournures négatives (« non », « pas », « aucun », etc.) sont généralement

moins consciencieux (« Non, je n'ai encore fini aucun de mes devoirs »).

- Les gens qui présentent un score élevé sur le critère d'ouverture aux expériences ont tendance à moins utiliser les pronoms, quels qu'ils soient (« je », « nous », « vous », « lui », « elle », etc.).

Certains sites Internet proposent des jeux et des exercices interactifs qui vous permettront d'analyser plus en détail votre propre usage des pronoms[1]. Pourquoi ne pas essayer ? À votre place, c'est ce que « je » ferais.

L'IMPOSTURE GRAPHOLOGIQUE

Après avoir étudié votre latéralité et votre style rédactionnel, réunissons les deux et intéressons-nous maintenant à votre écriture manuscrite. Psychologues et employeurs utilisent depuis longtemps la graphologie – l'analyse scientifique de l'écriture – comme un moyen pratique d'évaluer la personnalité et le potentiel d'un individu.

Allons-y, essayons. Recopiez le passage suivant dans le cadre vierge ci-dessous[1] :

Portez ce vieux whisky au juge blond qui fume. Le vif zéphyr jubile sur les kumquats du clown gracieux. Zut ! Je crois que le chien Sambuca préfère le whisky revigorant au doux porto.

RÉPONSE

Examinez le texte que vous venez d'écrire, et cochez toutes les caractéristiques qui correspondent.

Style général	anguleux = dynamique, énergique			arrondi = inventif, sensible, se laisse facilement dominer
Inclinaison	à gauche = froid			à droite = chaleureux
Pression	forte = sûr de lui, agressif, égoïste			faible = discret, délicat, prévenant
Barre du « t »	épaisse = déterminé			fine = velléitaire
	longue = vif et enjoué			courte = irritable
Point du « i »	à droite de la hampe = insouciant, frivole			à gauche de la hampe = prudent, réfléchi
	absent = ne prête pas attention aux détails			
	remplacé par un trait horizontal = très énergique			
« a » et « o »	boucle ouverte = volubile, direct			boucle fermée = secret
« m » et « n »	anguleux = enthousiaste, sociable			arrondis = faible sens de l'observation, inventif
CAPITALES	grandes = ego très développé			petites = timide
Boucles	larges = imaginatif, intelligent			étroites = paresseux

Qu'en pensez-vous ? L'analyse de votre écriture est-elle pertinente ?

En vérité, si beaucoup de gens s'imaginent que la graphologie repose sur de solides bases scientifiques, aucune des innombrables études réalisées n'a établi la moindre relation entre l'écriture manuscrite et la personnalité (mesurée par le biais de questionnaires comme celui que vous avez rempli dans « Votre profil de personnalité »).

Alors pourquoi le mythe de la graphologie se montre-t-il si tenace ?

L'une des raisons en est qu'on la confond souvent avec l'« expertise judiciaire de documents », processus consistant à examiner un document manuscrit ou une signature pour l'authentifier et prouver qui en est l'auteur – lorsqu'on soupçonne par exemple une falsification de testament. La plupart des experts judiciaires en documents ne se mêlent en aucun cas de graphologie, mais certains brouillent les frontières en proposant les deux services.

Il existe deux autres raisons, plus intéressantes car communes à beaucoup de conceptions erronées et d'idées pseudo-scientifiques couramment répandues. La première touche au caractère en apparence si crédible de la graphologie. Il semble en effet de pur bon sens de supposer qu'une petite écriture soignée signale un individu bien organisé, intelligent et maître de lui-même et qu'une grande écriture négligée trahit au contraire une personne désordonnée, irréfléchie et confuse. De fait, une étude a révélé que les sujets qui n'avaient aucune formation en graphologie établissaient instinctivement les mêmes liens que les « experts » : les gens considèrent d'office, par exemple, qu'une écriture de grande taille est synonyme de forte personnalité. Si la graphologie paraît tellement crédible, c'est parce qu'elle nous indique simplement ce que nous croyons (à tort) déjà savoir.

La deuxième raison tient à ce qu'on appelle l'*effet Barnum* (du nom du célèbre directeur de cirque, qui se vantait de proposer « un peu de tout pour tout le monde »). Comme aucune chiromancienne, aucun astrologue, aucune diseuse de bonne aventure, aucun médium, aucun parapsychologue ni aucun spirite ne l'avouera jamais, si vous énoncez suffisamment de généralités en restant toujours assez vague, quelques-unes au moins tomberont juste (voir « La fantasmagorie des horoscopes »). Le *biais de confirmation* (voir « Tour de cartes ») se chargera du reste. Observez à nouveau les traits de personnalité énumérés ci-dessus. Si bon nombre d'entre eux s'opposent les uns aux autres, il est néanmoins possible de se reconnaître à peu près dans chacun, en choisissant simplement de se souvenir de situations où l'on aura été – par exemple – tantôt « velléitaire » ou tantôt « déterminé ».

En dépit de tout cela, un certain nombre d'employeurs sans doute bien intentionnés continuent, même si ce n'est qu'à titre officieux, d'utiliser la graphologie dans leurs décisions d'embauche et de licenciement. Si un recruteur potentiel exige de votre part une candidature manuscrite, montrez-vous donc extrêmement méfiant. Et si vous vous en sentez le courage, demandez-lui de jeter un œil aux revues de synthèse indiquées dans notre bibliographie. Le message est on ne peut plus clair :

La graphologie est une imposture !

LA PSYCHOLOGIE PEUT-ELLE SAUVER LE MONDE ? : VOUS AVEZ CHOISI « *STEAL* »

J'ai moi aussi choisi « *steal* » et nous repartons donc tous deux les mains vides. Retournez maintenant à la page 295 pour découvrir ce que tout cela signifie.

LE PSYCHOLOGUE, C'EST *VOUS*

Plusieurs sections de cet ouvrage (« Levez l'ancre ! », « Le test du thé », « Le radiologue », « La fantasmagorie des horoscopes », « Le goût d'une forme ») vous ont incité à vous changer en psychologue et à soumettre vos amis et les membres de votre famille à différentes études. Nous avons aussi abordé certains des écueils que les psychologues rencontrent lorsqu'ils conçoivent et interprètent ces études (notamment dans « L'idiot dit en son cœur : "Il n'y a point de Dieu !" »). Je pense donc que vous êtes désormais paré pour affronter le test sans doute le plus difficile qui soit : concevoir votre propre étude.

Un enseignant plein d'initiative a imaginé une toute nouvelle méthode très séduisante pour apprendre les mathématiques à l'école primaire. Un grand nombre d'établissements et d'instituteurs ont déjà commencé à l'utiliser. Le ministère de l'Éducation songe à l'inscrire officiellement au programme, mais il souhaite d'abord l'évaluer. C'est là que vous intervenez. On vous a demandé de concevoir une étude pour déterminer si cette nouvelle méthode donne, oui ou non, de meilleurs résultats que celles actuellement employées. Prenez quelques minutes pour réfléchir à la conception de cette étude, en consignant vos notes dans le cadre vierge ci-dessous.

RÉPONSE

La solution la plus évidente consiste à trouver des enseignants qui utilisent la nouvelle méthode et à leur demander simplement s'ils estiment qu'elle fonctionne mieux que l'ancienne.

Si vous avez donné cette réponse, alors désolé mais je vous mets zéro. Ce protocole expérimental est presque assuré de produire des résultats trompeurs et s'avère donc pire sans doute que de ne pas mener d'étude du tout. Passons en revue les problèmes qu'il pose et voyons comment les résoudre.

Ce protocole a de fortes chances, d'une part, de générer un *effet d'attente*. Du fait même qu'ils s'attendent à observer de meilleures performances parmi leurs élèves, les instituteurs qui ont adopté la nouvelle méthode vont probablement faire ce constat, soit parce qu'ils s'illusionneront eux-mêmes sur l'amélioration des performances, soit parce qu'ils auront fourni inconsciemment davantage d'efforts pour que leur propre prophétie se réalise. Lors d'une étude célèbre, les expérimentateurs avaient indiqué que des rats identifiés comme « futés » trouvaient plus vite la sortie d'un labyrinthe que les rats « stupides ». En réalité, l'expérience était un coup monté : les animaux ne présentaient aucune différence sur le plan de l'intelligence et l'écart constaté résultait uniquement d'un effet d'attente. Les expérimentateurs traitaient vraisemblablement mieux les rats « futés » que les autres ou leur accordaient plus volontiers le bénéfice du doute au moment de mesurer leurs performances.

Si les enfants savent qu'ils vont bénéficier d'une méthode d'enseignement dernier cri, un effet d'attente d'un type particulier, connu sous le nom d'*effet Hawthorne*, a également de grandes chances d'apparaître. Au sein de l'usine Hawthorne située dans l'Illinois, des chercheurs de l'entreprise Western

Electric avaient constaté que la productivité s'améliorait quels que soient les changements apportés aux conditions de travail – pauses plus longues ou plus courtes, éclairage plus fort ou plus faible. De manière générale, chaque fois qu'un changement destiné à stimuler les performances est instauré, les personnes concernées se sentent « mises en valeur » et cherchent – sans doute inconsciemment – à montrer que l'initiative est une réussite en se donnant davantage de mal[1].

Pour surmonter ces problèmes, nous avons besoin de deux choses : d'un *groupe témoin placebo* et d'une *mise en aveugle*. Dans les essais pharmaceutiques, la moitié des participants reçoit le nouveau médicament soi-disant miraculeux, et l'autre une gélule de sucre sans aucun principe actif (le placebo). Si le premier groupe réagit mieux au traitement que le groupe placebo, on sait alors qu'on est en présence d'un effet médicamenteux, et non d'un effet d'attente ou d'un effet Hawthorne. Il nous faut procéder de même ici. Une moitié des enfants (le groupe test) suivra pour de vrai la nouvelle méthode d'enseignement, tandis que l'autre moitié (le groupe placebo) n'en connaîtra que les signes extérieurs – des manuels flambant neufs et un instituteur parlant avec enthousiasme de cette « nouvelle » façon d'apprendre –, sans que rien ne soit modifié au-delà des apparences. Si malgré tout le groupe test obtient de meilleurs résultats que le groupe témoin, on pourra supposer que la méthode fonctionne.

Mais qui décidera que le groupe test surclasse ou non le groupe témoin ? Si l'on veut éviter les effets d'attente, ce ne peut être les enseignants eux-mêmes. C'est là qu'entre en jeu le principe de la *mise en aveugle*. Quiconque évalue les enfants a posteriori doit ignorer quels sont ceux qui appartenaient au groupe test et ceux qui appartenaient au groupe témoin ; il doit autrement dit rester « aveugle » à l'enseignement que chaque enfant a reçu. Nous avons maintenant une étude « en double aveugle », dans laquelle ni l'expérimentateur (c'est-à-dire l'évaluateur) ni les participants (c'est-à-dire les enfants) ne savent qui appartient à quel groupe[2].

Il manque encore à notre étude un ingrédient crucial : l'*aléatorisation*. Si l'on compose le groupe test en recrutant des établissements qui emploient déjà la nouvelle méthode et le groupe témoin en faisant appel à des établissements qui utilisent encore l'ancienne, on introduit alors toutes sortes de facteurs de confusion (si vous avez oublié ce qu'est un facteur de confusion, retrouvez-en l'explication dans « Quel est mon QI ? » ou « L'idiot dit en son cœur : "Il n'y a point de Dieu !" »). Les écoles qui décident spontanément d'utiliser une méthode d'enseignement novatrice ont toutes les chances d'être plus avant-gardistes, mieux dotées et d'accueillir en leur sein des élèves et des enseignants extrêmement motivés. Un établissement aux résultats médiocres, qui navigue déjà de crise en crise, aura quant à lui suffisamment de pain sur la planche pour ne pas se hasarder en plus à introduire de nouvelles méthodes, quand bien même il aurait les moyens d'acquérir les manuels. En conséquence de quoi, même si la nouvelle méthode d'enseignement n'est pas meilleure que l'ancienne, les écoles qui l'ont adoptée afficheront probablement de meilleures performances que les autres.

Pour éliminer ces facteurs de confusion, l'affectation de chaque école ou de chaque classe – ou mieux encore, de chaque élève – au groupe test et au groupe témoin doit s'effectuer de manière *totalement aléatoire*. Sous réserve de réunir suffisamment d'établissements et d'enfants, on aura ainsi l'assurance que les deux groupes présentent le même niveau global de motivation des enseignants, de ressources financières, etc. (une alternative à l'aléatorisation consiste à apparier du mieux possible les deux groupes sur chacun de ces critères, ce qui s'avère néanmoins plus difficile puisqu'il faut alors pouvoir les mesurer).

En définitive, comment vous en êtes-vous sorti ? Vous marquez un point si votre étude comporte un groupe témoin, un autre point pour la mise en aveugle, et un autre encore si vous avez utilisé des groupes aléatoires (ou appariés). Vous en marquez un de plus pour avoir émis l'idée de comparer les performances des deux groupes à l'aide d'un test statistique (voir « Le test du thé »). Si vous avez des amis enseignants, chercheurs ou étudiants en psychologie, vous pourrez vous amuser à leur soumettre cette épreuve. Combien obtiendront 4 sur 4 ?

La majorité d'entre eux, j'espère. Il s'agit là de connaissances élémentaires, abordées dès la première année de n'importe quel cursus de psychologie. Vous seriez donc tout pardonné de supposer que les politiques publiques en matière d'éducation, d'économie, de transports, d'environnement, de culture et autres sont évaluées, dans la vie réelle, au moyen d'un *essai aléatoirisé (ou randomisé) en double aveugle avec groupe témoin placebo* semblable à celui que nous avons improvisé ici en quelques minutes.

Si seulement. En réalité, les essais de ce type ne sont quasiment jamais utilisés pour évaluer les politiques publiques (alors qu'ils sont une pratique standard en médecine). Pourquoi ? En premier lieu, les gouvernements craignent sans doute que les électeurs qui n'auront pas bénéficié du nouveau dispositif (c'est-à-dire ceux du groupe témoin) ne s'en indignent et ne les sanctionnent dans les urnes. Même si elle n'est pas particulièrement rationnelle – le dispositif en question peut se révéler sans intérêt, ou même franchement néfaste –, c'est une réaction qui se comprend. Que ressentiriez-vous si l'État dépensait des millions d'euros d'argent public pour financer une initiative et qu'il la proposait uniquement à votre voisin, mais pas à vous ? Deuxièmement, il semble peu probable qu'un gouvernement quelconque ait assez de courage pour admettre l'« échec » d'une initiative nouvelle. Autant se passer d'emblée de tout essai et se contenter de présenter des preuves anecdotiques de son succès (« Quand je discute au porte à porte avec les électeurs, ils me disent que... »). Enfin, il semble communément admis que les leaders politiques doivent prendre des décisions fondées sur leurs convictions, sur leurs valeurs, sur ce qu'ils savent être vrai au fond d'eux-mêmes, et qu'agir autrement constitue un signe de faiblesse. Pourriez-vous par exemple imaginer un chef de parti déclarer : « Certes, cette politique est contraire à tout ce que nous défendons, mais c'est celle qui a donné dans le cadre d'un essai les meilleurs résultats. »

Ayant à présent mené plusieurs études sur d'autres personnes et même conçu désormais la vôtre, vous devriez commencer à vous faire une bonne idée de ce que c'est que d'être psychologue. Si cela vous plaît et que l'envie vous est venue d'envisager réellement une carrière de psychologue-chercheur, jetez un œil à l'ultime section de cet ouvrage (« Poursuivez votre psych-odyssée »), qui vous donnera quelques conseils pour débuter. Le plus formidable selon moi dans ce métier, c'est le fait que la psychologie permette d'apporter une réponse scientifique et objective à la quasi-totalité des grandes questions de l'existence.

POURSUIVEZ VOTRE PSYCHODYSSÉE

Voilà, nous en avons terminé. J'espère que ce voyage de découverte aux quatre coins de la planète psychologie vous a plu et qu'il vous aura permis d'accroître votre « Q-Psy », en vous apprenant quantité de choses à la fois sur votre propre psychologie personnelle et sur la psychologie en général.

J'espère aussi que vous n'y verrez pas la fin mais au contraire le début de votre parcours, et que ce livre vous aura incité à chercher dans la psychologie des réponses à toutes les questions que la vie nous adresse chaque jour, des plus profondes aux plus futiles.

Par où continuer ? Le plus simple pour commencer consiste à vous reporter à la bibliographie proposée dans les pages suivantes. Choisissez une section qui vous a tout particulièrement intéressé, repérez l'étude d'origine dans la bibliographie, puis tâchez de retrouver l'article complet en ligne. Certains se cachent derrière des portails payants, mais beaucoup sont disponibles gratuitement et peuvent être localisés en tapant le titre ou le nom du ou des auteur(s) sur Google Scholar, un moteur de recherche limité aux articles de revues universitaires. La plupart des auteurs postent leurs articles sur les pages Web de leur université ou sur des sites spécialisés[1]. En dernier recours, il n'est pas interdit d'envoyer au premier auteur un e-mail poli (mais concis !)

pour lui en demander une copie. Au pire, il ou elle ignorera votre courrier ; le plus souvent, vous recevrez l'article sous un jour ou deux, avec un sympathique message vous remerciant de votre intérêt. Une fois l'article lu, consultez sa bibliographie pour trouver sur le même sujet un autre article qui vous semble intéressant, puis consultez sa bibliographie pour en trouver un autre… et ainsi de suite, à l'infini.

Au bout du compte, j'espère au moins que certains de mes lecteurs, jeunes ou moins jeunes, seront suffisamment motivés pour s'inscrire à l'université et suivre un cursus de psychologie, ou – si c'est déjà le cas – pour obtenir leur doctorat et devenir eux-mêmes chercheurs en psychologie. Il y a tout un océan de savoir à découvrir, dont nous n'avons qu'à peine effleuré la surface. À vous d'y plonger.

BIBLIOGRAPHIE

Le test de Rorschach

Exner, J., Levy, A., Groth-Marnat, G., Wood, J. M. et Garb, H. N., *The Rorschach: A Comprehensive System*, vol. 1 : *The Rorschach, Basic Foundations and Principles of Interpretation*, Londres et New York, Wiley and Sons, 2008.

Lilienfeld, S. O., Wood, J. M. et Garb, H. N., « The scientific status of projective techniques », *Psychological Science in the Public Interest*, vol. 1, n° 2, 2000, p. 27-66.

Shaffer, T. W., Erdberg, P. et Haroian, J., « Current nonpatient data for the Rorschach, WAIS-R, and MMPI-2 », *Journal of Personality Assessment*, vol. 73, n° 2, 1999, p. 305-336.

http://www.csicop.org/si/show/rorschach_inkblot_test_fortune_tellers_and_cold_reading/

Votre profil de personnalité

Goldberg, L. R., « A broad-bandwidth, public domain, personality inventory measuring the lower-level facets of several five-factor models », *In* I. Mervielde, I. Deary, F. De Fruyt et F. Ostendorf (dir.), *Personality Psychology in Europe*, vol. 7 (p. 7-28), Tilburg, Pays-Bas, Tilburg University Press, 1999.

Goldberg, L. R., Johnson, J. A., Eber, H. W., Hogan, R., Ashton, M. C., Cloninger, C. R. et Gough, H. C., « The International

Personality Item Pool and the future of public-domain personality measures », *Journal of Research in Personality,* vol. 40, 2006, p. 84-96.
International Personality Item Pool: A Scientific Collaboratory for the Development of Advanced Measures of Personality Traits and Other Individual Differences (http://ipip.ori.org/).

Pour moi, ce n'est que du chinois

Monahan, J. L., Murphy, S. T. et Zajonc, R. B., « Subliminal mere exposure: Specific, general, and diffuse effects », *Psychological Science,* vol. 11, nº 6, 2000, p. 462-466.
Hepper, P., « Fetal 'soap' addiction », *The Lancet,* vol. 331, nº 8598, 1988, p. 1347-1348.
Zajonc, R. B., « Mere exposure: A gateway to the subliminal », *Current Directions in Psychological Science,* vol. 10, nº 6, 2001, p. 224-228.

Psychopathes professionnels

Board, B. J. et Fritzon, K., « Disordered personalities at work », *Psychology, Crime & Law,* 11(1), 2005, p. 17-32.
Hare, R. D., *The Psychopathy Checklist,* revised, 2nd ed., Toronto, Multi-Health Systems, 2003.

Trop impatient pour attendre

Koffarnus, M. N., Jarmolowicz, D. P., Mueller, E. T. et Bickel, W. K., « Changing delay discounting in the light of the competing neurobehavioral decision systems theory: A review », *Journal of the Experimental Analysis of Behavior,* 2013, p. 1-26.
Mischel, W. et Ebbesen, E. B., « Attention in delay of gratification », *Journal of Personality and Social Psychology,* vol. 16, nº 2, 1970, p. 329.
Lerner, J. S., Li, Y. et Weber, E. U., « The financial costs of sadness », *Psychological Science,* vol. 24, nº 1, 2013, p. 72-79.

À prendre ou à laisser

Jensen, K., Call, J. et Tomasello, M., « Chimpanzees are rational maximizers in an ultimatum game », *Science*, vol. 318, n° 5847, 2007, p. 107-109.

Milinski, M., « Chimps play fair in the ultimatum game », *Proceedings of the National Academy of Sciences of the United States of America*, vol. 10, n° 6, p. 1978-1979, 2013.

Henrich, J., Heine, S. J. et Norenzayan, A., « The weirdest people in the world », *Behavioral and Brain Sciences*, vol. 33, n° 2-3, 2010, p. 61-83.

Êtes-vous plus bête qu'un singe ?

Inoue, S. et Matsuzawa, T., « Working memory of numerals in chimpanzees », *Current Biology*, vol. 17, n° 23, 2007, p. R1004-R1005.

Cook, P. et Wilson, M., « Do young chimpanzees have extraordinary working memory? », *Psychonomic Bulletin & Review*, vol. 17, n° 4, 2010, p. 599-600.

La tragique histoire de Kitty Genovese

Manning, R., Levine, M. et Collins, A., « The Kitty Genovese murder and the social psychology of helping: the parable of the 38witnesses », *American Psychologist*, vol. 62, n° 6, 2007, p. 555.

Fischer, P., Krueger, J. I., Greitemeyer, T., Vogrincic, C., Kastenmüller, A., Frey, D. et Kainbacher, M., « The bystander-effect: A meta-analytic review on bystander intervention in dangerous and non-dangerous emergencies », *Psychological Bulletin*, vol. 137, n° 4, 2011, p. 517.

Le cube de Necker

Franks, C. M. et Lindahl, L. E. H., « Extraversion and rate of fluctuation of the Necker Cube », *Perceptual and Motor Skills*, vol. 16, n° 1, 1963, p. 131-137.
Christman, S. D., Sontam, V. et Jasper, J. D., « Individual differences in ambiguous-figure perception: Degree of handedness and interhemispheric interaction », *Perception*, vol. 38, n° 8, 2009, p. 1183.

Levez l'ancre !

Tversky, A. et Kahneman, D., « Judgment under uncertainty: Heuristics and biases », *Science*, vol. 185, n° 4157, 1974, p. 1124-1131.

Une expérience choquante

Milgram, S., « Behavioral study of obedience », *Journal of Abnormal and Social Psychology*, vol. 67, 1963, p. 371-378.
Milgram, S., « Some conditions of obedience and disobedience to authority », *Human Relations*, vol. 18, 1965, p. 57-76.
Haslam, S. A. et Reicher, S. D., « Contesting the "nature" of conformity: What Milgram and Zimbardo's studies really show », *PLoS Biology*, vol. 10, n° 11, e1001426, 2012.

La carotte ou le bâton ?

Tversky, A. et Kahneman, D., « Judgment under uncertainty: Heuristics and biases », *Science*, vol. 185, n° 4157, 1974, p. 1124-1131.

Ce que l'on croit voir

Fodor, J. A., *The Modularity of Mind: An Essay on Faculty Psychology*, Cambridge, Massachusetts, MIT Press, 1983.

Segall, M. H., Campbell, D. T. et Herskovits, M. J., *The Influence of Culture on Visual Perception*, Indianapolis, Indiana, Bobbs-Merrill, 1966.
Henrich, J., Heine, S. J. et Norenzayan, A., « The weirdest people in the world », *Behavioral and Brain Sciences*, vol. 33, n° 2-3, 2010, p. 61-83.
Jahoda, G., « Retinal pigmentation, illusion susceptibility and space perception », *International Journal of Psychology*, vol. 6, n° 3, 1971, p. 199-207.

L'illusion des longueurs

Asch, S. E., « Effects of group pressure on the modification and distortion of judgments », *In* H. Guetzkow (dir.), *Groups, Leadership and Men* (p. 177-190), Pittsburgh, Pennsylvanie, Carnegie Press, 1951.
Perrin, S. et Spencer, C., « Independence or conformity in the Asch experiment as a reflection of cultural and situational factors », *British Journal of Social Psychology*, vol. 20, n° 3, 1981, p. 205-209.
Bond, R. et Smith, P. B., « Culture and conformity: a meta-analysis of studies using Asch's (1952b, 1956) line judgment task », *Psychological Bulletin*, vol. 119, n° 1, 1996, p. 111.

Dessine-moi… un chien !

Levinson, B. M. et Mezei, H., « The Draw-a-Dog Scale », *Perceptual and Motor Skills*, vol. 36, n° 1, 1973, p. 19-22.
Goodenough, F., *Measurement of Intelligence by Drawings*, New York, World Book Co, 1926.
Harris, D. B., *Children's Drawings as Measures of Intellectual Maturity*, New York, Harcourt, Brace & World Inc., 1963.
Naglieri, J. A. et Pfeiffer, S. I., « Performance of disruptive behavior disordered and normal samples on the Draw A Person: Screening Procedure for Emotional Disturbance », *Psychological Assessment*, vol. 4, n° 2, 1992, p. 156.

Votre partenaire idéal

Buss, D. M., « Sex differences in human mate preferences: Evolutionary hypotheses tested in 37 cultures », *Behavioral and Brain Sciences*, vol. 12, 1989, p. 1-14.

Buss, D. M., Shackelford, T. K., Kirkpatrick, L. A. et Larsen, R. J., « A half century of mate preferences: the cultural evolution of values », *Journal of Marriage and Family*, vol. 63, 2001, p. 491-503.

Trivers, R., « Parental investment and sexual selection », *In* B. Campbell (dir.), *Sexual Selection and the Descent of Man: 1871-1971* (p. 136-179), Chicago, Illinois, Aldine, 1972.

Lippa, R. A., « The preferred traits of mates in a cross-national study of heterosexual and homosexual men and women: An examination of biological and cultural influences », *Archives of Sexual Behavior*, vol. 36, n° 2, 2007, p. 193-208.

Le massacre de la Saint-Valentin

Laurin, K., Kille, D. R. et Eibach, R. P., « "The way I am is the way you ought to be": Perceiving one's relational status as unchangeable motivates normative idealization of that status », *Psychological Science*, vol. 24, n° 8, 2013, p. 1523-1532.

Festinger, L. et Carlsmith, J. M., « Cognitive consequences of forced compliance », *Journal of Abnormal and Social Psychology*, vol. 58, n° 2, 1959, p. 203-210.

Le test du thé

Fisher, R. A., *Statistical Methods for Research Workers,* Édimbourg, Oliver & Boyd, 1925.

Pearson, K., « On the criterion that a given system of deviations from the probable in the case of a correlated system of variables is such that it can be reasonably supposed to have arisen from random sampling », *Philosophical Magazine*, vol. 50, 1900, p. 157-175.

Yates, F. et Mather, K., « Ronald Aylmer Fisher, 1890-1962 », *Biographical Memoirs of Fellows of the Royal Society*, vol. 9, 1963, p. 91-129.

Lire et rectifier

Davis, C. J., « The spatial coding model of visual word identification », *Psychological Review*, vol. 117, n° 3, 2010, p. 713.
Hauk, O., Davis, M. H., Ford, M., Pulvermüller, F. et Marslen-Wilson, W. D., « The time course of visual word recognition as revealed by linear regression analysis of ERP data », *Neuroimage*, vol. 30, n° 4, 2006, p. 1383-1400.

Prélude ou requiem ?

Rauscher, F. H., Shaw, G. L. et Ky, K. N., « Music and spatial task performance », *Nature*, vol. 365, n° 6447, 1993, p. 611.
Davies, P. J., « Mozart's illnesses and death: 1. The illnesses, 1756-1790 », *The Musical Times*, vol. 125, 1984, p. 437-442.
Nantais, K. M. et Schellenberg, E. G., « The Mozart effect: an artifact of preference? », *Psychological Science*, vol. 10, 1999, p. 370-373.
Thompson, W. F., Schellenberg, E. G. et Husain, G., « Arousal, mood and the Mozart effect », *Psychological Science*, vol. 12, 2001, p. 248-251.
http://www.guardian.co.uk/culture/2003/jan/10/artsfeatures.shopping

Le radiologue

Neisser, U. et Becklen, R., « Selective looking: Attending to visually specified events », *Cognitive Psychology*, vol. 7, 1975, p. 480-494.
Simons, D. J. et Chabris, C. F., « Gorillas in our midst: Sustained inattentional blindness for dynamic events », *Perception-London*, vol. 28, n° 9, 1999, p. 1059-1074.

Drew, T., Võ, M. L. H. et Wolfe, J. M., « The invisible gorilla strikes again: Sustained inattentional blindness in expert observers », *Psychological Science,* 10.1177/0956797613479386.
Dalton, P. et Fraenkel, N., « Gorillas we have missed: Sustained inattentional deafness for dynamic events », *Cognition,* vol. 124, n° 3, 2012, p. 367-372.

Le chirurgien

Coleman, L. et Kay, P., « Prototype semantics: The English word *lie* », *Language,* 1981, p. 26-44.
Troppmann, K. M., Palis, B. E., Goodnight Jr, J. E., Ho, H. S. et Troppmann, C., « Women surgeons in the new millennium », *Archives of Surgery,* vol. 144, n° 7, 2009, p. 635.
Christian Lynge, D., Larson, E.H., Thompson, M.J., Rosenblatt, R.A. et Hart, L. G., « A longitudinal analysis of the general surgery workforce in the United States, 1981-2005 », *Archives of Surgery,* vol. 143, n° 4, 2008, p. 345.

Le médecin

Duncker, K., « On problem-solving », *Psychological Monographs,* vol. 58, n° 5, 1945, p. 1-113.

Le ministre de la Santé

Tversky, A. et Kahneman, D., « The framing of decisions », *Science,* vol. 211, 1981, p. 453-458.
Mandel, D. R., « Gain-loss framing and choice: Separating outcome formulations from descriptor formulations », *Organizational Behavior and Human Decision Processes,* vol. 85, n° 1, 2001, p. 56-76.
Kühberger, A., « The influence of framing on risky decisions: A meta-analysis », *Organizational Behavior and Human Decision Processes,* vol. 75, n° 1, 1998, p. 23-55.

Marteau, T. M., « Framing of information: Its influence upon decisions of doctors and patients », *British Journal of Social Psychology*, vol. 28, n° 1, 1989, p. 89-94.

Rouge ou noir ?

Gilovich, T., Vallone, R. et Tversky, A., « The hot hand in basketball: on the misperception of random sequences », *Cognitive Psychology*, vol. 17, n° 3, 1985, p. 295-314.

Gershenson, C. et Pineda, L. A., « Why does public transport not arrive on time? The pervasiveness of equal headway instability », *PloS ONE*, vol. 4, n° 10, e7292, 2009.

Traquer l'agresseur

Snook, B., Taylor, P. J. et Bennell, C., « Geographic profiling: The fast, frugal, and accurate way », *Applied Cognitive Psychology*, vol. 18, n° 1, 2004, p. 105-121.

http://www.newyorker.com/reporting/2007/11/12/071112fa_fact_ gladwell

Canter, D. et Hammond, L., « A comparison of the efficacy of different decay functions in geographical profiling for a sample of US serial killers », *Journal of Investigative Psychology and Offender Profiling*, vol. 3, n° 2, 2006, p. 91-103.

Alison, L., Bennell, C., Mokros, A. et Ormerod, D., « The personality paradox in offender profiling: A theoretical review of the processes involved in deriving background characteristics from crime scene actions », *Psychology, Public Policy, and Law*, vol. 8, n° 1, 2002, p. 115.

Moralité

Hall, L., Johansson, P. et Strandberg, T., « Lifting the veil of morality: Choice blindness and attitude reversals on a self-transforming survey », *PloS ONE*, vol. 7, n° 9, e45457 2012 10.1371/journal.pone.0045457.

Haidt, J., « The emotional dog and its rational tail: a social intuitionist approach to moral judgment », *Psychological Review*, vol. 108, 2001, p. 814-834.
Mercier, H. et Sperber, D., « Why do humans reason? Arguments for an argumentative theory », *Behavioral and Brain Sciences*, vol. 34, 2011, p. 57-74.

Le critique d'art

Lebuda, I. et Karwowski, M., « Tell me your name and I'll tell you how creative your work is: Author's name and gender as factors influencing assessment of products' creativity in four different domains », *Creativity Research Journal*, vol. 25, n° 1, 2012, p. 137-142.

Tour de cartes n° 1 et n° 2

Wason, P. C., « Reasoning. » *In* B. M. Foss, (dir.), *New Horizons in Psychology*, Harmondsworth, Penguin, 1996.
Ernst, E., « Homeopathy: what does the 'best' evidence tell us? », *Medical Journal of Australia*, vol. 192, n° 8, 2010, p. 458-460.

« Je n'ai qu'une chose à faire : rêver »

Walker, M. P., Brakefield, T., Morgan, A., Hobson, J. A. et Stickgold, R., « Practice with sleep makes perfect: Sleep-dependent motor skill learning », *Neuron*, vol. 35, n° 1, 2002, p. 205-211.
Mednick, S. C. et Alaynick, W. A., « Comparing models of sleep-dependent memory consolidation », *Journal of Experimental & Clinical Medicine*, vol. 2, n° 4, 2010, p. 156-164.
Debarnot, U., Castellani, E., Valenza, G., Sebastiani, L. et Guillot, A., « Daytime naps improve motor imagery learning », *Cognitive, Affective, & Behavioral Neuroscience*, vol. 11, n° 4, 2011, p. 541-550.

Yágüez, L., Nagel, D., Hoffman, H., Canavan, A. G. M., Wist, E. et Hömberg, V., « A mental route to motor learning: Improving trajectorial kinematics through imagery training », *Behavioural Brain Research*, vol. 90, n° 1, 1998, p. 95-106.

Coffman, D. D., « Effects of mental practice, physical practice, and knowledge of results in piano performance », *Journal of Research in Music Education*, vol. 38, 1990, p. 187-196.

L'interprétation des rêves

Freud, S., *Die Traumdeutung* [*L'interprétation des rêves*], Leipzig, Franz Deuticke, 1899.

La marche du temps

Boroditsky, L, « Does language shape thought? Mandarin and English speakers' conceptions of time », *Cognitive Psychology*, vol. 43, n° 1, 2001, p. 1-22.

Berlin, B. et Kay, P., *Basic Color Terms,* Berkeley, Californie, University of California Press, 1969.

Heider, E., « Universals in color naming and memory », *Journal of Experimental Psychology*, vol. 93, 1972, p. 10-20.

Levinson, S. C., « Language and cognition: the cognitive consequences of spatial description in Guugu Yimithirr », *Journal of Linguistic Anthropology*, vol. 7, n° 1, 1997, p. 98-131.

Tellement évident

Frederick, S., « Cognitive reflection and decision making », *The Journal of Economic Perspectives*, vol. 19, n° 4, 2005, p. 25-42.

Les hommes viennent de Mars, les femmes viennent de Vénus

Hyde, J. S., « The gender similarities hypothesis », *American Psychologist*, vol. 60, n° 6, 2005, p. 581.

Hampson, E., « Variations in sex-related cognitive abilities across the menstrual cycle », *Brain and Cognition*, vol. 14, 1990, p. 26-43.
Hausmann, M., Slabbekoorn, D., Van Goozen, S. H., Cohen-Kettenis, P. T. et Güntürkün, O., « Sex hormones affect spatial abilities during the menstrual cycle », *Behavioral Neuroscience*, vol. 114, n° 6, 2000, p. 1245.

Concentrez-vous sur votre tricot

Unsworth, N., Heitz, R. P., Schrock, J. C. et Engle, R. W., « An automated version of the operation span task », *Behavior Research Methods*, vol. 37, n° 3, 2005, p. 498-505.
Sanbonmatsu, D. M., Strayer, D. L., Medeiros-Ward, N. et Watson, J. M., « Who multi-tasks and why? Multitasking ability, perceived multitasking ability, impulsivity, and sensation seeking », *PloS ONE*, vol. 8, n° 1, e54402, 2013.
Mäntylä, T., « Gender differences in multitasking reflect spatial ability », *Psychological Science*, vol. 24, n° 4, 2013, p. 514-520.
Buser, T. et Peter, N., « Multitasking », *Experimental Economics*, vol. 15, n° 4, 2012, p. 641-655.
Stoet, G., O' Connor, D. B., Conner, M. et Laws, K. R., « Are women better than men at multitasking? », *BMC Psychology*, vol. 1, n° 1, 2013, p. 1-18.

Quel est mon QI ?

Duckworth, A. L. et Seligman, M. E., « Self-discipline outdoes IQ in predicting academic performance of adolescents », *Psychological Science*, vol. 16, n° 12, 2005, p. 939-944.
Strenze, T., « Intelligence and socioeconomic success: a meta-analytic review of longitudinal research », *Intelligence*, vol. 35, n° 5, 2007, p. 401-426.
Batty, G. D., Deary, I. J. et Gottfredson, L. S., « Premorbid (early life) IQ and later mortality risk: Systematic review », *Annals of Epidemiology*, vol. 17, n° 4, 2007, p. 278-288.

Hauser, R. M., *Meritocracy, Cognitive Ability, and the Sources of Occupational Success*, Center for Demography and Ecology Working Paper 98-07, Madison, Wisconsin, University of Wisconsin, 2002. (Remerciements à Robert M. Hauser pour m'avoir généreusement fourni un tableau résumant les données contenues dans le document.)
Zimmerman, Paul, *The New Thinking Man's Guide to Pro Football,* New York, Simon and Schuster, 1984, p. 416.
Tableau de conversion : http://www.us.mensa.org/AML/?LinkServID=5A1CE69C-C4DD-6B70-EE32B45588243A22
http://www.shortlist.com/shortlists/10-surprisingly-clever-celebrities
http://www.businessinsider.com/the-smartest-people-in-the-world-2011-3?op=1
http://www.onlygoodmovies.com/blog/movie-news/celebrity-iq-scores/
Sulloway, F. J., « Birth order and intelligence », *Science*, vol. 317, 2007, p. 1711-1712.
Devlin, B., Daniels, M. et Roeder, K., « The heritability of IQ », *Nature*, vol. 388, nº 6641, 1997, p. 468-471.
Dickens, W. T. et Flynn, J. R., « Heritability estimates versus large environmental effects: the IQ paradox resolved », *Psychological Review*, vol. 108, nº 2, 2001, p. 346.

L'idiot dit en son cœur : « Il n'y a point de Dieu ! »

Zuckerman, M., Silberman, J. et Hall, J. A., « The relation between intelligence and religiosity: a meta-analysis and some proposed explanations », *Personality and Social Psychology Review*, vol. 17, nº 4, 2013, p. 325-354.
Lynn, R., Harvey, J. et Nyborg, H., « Average intelligence predicts atheism rates across 137 nations », *Intelligence*, vol. 37, nº 1, 2009, p. 11-15.

Idiocratie ?

Woodley, M. A., te Nijenhuis, J. et Murphy, R., « Were the Victorians cleverer than us? The decline in general intelligence estimated from a meta-analysis of the slowing of simple reaction time », *Intelligence*, vol. 41, n° 6, 2013, p. 843-850.

Flynn, J. R., *What Is intelligence?: Beyond the Flynn Effect*, Cambridge, Cambridge University Press, 2007.

Daley, T. C., Whaley, S. E., Sigman, M. D., Espinosa, M. P. et Neumann, C., « IQ on the rise: The Flynn effect in rural Kenyan children », *Psychological Science*, vol. 14, n° 3, 2003, p. 215-219.

Carr, N., « Is Google making us stupid? », *Yearbook of the National Society for the Study of Education*, vol. 107, n° 2, 2008, p. 89-94.

Flynn, J. R., *Are We Getting Smarter?: Rising IQ in the Twenty-First Century*, Cambridge, Cambridge University Press, 2012.

Jensen, A. R., « The theory of intelligence and its measurement », *Intelligence*, vol. 39, n° 4, 2011, p. 171-177.

Visscher, P. M., Hill, W. G. et Wray, N. R., « Heritability in the genomics era – concepts and misconceptions », *Nature Reviews Genetics*, vol. 9, n° 4, 2008, p. 255-266.

Stéréo-types

Rentfrow, P. J. et Gosling, S. D., « The do re mi's of everyday life: The structure and personality correlates of music preferences », *Journal of Personality and Social Psychology*, vol. 84, 2003, p. 1236-1256.

Rentfrow, P. J. et Gosling, S. D., « Message in a ballad: The role of music preferences in interpersonal perception », *Psychological Science*, vol. 17, 2006, p. 236-242.

Rentfrow, P. J. et Gosling, S. D., « The content and validity of music-genre stereotypes among college students », *Psychology of Music*, vol. 35, 2007, p. 306-326.

Rentfrow, P. J. et Gosling, S. D., « Norms for the Short Test of Music Preferences », données non publiées, Université du Texas à Austin, 2003.

La fantasmagorie des horoscopes

Weber, G. W., Prossinger, H. et Seidler, H., « Height depends on month of birth », *Nature*, vol. 391, n° 6669, 1998, p. 754-755.
Davies, G., Welham, J., Chant, D., Torrey, E. F. et McGrath, J., « A systematic review and meta-analysis of northern hemisphere season of birth studies in schizophrenia », *Schizophrenia Bulletin*, vol. 29, n° 3, 2003, p. 587-593.
Gavrilov, L. A. et Gavrilova, N. S., « Season of birth and exceptional longevity: Comparative study of American centenarians, their siblings, and spouses », *Journal of Aging Research*, 2011 : http://dx.doi.org/10.1061/2011/104616.
Thompson, D., « Season of birth and success in the secondary school », *Education Research*, vol. 14, n° 1, 1971, p. 56-60.
Brewer, J., Balsom, P. D. et Davis, J. A., « Seasonal birth distribution amongst European soccer players », *Sports, Exercise and Injury*, vol. 1, 1995, p. 154-157.
Skirbekk, V., Kohler, H. P. et Prskawetz, A., « Birth month, school graduation, and the timing of births and marriages », *Demography*, vol. 41, n° 3, 2004, p. 547-568.
Forer, B. R., « The fallacy of personal validation: A classroom demonstration of gullibility », *Journal of Abnormal and Social Psychology*, vol. 44, 1949, p. 118-123.

Êtes-vous conspirationniste ?

Lewandowsky, S., Oberauer, K. et Gignac, G. E., « NASA faked the moon landing – therefore, (climate) science is a hoax: an anatomy of the motivated rejection of science », *Psychological Science*, vol. 24, n° 5, 2013, p. 622-633.

Le son d'une forme

Ramachandran, V. S. et Hubbard, E. M., « Synaesthesia – a window into perception, thought and language », *Journal of Consciousness Studies*, vol. 8, n° 12, 2001, p. 3-34.

Maurer, D., Pathman, T. et Mondloch, C. J., « The shape of boubas: Sound – shape correspondences in toddlers and adults », *Developmental Science*, vol. 9, n° 3, 2006, p. 316-322.
Coulter, K. S. et Coulter, R. A., « Small sounds, big deals: Phonetic symbolism effects in pricing », *Journal of Consumer Research*, vol. 37, n° 2, 2010, p. 315-328.

Le goût d'une forme

Gallace, A., Boschin, E. et Spence, C., « On the taste of "Bouba" and "Kiki": An exploration of word – food associations in neurologically normal participants », *Cognitive Neuroscience*, vol. 2, n° 1, 2011, p. 34-46.
Spence, C. et Ngo, M. K., « Assessing the shape symbolism of the taste, flavour, and texture of foods and beverages », *Flavour*, vol. 1, n° 1, 2012, p. 12.
Spence, C. et Gallace, A., « Tasting shapes and words », *Food Quality and Preference*, vol. 22, n° 3, 2011, p. 290-295.
Hanson-Vaux, G., Crisinel, A. S. et Spence, C., « Smelling shapes: Crossmodal correspondences between odors and shapes », *Chemical Senses*, vol. 38, n° 2, 2013, p. 161-166.

Qu'y a-t-il dans un visage ?

Perrett, D. I., Burt, D. M., Penton-Voak, I. S., Lee, K. J., Rowland, D. A. et Edwards, R., « Symmetry and human facial attractiveness », *Evolution and Human Behavior*, vol. 20, n° 5, 1999, p. 295-307.
DeBruine, L. M., Jones, B. C., Unger, L., Little, A. C. et Feinberg, D. R., « Dissociating averageness and attractiveness: Attractive faces are not always average », *Journal of Experimental Psychology: Human Perception and Performance*, vol. 33, n° 6, 2007, p. 1420.
DeBruine, L. M., Jones, B. C., Smith, F. G. et Little, A. C., « Are attractive men's faces masculine or feminine? The importance of controlling confounds in face stimuli », *Journal of Experimental Psychology: Human Perception and Performance*, vol. 36, n° 3, 2010, p. 751.

Perrett, D., *In Your Face: The New Science of Human Attraction*, Londres, Palgrave Macmillan, 2012.

La danse de la fertilité

Miller, G., Tybur, J. M. et Jordan, B. D., « Ovulatory cycle effects on tip earnings by lap dancers: Economic evidence for human estrus », *Evolution and Human Behavior*, vol. 28, n° 6, 2007, p. 375-381.

Havlíček, J., Dvořáková, R., Bartoš, L. et Flegr, J., « Non-advertized does not mean concealed: Body odour changes across the human menstrual cycle », *Ethology*, vol. 112, 2006, p. 81-90.

Roberts, S. C., Havlicek, J., Flegr, J., Hruskova, M., Little, A. C., Jones, B. C. *et al.*, « Female facial attractiveness increases during the fertile phase of the menstrual cycle », *Proceedings of the Royal Society of London Series B*, vol. 271, n° S5, 2004, p. S270-S272.

Le pull-over d'Hitler

Lindeman, M., Heywood, B., Riekki, T. et Makkonen, T., « Atheists become emotionally aroused when daring God to do terrible things », *International Journal for the Psychology of Religion*, vol. 24, n° 2, 2014, p. 124-132.

Nemeroff, C. et Rozin, P., « The contagion concept in adult thinking in the United States: Transmission of germs and of interpersonal influence », *Ethos*, vol. 22, n° 2, 1994, p. 158-186.

QE d'émotions !

Goleman, D., « Leadership that gets results », *Harvard Business Review*, vol. 78, n° 2, 2000, p. 78-93.

Landy, F. J., « Some historical and scientific issues related to research on emotional intelligence », *Journal of Organizational Behavior*, vol. 26, n° 4, 2005, p. 411-424.

Schutte, N. S., Malouff, J. M., Hall, L. E., Haggerty, D. J., Cooper, J. T., Golden, C. J. et Dornheim, L., « Development and validation of a measure of emotional intelligence », *Personality and Individual Differences*, vol. 25, n° 2, 1998, p. 167-177.

Restez sur vos gardes

Haney, C., Banks, C. et Zimbardo, P., « A study of prisoners and guards in a simulated prison », *Naval Research Review*, 1-17 septembre, Washington, DC, Office of Naval Research, 1973.
Zimbardo, P., *The Lucifer Effect: Understanding How Good People Turn Evil*, New York, Random House, 2007.
Haslam, S. A. et Reicher, S. D., « Contesting the 'nature' of conformity: What Milgram and Zimbardo's studies really show », *PLoS Biology*, vol. 10, n° 11, e1001426, 2012. 10.1371/journal.pbio.1001426.
Carnahan, T. et McFarland, S., « Revisiting the Stanford prison experiment: Could participant self-selection have led to the cruelty? », *Personality and Social Psychology Bulletin*, vol. 33, 2007, p. 603-614.

Qu'y a-t-il dans un visage ? – 2e partie : Plus bleu que tes yeux

http://www.bbc.co.uk/news/uk-england-24112067
Kleisner, K., Priplatova, L., Frost, P. et Flegr, J., « Trustworthy-looking face meets brown eyes », *PLoS ONE*, vol. 8, n° 1, e53285, 2013.

Le problème de la bougie

Duncker, K., « On problem-solving », *Psychological Monographs*, vol. 58, n° 5, 1945, p. i-113.
Weisberg, R., DiCamillo, M. et Phillips, D., « Transferring old associations to new situations: a nonautomatic process »,

Journal of Verbal Learning and Verbal Behavior, vol. 17, nº 2, 1978, p. 219-228.

Sous pression

Clandra, A., « Angels on a pin », *The Saturday Review*, 21 décembre 1968, p. 60.

Accros aux gâteaux

Koo, J. W., Mazei-Robison, M. S., Chaudhury, D., Juarez, B., LaPlant, Q., Ferguson, D. [...] et Nestler, E. J., « BDNF is a negative modulator of morphine action », *Science*, vol. 338, nº 6103, 2012, p. 124-128.
Field, M. et Cartwright-Hatton, S. *Psychological Disorders*, Londres, Sage.
Davis, C. et Carter, J. C., « Compulsive overeating as an addiction disorder: A review of theory and evidence », *Appetite*, vol. 53, nº 1, 2009, p. 1-8.
Bulik, C. M., Sullivan, P. F. et Kendler, K. S., « Heritability of binge-eating and broadly defined bulimia nervosa », *Biological Psychiatry*, vol. 44, nº 12, 1998, p. 1210-1218.
Lilenfeld, L. R., Ringham, R., Kalarchian, M. A. et Marcus, M. D., « A family history study of binge-eating disorder », *Comprehensive Psychiatry*, vol. 49, nº 3, 2008, p. 247-254.
http://www.psychiatry.org/addiction
Heyman, G. M., *Addiction: A Disorder of Choice*, Cambridge, Massachusetts, Harvard University Press, 2009.
Koffarnus, M. N., Jarmolowicz, D. P., Mueller, E. T. et Bickel, W. K., « Changing delay discounting in the light of the competing neurobehavioral decision systems theory: a review », *Journal of the Experimental Analysis of Behavior*, vol. 99, nº 1, 2013, p. 32-57.
Anokhin, A. P., Golosheykin, S., Grant, J. D. et Heath, A. C., « Heritability of delay discounting in adolescence: a longitudinal twin study », *Behavior Genetics*, vol. 41, nº 2, 2011, p. 175-183.

Geier, A., Wansink, B. et Rozin, P., « Red potato chips: Segmentation cues can substantially decrease food intake », *Health Psychology*, vol. 31, n° 3, 2012, p. 398.
http://news.bbc.co.uk/1/hi/business/7490346.stm

Un désagréable sentiment de gâchis

Arkes, H. R. et Blumer, C., « The psychology of sunk cost », *Organizational Behavior and Human Decision Processes*, vol. 35, n° 1, 1985, p. 124-140.
Arkes, H. R. et Ayton, P., « The sunk cost and Concorde effects: Are humans less rational than lower animals? », *Psychological Bulletin*, vol. 125, n° 5, 1999, p. 591.

Une perte insupportable

Kahneman, D., Knetsch, J. L. et Thaler, R. H., « Anomalies: the endowment effect, loss aversion, and status quo bias », *Journal of Economic Perspectives*, vol. 5, n° 1, 1991, p. 193-206.
Genesove, D. et Mayer, C., « Loss aversion and seller behavior: Evidence from the housing market », *Quarterly Journal of Economics*, vol. 116, n° 4, 2001, p. 1233-1260.

La file d'à côté

Redelmeier, D. A. et Tibshirani, R. J., « Why cars in the next lane seem to go faster », *Nature*, vol. 401, n° 6748, 1999, p. 35.
http://hpyblg.wordpress.com/2010/12/31/why-does-the-other-lane-always-seem-to-go-faster/

L'esprit plus fort que la matière

Hood, B., Gjersoe, N. L. et Bloom, P., « Do children think that duplicating the body also duplicates the mind? », *Cognition*, vol. 125, n° 3, 2012, p. 466-474.

Votre mémoire est sans limites

Shepard, R. N., « Recognition memory for words, sentences, and pictures », *Journal of Verbal Learning and Verbal Behavior*, vol. 6, n° 1, 1967, p. 156-163.
Standing, L., « Learning 10,000 pictures », *Quarterly Journal of Experimental Psychology*, vol. 25, n° 2, 1973, p. 207-222.
Bonin, P., Peereman, R., Malardier, N., Méot, A. et Chalard, M., « A new set of 299 pictures for psycholinguistic studies: French norms for name agreement, image agreement, conceptual familiarity, visual complexity, image variability, age of acquisition, and naming latencies », *Behavior Research Methods, Instruments, & Computers*, vol. 35, n° 1, 2003, p. 158-167.

La psychologie peut-elle sauver le monde ?

Flood, M. M., « Some experimental games », *Management Science*, vol. 5, n° 1, 1958, p. 5-26.
Hardin, G., « The tragedy of the commons », *Science*, vol. 162, 1968, p. 1243-1248.
http://www.theguardian.com/environment/2011/mar/11/kyoto-protocol
http://www.theguardian.com/environment/2012/mar/28/uk-greenhouse-gas-emissions

Prescience et chiromancie

Fink, B., Manning, J. T. et Neave, N., « Second to fourth digit ratio and the 'big five' personality factors », *Personality and Individual Differences*, vol. 37, n° 3, 2004, p. 495-503.
Bailey, A. A. et Hurd, P. L., « Finger length ratio (2D:4D) correlates with physical aggression in men but not in women », *Biological Psychology*, vol. 68, n° 3, 2005, p. 215-222.
Schneider, H. J., Pickel, J. et Stalla, G. K., « Typical female 2nd – 4th finger length (2D:4D) ratios in male-to-female transsexuals – possible implications for prenatal androgen exposure », *Psychoneuroendocrinology*, vol. 31, n° 2, 2006, p. 265-269.

Qu'y a-t-il dans un visage ? – 3e partie : Face à face

Třebický, V., Havlíček, J., Roberts, S. C., Little, A. C. et Kleisner, K., « Perceived aggressiveness predicts fighting performance in mixed-martial-arts fighters », *Psychological Science*, vol. 24, nº 9, 2013, p. 1664-1672.

Carré, J. M. et McCormick, C. M., « In your face: Facial metrics predict aggressive behaviour in the laboratory and in varsity and professional hockey players », *Proceedings of the Royal Society B: Biological Sciences*, vol. 275, nº 1651, 2008, p. 2651-2656.

Stirrat, M., Stulp, G. et Pollet, T. V., « Male facial width is associated with death by contact violence: Narrow-faced males are more likely to die from contact violence », *Evolution and Human Behavior*, vol. 33, nº 5, 2012, p. 551-556.

Kraus, M. W. et Chen, T. W. D., « A winning smile? Smile intensity, physical dominance, and fighter performance », *Emotion*, vol. 13, nº 2, 2013, p. 270.

La psychologie de la douleur

Sullivan, M. J., Bishop, S. R. et Pivik, J., « The pain catastrophising scale », *Development and Validation: Psychological Assessment*, vol. 7, nº 4, 1995, p. 524-532.

Sullivan, M. J. L., Adams, A., Rhodenizer, T. *et al.*, « A psychosocial risk factor targeted intervention for the prevention of chronic pain and disability following whiplash injury », *Physical Therapy*, vol. 86, 2006, p. 8-18.

Un « sinistre » questionnaire

Lalumière, M. L., Blanchard, R. et Zucker, K. J., « Sexual orientation and handedness in men and women: A meta-analysis », *Psychological Bulletin*, vol. 126, nº 4, 2000, p. 575.

Veale, J. F., « Edinburgh handedness inventory – short form: A revised version based on confirmatory factor analysis », *Laterality: Asymmetries of Body, Brain and Cognition*, vol. 19, nº 2, 2013, p. 164-177.

Prichard, E., Propper, R. E. et Christman, S. D., « Degree of handedness, but not direction, is a systematic predictor of cognitive performance », *Frontiers in Psychology*, vol. 4, nº 9, 2013, p. 1-6.
Hardyck, C., Petrinovich, L. F. et Goldman, R. D., « Left-handedness and cognitive deficit », *Cortex*, vol. 12, nº 3, 1976, p. 266-279.
Westfall, J., Jasper, J. D. et Christman, S. D., « Inaction inertia, the sunk cost effect, and handedness: Avoiding the losses of past decisions », *Brain and Cognition*, vol. 80, 2012, p. 192-200.
McManus, I. C., *Right Hand, Left Hand: The Origins of Asymmetry in Brains, Bodies, Atoms, and Cultures*, Cambridge, Massachusetts, Harvard University Press, 2004.

Gagner aux « je »

Kacewicz, E., Pennebaker, J. W., Davis, M., Jeon, M. et Graesser, A. C., « Pronoun use reflects standings in social hierarchies », *Journal of Language and Social Psychology*, 2013, 10.1177/0261927x13502654.
Schwartz, H. A., Eichstaedt, J. C., Kern, M. L., Dziurzynski, L., Ramones, S. M., Agrawal, M. et Ungar, L. H., « Personality, gender, and age in the language of social media: The open-vocabulary approach », *PLoS ONE*, vol. 8, nº 9, e73791, 2013.

L'imposture graphologique

Tett, R. P. et Palmer, C. A., « The validity of handwriting elements in relation to self-report personality trait measures », *Personality and Individual Differences*, vol. 22, nº 1, 1997, p. 11-18.
King, R. N. et Koehler, D. J., « Illusory correlations in graphological inference », *Journal of Experimental Psychology: Applied*, vol. 6, nº 4, 2000, p. 336.
Driver, R. W., Buckley, M. R. et Frink, D. D., « Should we write off graphology? », *International Journal of Selection and Assessment*, vol. 4, nº 2, 1996, p. 78-86.

Neter, E. et Ben-Shakhar, G., « The predictive validity of graphological inferences: A meta-analytic approach », *Personality and Individual Differences*, vol. 10, nº 7, 1989, p. 737-745.

Le psychologue, c'est VOUS

Rosenthal, R. et Fode, K. L., « The effect of experimenter bias on the performance of the albino rat », *Behavioral Science*, vol. 8, nº 3, 1963, p. 183-189.

Rosenthal, R. et Jacobson, L., « Teachers' expectancies: Determinants of pupils' IQ gains », *Psychological Reports*, vol. 19, 1963, p. 115-118.

Levitt, S. D. et List, J. A., « Was there really a Hawthorne effect at the Hawthorne plant? An analysis of the original illumination experiments », *American Economic Journal: Applied Economics*, vol. 3, nº 1, 2011, p. 224-238.

CRÉDITS

L'auteur et l'éditeur ont été aimablement autorisés à reproduire les documents suivants :

Votre profil de personnalité. Test du domaine public tiré de www.personalitytest.net/ipip/ipipneo120.htm. **Dessine-moi... un chien !** Échelle de cotation initialement publiée dans « The Draw-a-Dog Scale », D. Ammons, S. A. Isbell, C. H. Ammons, *Perceptual & Motor Skills* (n° 36), © 1952, Ammons Scientific Ltd, reproduit avec l'autorisation de Ammons Scientific Ltd ; **Votre partenaire idéal**. Questionnaire initialement publié dans Buss, D. M., « Sex differences in human mate preferences: Evolutionary hypotheses tested in thirty-seven cultures », *Behavioral and Brain Sciences*, vol. 12, 1989, p. 1-14, © Cambridge University Press 1989, Cambridge University Press autorise gratuitement la reproduction dans une autre œuvre d'un court extrait de texte (moins de 400 mots), d'une unique figure ou d'un unique tableau dont il détient les droits ; **Le massacre de la Saint-Valentin**. Vignette © 2013 Kristin Laurin, qui en conserve tous les droits (la vignette n'apparaît pas dans le texte de l'article de *Psychological Science*). **Prélude ou requiem ?** Problèmes de pliage créés par Ben Ambridge et Louise Ambridge. Cette section n'utilise aucun des problèmes du test d'intelligence Stanford-Binet ou de l'un des articles cités dans la bibliographie. **Le radiologue**. Image du gorille aux rayons X initialement publiée dans « The Invisible Gorilla Strikes Again: Sustained

Inattentional Blindness in Expert Observers », Trafton Drew, Melissa L.-H. Võ, Jeremy M. Wolfe, *Psychological Science* (vol. 24, nº 9), © 2013, Association for Psychological Science, reproduit avec l'autorisation de SAGE Publications ; **Le ministre de la Santé**. Problèmes de raisonnement tirés de « The framing of decisions and the psychology of choice », A. Tversky, D. Kahneman, *Science* (vol. 211, nº 4481, 30 janvier 1981), © 1981, American Association for the Advancement of Science, reproduit avec l'autorisation de AAAS ; **Traquer l'agresseur.** Données cartographiques © contributeurs OpenStreetMap, ces données sont disponibles sous licence Open Database, voir http://www.openstreetmap.org/copyright pour de plus amples détails ; **Moralité.** Questionnaire © 2014 Petter Johansson et Lars Hall, qui en conservent tous les droits (le questionnaire n'apparaît pas dans l'article publié) – pour télécharger l'article d'origine et visionner une vidéo de l'étude, rendez-vous sur www.lucs.lu.se/choice-blindness-group/ ; **Le critique d'art**. Peintures © 2014 Tom Ambridge, qui en conserve tous les droits, Musiques © et © 2011 Ben Ambridge, Adam Comstive, Hywell Dinsdale et Iain Mitchell, voir www.advancesinmathematics.com ; **Quel est mon QI ?** Test © 2013 Erik Jorgenson, qui en conserve tous les droits ; **Stéréo-types**. Échelle © 2003 P. Jason Rentfrow et Samuel Gosling, qui en conservent tous les droits ; **La fantasmagorie des horoscopes**. Texte d'horoscope standard initialement publié dans B. R. Forer « The fallacy of personal validation: A classroom demonstration of gullibility », *Journal of Abnormal and Social Psychology*, vol. 44, p. 118-123, © 1949 APA, reproduit sous autorisation ; **Êtes-vous conspirationniste ?** Questionnaire adapté de « NASA Faked the Moon Landing – Therefore, (Climate) Science Is a Hoax: An Anatomy of the Motivated Rejection of Science », Stephan Lewandowsky, Klaus Oberauer, Gilles E. Gignac, *Psychological Science* (vol. 24, nº 5), © 2013, Association for Psychological Science, reproduit avec l'autorisation de SAGE Publications ; **Qu'y a-t-il dans un visage ?** Illustration contenant quatre paires de visages extraite de *Evolution and Human Behavior*, vol. 20, nº 5, Perrett, D. I., Burt, D. M., Penton-Voak, I. S., Lee, K. J., Rowland, D. A. et Edwards, R,

« Symmetry and human facial attractiveness », p. 295-307, © 1999 avec l'autorisation d'Elsevier – visage moyen initialement publié dans DeBruine, L. M., Jones, B. C., Unger, L., Little, A. C. et Feinberg, D. R, « Dissociating averageness and attractiveness: attractive faces are not always average », *Journal of Experimental Psychology: Human Perception and Performance*, vol. 33, n° 6, p. 1420, © 2004 APA – visage séduisant © 2007 Lisa DeBruine, qui en conserve tous les droits ; **QE d'émotions !** Échelle extraite de *Personality and Individual Differences*, vol. 25, n° 2, Schutte, N. S., Malouff, J. M., Hall, L. E., Haggerty, D. J., Cooper, J. T., Golden, C. J. et Dornheim, L., « Development and validation of a measure of emotional intelligence », p. 167-177, © 1998, avec l'autorisation d'Elsevier ; **Qu'y a-t-il dans un visage ? – 2e partie : Plus bleu que tes yeux**. Images © 2013 Karel Kleisner, qui en conserve tous les droits. **L'esprit plus fort que la matière**. Illustration adaptée de l'original, © Shutterstock/Jane Kelly. **Votre mémoire est sans limites**. Images © 2003 Patrick Bonin, qui en conserve tous les droits – la série complète est disponible sur http://leadserv.u-bourgogne.fr/bases/pictures/ ; **Qu'y a-t-il dans un visage ? – 3e partie : Face à face**. Images © 2013 Karel Kleisner, qui en conserve tous les droits ; **La psychologie de la douleur**. Échelle de dramatisation de la douleur © 1995 Michael J. L. Sullivan, qui en conserve tous les droits ; **Un « sinistre » questionnaire**. Échelle de latéralité initialement publiée dans « Edinburgh Handedness Inventory – Short Form: A revised version based on confirmatory factor analysis », Jaimie F. Veale, *Laterality* (vol. 19, n° 2) © 2014 Routledge, reproduit avec l'autorisation de Taylor & Francis Ltd.

NOTES

Le test de Rorschach

1. Vous pouvez lire *Gobolinks, or Shadow-Pictures for Young and Old* en anglais sur le site de la Library of Congress : http://www.read.gov/books/young.html.

Psychopathes professionnels

1. Vérifiez si vous possédez des traits de personnalité psychopathiques sur www.wisdomofpsychopaths.com. Il existe deux ouvrages grand public très accessibles sur ce sujet : *The Wisdom of Psychopaths* de Kevin Dutton et The *Psychopath Test* de Jon Ronson.

Trop impatient pour attendre

1. Cette vidéo montre des enfants soumis à une étude de dépréciation de la récompense différée, dans le cadre d'une campagne marketing pour des confiseries : www.youtube.com/watch?v=JPtleZooq-4. On pourra trouver beaucoup d'autres vidéos de ce type en cherchant les termes « delay discounting » ou « delayed gratification ».
2. Restez bien à l'affût d'un autre effet de cadrage que nous rencontrerons dans une section ultérieure (je ne peux vous révéler laquelle, sans quoi vous ne vous y laisserez pas prendre).

Êtes-vous plus bête qu'un singe ?

1. Un chimpanzé, en fait. Les chimpanzés ne sont pas *stricto sensu* des singes, mais je n'ai pu résister à la tentation de citer une réplique des *Simpsons*. Dans l'épisode en question, les habitants de Springfield se plaignent de la mise en place d'un nouvel indicatif téléphonique sur une partie de la ville. Et la mascotte de l'opérateur, Phony McDringdring, d'expliquer dans un publireportage : « Mais comment je vais pouvoir me rappeler de tous ces chiffres ? Eh bien les scientifiques ont découvert que même un singe était capable de mémoriser dix chiffres. Seriez-vous plus bête qu'un singe ? »

La tragique histoire de Kitty Genovese

1. La troisième attaque fut sans doute ajoutée pour embellir le récit, en vertu de la « règle des trois », principe de rédaction selon lequel les histoires, les titres, les slogans, les plaisanteries et autres seraient souvent plus percutants lorsqu'ils se composent de trois parties et que la dernière se montre particulièrement surprenante ou marquante (par exemple : *Boucle d'or et les Trois Ours* ; *Les Trois Petits Cochons* ; *Je suis venu, j'ai vu, j'ai vaincu*).

Ce que l'on croit voir

1. Les lecteurs anglophiles auront peut-être reconnu le scénario d'un épisode de la série TV *Father Ted*.

L'illusion des longueurs

1. Beaucoup de versions différentes de l'étude d'Asch sont disponibles sur YouTube. Voici ma préférée : http://www.youtube.com/watch?v=TYIh4MkcfJA.

Votre partenaire idéal

1. Bien que l'essentiel des travaux évoqués ici aient été menés auprès de participants hétérosexuels, l'étude décrite à la fin de cette section a révélé que les hommes gays et hétérosexuels fournissaient en fait des réponses très similaires (ils accordent dans les deux cas une importance relativement grande à la beauté, par exemple), et qu'il en allait de même pour les femmes lesbiennes et hétérosexuelles (les unes et les autres considérant au contraire la beauté comme relativement peu importante).

Le test du thé

1. Source possible de confusion, un autre test couramment utilisé porte pour de vrai le nom de « test du thé » – « test du t », en réalité, mais la prononciation est identique –, bien qu'il ait été inventé dans un but différent lié à un autre breuvage : assurer le contrôle qualité à la brasserie Guinness de Dublin.
2. Soit dit en passant, bien que ces histoires de dégustation de thé donnent l'impression d'un personnage plutôt distingué, Fisher avait par ailleurs un côté plus sombre. Ardent défenseur de l'eugénisme – l'idée selon laquelle les individus porteurs de traits moins souhaitables devaient être dissuadés de procréer –, il réfutait également l'existence d'un lien entre tabagisme et cancer des poumons (peut-être non seulement, comme le remarquèrent certains esprits cyniques, parce qu'il aimait lui-même fumer, mais aussi parce qu'il était financé par le British Tobacco Research Council, ou Conseil britannique pour la recherche sur le tabac). De manière encore plus controversée – et le mot est faible –, Fisher soutenait que les races présentaient des différences innées en termes de capacités intellectuelles, et que des documents comme la *Déclaration sur la question raciale* de l'Unesco ne constituaient rien d'autre qu'une tentative mal avisée – quoique bien intentionnée – de « minimiser les réelles différences qui pouvaient exister. »
3. Pourquoi 1 sur 70 ? Parce qu'il existe 70 façons différentes de choisir quatre tasses parmi huit, et qu'une seule d'entre elles

permet de trouver correctement les quatre tasses où le lait a été versé en premier.
4. Toutes les expériences de psychologie ne sont pas aussi simples que le test du thé de Fisher ; d'autres, plus compliquées, réclament des tests plus évolués. Mais quelle que soit la complexité du test, le but reste toujours le même : examiner les chances qu'un effet expérimental aussi fort que celui observé ici (8 tasses correctes sur 8) se produise par pur hasard. Le site d'accompagnement (www.Psy-QBook.com) contient deux sections supplémentaires qui décrivent – et vous offrent la possibilité de mettre en pratique – des tests statistiques plus complexes permettant par exemple d'observer si les femmes sourient davantage que les hommes.
5. Le livre de David Salsburg, *The Lady Tasting Tea: How Statistics Revolutionized Science in the Twentieth Century*, relate en détail la manière dont les travaux de Ronald Fisher, et de certains de ses contemporains comme Karl Pearson, ont jeté les bases des méthodes de tests statistiques modernes.

Lire et rectifier

1. En tout cas selon un modèle récent. S'il y a bien une chose sur laquelle vous ne parviendrez jamais à mettre des psychologues d'accord, c'est sur un modèle d'identification visuelle des mots.
2. « Débutants », « ordinaires », « chaque » et « aucune ».

Prélude ou requiem ? : 3e partie

1. Aucune différence non plus selon que les participants effectuaient la version Mozart en premier, en deuxième ou en dernier. J'ai évité ici par simple précaution de finir avec cette version-là, pour garantir le cas échéant qu'un résultat meilleur ne puisse simplement découler d'un entraînement accru.
2. Eh oui, Don Campbell a bel et bien déposé la marque « Effet Mozart ».
3. Ouvrage traduit en français sous le titre *L'Effet Mozart : les bienfaits de la musique sur le corps et l'esprit* (Montréal, Le Jour, 1998).

Le patient

1. Voir http://xkcd.com/1132/. Ce comic-strip oppose de manière satirique l'utilisation des statistiques fréquentistes (comme dans l'exemple du thé) et des statistiques bayésiennes (telles que décrites dans la présente section).
2. Voici quelques sites en anglais détaillant des exemples similaires : http://www.cs.ubc.ca/~murphyk/Bayes/bayesrule.html ; http://www.cs.ubc.ca/~murphyk/Bayes/economist.html ; http://yudkowsky.net/rational/bayes. Une excellente explication, très claire, est également proposée dans l'ouvrage de Derren Brown, *Tricks of The Mind*. Vous pourrez effectuer automatiquement vos propres calculs en ligne sur : http://www.gametheory.net/Mike/applets/Bayes/Bayes.html.

Le radiologue

1. Le phénomène du gorille invisible se trouve traité dans *Did You Spot the Gorilla?* de Richard Wiseman (Arrow Books, 2004) et dans *The Invisible Gorilla* de Christopher Chabris et Daniel Simons (Harmony, 2011).
2. Visionnez la vidéo originelle de Neisser à l'adresse suivante : www.youtube.com/watch?v=wcjnJ1B7N0E.
3. La version avec le gorille invisible est disponible sur www.theinvisiblegorilla.com/videos.html.
4. La version du gorille silencieux est disponible sur www.pc.rhul.ac.uk/sites/attentionlab/auditory-gorilla/.

Le ministre de la Santé

1. À noter que dans la mesure où il existerait une répartition « correcte » des réponses, ce serait bien celle du 50/50. Sur le long terme, 100 % de chances de sauver 200 personnes (traitement A) et une chance sur trois d'en sauver 600 (traitement B) reviennent en effet au même : comme 100 % × 200 = 200 et 1/3 × 600 = 200, si l'on rejouait le scénario un nombre suffisant de fois, on sauverait au bout du compte pratiquement autant de

personnes que l'on choisisse toujours le traitement A ou toujours le traitement B (ou même un mélange des deux).

Traquer l'agresseur

1. Si vous voulez jouer au détective amateur, le logiciel qu'utilisent les professionnels pour le profilage géographique des délinquants, CrimeStat, est téléchargeable gratuitement sur www.icpsr.umich.edu/CrimeStat.

Le critique d'art

1. À écouter sur www.Psy-Qbook.com – cliquez sur « Psy-Q Companion Site ».
2. Les haïkus ont été générés aléatoirement en anglais sur http://poetry.namegeneratorfun.com/. Pourquoi n'essaieriez-vous pas de créer les vôtres ?
3. On pourra parler d'un effet de *simple exposition* (voir « Pour moi, ce n'est que du chinois »), mais après avoir lu ces poèmes un nombre incalculable de fois, je constate qu'ils me plaisent finalement beaucoup. Le premier semble véhiculer l'idée que toute chose dans l'univers (depuis le fleuve naturel jusqu'à la route créée par l'homme) se compose des mêmes atomes et des mêmes molécules (« tout est poussière »), tandis que le second pourrait évoquer le déclin des manufactures textiles qui procuraient jadis un emploi à de nombreuses femmes, notamment dans le nord de l'Angleterre.

Tour de cartes n° 1

1. L'auteur et réalisateur Jon Ronson présente un exemple de biais de confirmation particulièrement intéressant et divertissant, que vous pourrez écouter à l'adresse suivante : http://jonronson.com/Jon_Ronson_Confirmation_Bias.mp3.

« Je n'ai qu'une chose à faire : rêver »

1. Cela fonctionne aussi pour l'acquisition de connaissances. En 2013, une analyse des techniques de révision a montré que l'une des plus efficaces consistait, plutôt que de s'adonner à un bachotage intensif, à étaler les choses sur plusieurs jours, car cela permettait vraisemblablement au cerveau de continuer à réviser pendant le sommeil. Incidemment, les pratiques favorites des étudiants – surlignage, soulignage et relecture – se classaient parmi les techniques de révision les moins utiles, sans doute parce qu'elles ne favorisent qu'une implication superficielle vis-à-vis du cours étudié.

L'interprétation des rêves

1. Cela me rappelle l'obligation faite aux passagers des compagnies aériennes, forcés de déclarer qu'ils « savent » que personne n'a pu glisser quoi que ce soit dans leurs bagages à leur insu.
2. En rédigeant cette section, je suis tombé sur ce document, unique enregistrement connu de la voix de Freud : http://www.youtube.com/watch?v=5jJ6Lhk1pNg. Je ne parle pas allemand et n'ai donc pas compris un traître mot (enfin si, je l'ai tout de même entendu prononcer celui de « psychologie »). Mais j'ai trouvé sa voix étonnamment douce, voire timide. Les ouvrages de Freud sont aujourd'hui tombés dans le domaine public et sont donc disponibles gratuitement – ou pour un prix très modeste – sous forme numérique. *Sur le rêve* constitue un bon point de départ.

La marche du temps : 3e partie

1. Voir la section complémentaire The Reddest Red, disponible en ligne sur www.Psy-QBook.com.

Les hommes viennent de Mars, les femmes viennent de Vénus

1. On a constaté à ce propos que l'aptitude des femmes pour les tâches de perception spatiale s'améliorait pendant les règles. Cette observation s'avère intéressante car elle démontre que les différences sexuelles observées sur ces tâches-là, quoique faibles, sont directement liées aux variations des taux d'hormones masculines et féminines (en particulier de testostérone et d'œstradiol).
2. Cette différence minime pourrait elle-même découler non pas de différences génétiques intrinsèques mais d'un effet de prophétie auto-réalisatrice : les filles réussissent moins bien les tests de maths parce qu'elles s'attendent à être moins bonnes que les garçons. Quand on leur dit qu'il s'agit d'un test spécialement conçu pour assurer une égalité entre les sexes (ce qui, bien entendu, n'existe pas en réalité), les filles réussissent alors tout aussi bien que les garçons.
3. Les chercheurs responsables du test évoqué dans « Tellement évident » n'ont pas communiqué leurs constatations sous un format permettant de procéder à des calculs équivalents. Les scores moyens semblent indiquer une différence relativement grande, mais assurément bien moindre que les écarts en matière de lancer de balle.
4. Voir la section complémentaire « The Eyes Have It » sur le site Web.

Concentrez-vous sur votre tricot

1. Le titre de cette section s'inspire d'un conseil que Steve Jobs, alors PDG d'Apple, aurait donné à Mark Zuckerberg, jeune patron de Facebook : « Concentrez-vous sur votre tricot. N'essayez pas de tout faire. Ne faites qu'une seule chose, mais faites-la bien. » Voir http://allthingsd.com/20111107/zuckerberg-says-amazon-and-apple-are-allies-while-google-building-their-own-little-version-of-facebook/
2. Chose intéressante, les auteurs ont établi que cet écart était lié aux facultés spatiales (légèrement) supérieures des hommes (voir

« Les hommes viennent de Mars... »), qui leur procurent – compte tenu de notre tendance à représenter le temps sous cette forme (voir « La marche du temps ») – un certain avantage pour suivre l'heure sur une horloge.

Quel est mon QI ?

1. Certains outils plus détaillés comme les échelles d'intelligence pour adultes et pour enfants de Weschler comportent dix à quinze tests individuels, dont les résultats sont ensuite combinés pour produire le score de QI final. On constate cependant avec intérêt que les scores obtenus sur différents types de tests (vocabulaire, mémoire à court terme, vitesse de calcul et traitement des informations visuelles) s'avèrent fortement corrélés – si l'on obtient un score élevé (ou faible) sur un type de tests donné, on obtient généralement aussi un score élevé (ou faible) sur tous les autres types de tests. Pour cette raison, la plupart des psychologues ne souscrivent guère à l'objection d'iniquité de tels ou tels tests individuels. Si un test de type Raven mesure par exemple si mal l'intelligence, comment se fait-il qu'il prédise si bien votre niveau de vocabulaire, vos capacités de raisonnement verbal, vos facultés de mémorisation à court terme et ainsi de suite ?

2. Le test présenté dans cette section a été reproduit avec l'aimable autorisation d'Eric Jorgenson, qui gère un site Internet permettant d'évaluer son QI.

3. Notez néanmoins que les normes utilisées ici reposent sur un échantillon de 400 participants ayant effectué ce test en ligne. Les gens qui testent leur QI sur Internet possèdent en général un quotient intellectuel supérieur au reste de la population ; ce test sous-estime donc sans doute un peu votre QI réel, mais dans une proportion qui ne devrait pas dépasser les 10 points.

4. Un facteur de confusion est un troisième facteur qui vient obscurcir la relation entre deux variables étudiées, en étant lié à la fois à l'une et à l'autre. Imaginons par exemple qu'on veuille explorer le lien entre la consommation d'alcool (première variable

étudiée) et les affections cardiaques (seconde variable). Le régime alimentaire agirait ici comme un facteur de confusion – un troisième facteur, venant brouiller les cartes : les gros buveurs ont en effet aussi tendance à mal s'alimenter, ce qui représente un facteur de risque supplémentaire sur le plan cardiopathique. Un autre exemple, accompagné d'une explication plus détaillée, sera proposé dans la section suivante.

L'idiot dit en son cœur : « Il n'y a point de Dieu ! »

1. Les lecteurs perspicaces auront remarqué que ce n'est pas exactement la même chose que d'affirmer que les croyants sont moins intelligents que les athées, puisque les chercheurs n'ont pas divisé les participants selon ces deux groupes. Ce que montre en réalité cette corrélation, c'est que plus on est croyant, moins on est intelligent. Pour bien comprendre pourquoi ces deux généralisations ne sont pas tout à fait équivalentes, imaginez deux personnes, l'une très croyante et à l'intelligence très faible, l'autre un peu croyante seulement et à l'intelligence un tout petit peu faible. Ces personnes vérifient la généralisation « plus on est croyant, moins on est intelligent », mais ne vérifient pas « les croyants sont moins intelligents que les athées » (vu qu'aucune des deux ne l'est). En pratique, cependant, bien que les auteurs de la synthèse évoquée n'aient pas fait la distinction, ces deux généralisations sont sans doute dans la plupart des cas suffisamment proches.
2. – 0,25 en réalité (*moins* 0,25), puisqu'il s'agit d'une relation négative : *plus* on est croyant, *moins* on est intelligent.

Idiocratie ?

1. Certains commentateurs ont affirmé que « Google rendait les gens stupides » car il nous inciterait à survoler un large éventail de documents au lieu de les étudier de manière plus approfondie. Or il n'existe guère de preuves directes pour étayer cette assertion. L'effet Flynn s'est prolongé jusqu'au XXIe siècle, en particulier

dans les pays en développement où Internet est un phénomène relativement récent.

2. Vous trouverez à l'adresse suivante un site où vous pourrez mesurer votre temps de réaction (de manière approximative), pour le comparer aux moyennes exposées ci-après : http://getyourwebsitehere.com/jswb/rttest01.html.

3. Le mien, tel que j'ai pu le mesurer sur le site indiqué en note est de 267 ms. Je n'ai manifestement rien d'un génie.

4. Certaines preuves de l'héritabilité partielle du QI (le fait qu'en moyenne, les gens dotés d'une intelligence inférieure mettent au monde des enfants eux aussi moins intelligents) ont été évoquées dans la section « Quel est mon QI ? ».

Stéréo-types

1. Attention : comme très souvent en psychologie, nous parlons ici de généralisations statistiques et non de règles intangibles et absolues. Tout le monde ou presque admet par exemple que les hommes sont plus grands que les femmes, car cette généralisation statistique s'avère globalement vraie si on les envisage en tant que groupes. Cela ne veut pas dire pour autant que tous les hommes sont plus grands que toutes les femmes et il serait absurde de prétendre que l'existence d'hommes très petits et de femmes très grandes vient invalider cette généralisation. Les assertions qui suivent (à propos par exemple des « personnes qui préfèrent les musiques méditatives et complexes ») doivent être comprises de la même façon : comme des généralisations basées sur les tendances du groupe dans son ensemble, plutôt que des descriptions applicables à chacun de ses membres. Il importe également de garder à l'esprit que les études en question ont été menées aux États-Unis, et que ces généralisations ne valent donc pas forcément ailleurs (en particulier dans les pays qui possèdent des traditions musicales très différentes).

Êtes-vous conspirationniste ?

1. Les lecteurs européens ne connaissent peut-être pas la saga du New Coke. Le fait que l'entreprise ait lancé le New Coke puis réintroduit le Coca-Cola classique peu de temps après n'est pas contestable. Ce qu'on vous demande de juger, c'est l'affirmation selon laquelle le New Coke aurait été volontairement conçu pour être moins bon que la recette antérieure.
2. Les auteurs de l'étude ont caractérisé ces blogs comme étant globalement « pro-science, mais fréquentés par un public varié ». Plusieurs blogs climato-sceptiques ont été contactés, mais ils ont refusé de participer.

Qu'y a-t-il dans un visage ? : 1re partie

1. Modifiez numériquement votre visage sur http://www.perceptionlab.com/morph/fof/index.html. *In Your Face,* de David Perret, offre une fascinante et très accessible introduction à « la nouvelle science de l'attirance humaine » – pour reprendre les termes de son sous-titre.

La danse de la fertilité

1. Nous avons vu dans la section précédente que la plupart des femmes préféraient les hommes « gentils », d'allure plus féminine, aux « mauvais garçons » plus masculins. Or, lorsqu'elles atteignent le point de fertilité maximale de leur cycle, les femmes affichent alors en majorité une attirance accrue pour les visages particulièrement masculins. Là encore les raisons sont liées à l'évolution : visage plus masculin = plus grande fertilité.

Restez sur vos gardes

1. Philip Zimbardo fait son propre compte-rendu de l'expérience dans un célèbre essai : *The Lucifer Effect: Understanding How Good People Turn Evil* (Random House, 2007).

2. Des photos et des détails supplémentaires sur l'expérience de Stanford et la reconstitution de la BBC sont disponibles sur http://www.prisonexp.org/ et http://www.bbcprisonstudy.org/.

Le problème de la bougie

1. Voir www.upcyclethat.com.

Accros aux gâteaux

1. L'« addiction » n'existe plus officiellement en tant que diagnostic aux États-Unis. L'édition 2013 du *Manuel diagnostique et statistique des troubles mentaux* (*Diagnostic and Statistical Manual of Mental Disorders*, ou *DSM-V*) de la Société américaine de psychiatrie (American Psychological Association) a abandonné ce terme, du fait apparemment qu'il semblait sous-entendre une faiblesse morale. En pratique, bien que le manuel ne répertorie plus désormais que des « troubles » (trouble lié à l'alcool ; trouble lié à l'usage de stimulants ; trouble lié au jeu), la plupart des chercheurs continuent toutefois volontiers d'employer le terme d'« addiction ».
2. Le journal satirique *The Onion* a publié un article qui résume parfaitement notre attitude contradictoire vis-à-vis de différentes formes d'addiction : « I'm like a chocoholic, but for booze » (« Je suis comme un chocolatomane, mais pour l'alcool »), www.theonion.com/articles/im-like-a-chocoholic-but-for-booze,10739/.
3. Trois anecdotes amusantes à propos des Pringles® : (1) En règle générale, ce que nous appelons des « chips » en France porte le nom de « *crisps* » chez les Britanniques (leurs « chips » sont l'équivalent de nos « frites »). Cependant, compte tenu de leur forme inhabituelle et d'une teneur en pomme de terre inférieure à 50 %, les Pringles ne sont pas des chips (ni donc des *crisps*). C'est en tout cas la décision qui fut rendue par un juge de la Haute Cour du Royaume-Uni, Mr. Justice Warren. Bonne nouvelle pour le fabricant Procter & Gamble, qui fit valoir avec succès que son amuse-gueule ne devait donc pas être assujetti à la TVA,

puisqu'il ne s'agissait pas d'une « *crisp* » (l'une des rares catégories d'aliments sur lesquelles la taxe s'applique). (2) L'inventeur des Pringles a fait enterrer ses cendres dans un tube de Pringles. (3) Le slogan d'origine, « *Once you pop, you can't stop* » (« Une fois ouvert, vous ne pouvez plus vous arrêter ») a été remplacé par « *Once you pop, the fun don't stop* » (« Une fois ouvert, le plaisir ne s'arrête plus »), peut-être parce que le premier était empreint d'un douteux relent d'addiction.

Un désagréable sentiment de gâchis

1. Nous avons vu dans « Tellement évident » que les gens présentent une sensibilité variable aux effets de coûts perdus. Les personnes dotées d'un style de pensée très analytique sont les plus à même d'y échapper.
2. *Ndt* : c'est-à-dire d'un grand projet dont la construction, la maintenance et/ou l'exploitation se révèle être un gouffre financier.

L'esprit plus fort que la matière

1. « Qu'est-ce que l'esprit ? Pas la matière. Qu'est-ce que la matière ? Jamais l'esprit. » George Berkeley

La psychologie peut-elle sauver le monde ?

1. Ce qui me plaît beaucoup dans cette émission, c'est que son nom reflète les sensibilités nationales des différents pays où elle est diffusée. *Golden Balls* (« Boules dorées »), allusion grivoise typiquement britannique, ne passe pas très bien chez les Américains, qui lui ont préféré le style « mélodrame hollywoodien » de *Friend or Foe* (« Ami ou ennemi »). Et en Australie ? « Désolé mon brave, vous vous êtes fait rouler » (*Shafted*).
2. Découvrez la stupéfiante victoire de Nick à l'émission *Golden Balls* dans la vidéo suivante : http://www.youtube.com/watch?v=S0qjK3TWZE8.

Qu'y a-t-il dans un visage ? – 3e partie : Face à face

1. Chaque visage a été composé à partir des portraits de nombreux combattants professionnels différents, affectés de la note d'agressivité correspondante. Les images A et C, par exemple, ont été créées en faisant la moyenne de plusieurs photos de combattants considérés respectivement comme ayant l'air le moins agressif et le plus agressif.
2. Une étude connexe a montré que les combattants qui se présentent souriants sur leurs photos de pesée ont davantage de chances de perdre – probablement parce que le sourire constitue, du point de vue de l'évolution, un signe de faiblesse et de soumission.

La psychologie de la douleur

1. *Bad Science* de Ben Goldacre (Harper Perennial, 2009) – l'un de mes ouvrages de vulgarisation scientifique favoris – contient une partie intéressante sur le fait que la douleur n'est « que dans la tête ».

Un « sinistre » questionnaire

1. La relation entre sinistralité et homosexualité (les non-droitiers ont environ 40 % de chances de plus d'être homosexuels) pourrait fort bien avoir contribué à cette discrimination, compte tenu du préjugé quasi universel dont l'homosexualité faisait encore l'objet jusqu'à une période relativement récente.
2. Certains lecteurs douteront peut-être qu'un questionnaire en quatre points suffise à mesurer la latéralité. Et pourtant, l'étude en question a révélé que ce très court questionnaire constituait un meilleur outil d'évaluation qu'un questionnaire en sept ou dix points, car ces versions plus longues contiennent souvent des items qui sont soit ambigus (« ouvrir une boîte » et « utiliser un balai », par exemple, activités pour lesquelles la plupart des gens se servent des deux mains), soit redondants (si un questionnaire comporte l'item « écrire », il ne sert à rien d'y rajouter

l'item « dessiner », vu que les gens fournissent pratiquement toujours des réponses identiques pour les deux).

Gagner aux « je »

1. Pour tout savoir sur les pronoms (ces petits mots comme « je », « nous », « vous », « lui », « elle », etc.), rendez-vous sur le site américain : www.secretlifeofpronouns.com

L'imposture graphologique

1. Ce texte se compose de trois « pangrammes » – des phrases qui comportent toutes les lettres de l'alphabet.

Le psychologue, c'est VOUS

1. Ironie de l'histoire, malgré la robustesse de l'effet Hawthorne, il se peut cependant qu'il n'ait jamais opéré au sein de l'usine Hawthorne. Ayant mis la main sur les documents d'origine, Steven Levitt (co-auteur de *Freakonomics*) a découvert que la productivité – comme dans la plupart des usines – s'y montrait meilleure le lundi et qu'elle déclinait ensuite peu à peu tout au long de la semaine. Étant donné que toutes les modifications expérimentales étaient mises en œuvre le dimanche, les gains apparents de productivité découlaient donc peut-être simplement d'une variation hebdomadaire normale.
2. Dans l'idéal, les personnes qui interviennent auprès des enfants (les enseignants) devraient également ignorer le groupe de chacun. Ce serait de toute évidence très difficile à réaliser dans le cas présent, mais pas tout à fait impossible. On pourrait par exemple former des expérimentateurs sans aucune connaissance ou expérience préalable de l'enseignement, et leur apprendre à enseigner soit l'ancienne soit la nouvelle méthode sans leur indiquer celle dont il s'agit.

Poursuivez votre psychodyssée

1. Comme www.academia.edu et www.researchgate.net.

REMERCIEMENTS

Je voudrais remercier Daniel Crewe, Nick Sheerin et Penny Daniel chez Profile, Melanie Tortoroli chez Penguin et Sally Holloway chez Felicity Bryan Associates pour leurs conseils, leurs remarques et leurs suggestions, qui m'ont été extrêmement utiles. Merci également à Matthew-Taylor pour le suivi éditorial et à Nicky Barneby pour la conception et la composition de l'ouvrage.

J'AI LU
Bien être

11476

Composition
NORD COMPO

Achevé d'imprimer en Slovaquie
par NOVOPRINT
le 23 mai 2017

Dépôt légal avril 2016
EAN 9782290123478
OTP L21EPBN000373B002

ÉDITIONS J'AI LU
87, quai Panhard-et-Levassor, 75013 Paris

Diffusion France et étranger : Flammarion